高等院校经济学管理学精品规划教材

基础会计学

（第三版）

李会青　高　欣　王　蔚　主编

上海财经大学出版社

图书在版编目(CIP)数据

基础会计学/李会青,高欣,王蔚主编．—3版．—上海:上海财经大学出版社,2023.8
(高等院校经济学管理学精品规划教材)
ISBN 978-7-5642-4212-1/F·4212

Ⅰ.①基… Ⅱ.①李… ②高… ③王… Ⅲ.①会计学-高等学校-教材 Ⅳ.①F230

中国国家版本馆CIP数据核字(2023)第134850号

□ 责任编辑 刘光本
□ 责编电邮 lgb55@126.com
□ 责编电话 021—65904890
□ 封面设计 张克瑶

基础会计学
(第三版)
李会青 高 欣 王 蔚 主编

上海财经大学出版社出版发行
(上海市中山北一路369号 邮编200083)
全国新华书店经销
网 址:http://www.sufep.com
电子邮箱:webmaster @ sufep.com
全国新华书店经销
上海新文印刷厂有限公司印刷装订
2023年8月第3版 2023年8月第1次印刷

787mm×1092mm 1/16 16印张 369千字
印数:15 001—18 000 定价:49.00元

前 言

PREFACE

基础会计学是会计学科体系中的入门课程，主要研究和介绍会计的基本理论、基本方法和基本技能，为进一步学习会计学专业课程奠定基础。作者根据党的二十大精神编写，吸收了会计理论研究的最新成果，紧跟我国财税改革的步伐，对《基础会计学》教材进行了精心的修订。本教材在阐述会计基本理论的基础上，以工业企业为例，系统介绍了会计核算基本方法，阐述了会计核算形式、财经法规和会计职业道德等基本内容。在编写过程中，编者充分考虑会计学及经济管理类各专业学生的学习特点，强调内容与方法的实用性以及体系和观点的科学性，力求做到由浅入深、循序渐进。本教材具有以下特色：

1. 内容全面

本教材共十章，详细介绍了设置会计科目与账户、复式记账、填制和审核会计凭证、登记账簿、成本计算、财产清查和编制会计报表七种会计核算方法的基本原理和运用规律，以及会计财经法规与会计职业道德。

2. 适用性强

本教材各章均设置学习目标和关键概念，结合每章的教学重点和教学难点设计复习思考题、自测题和业务处理题，提供选择题、判断题等形式的模拟考核，并配有丰富的教学案例，以满足学生的学习需要，同时也为教师提供了更多选择。

3. 学以致用

本教材通过一个工业企业案例将会计核算的具体方法贯穿起来，由浅入深、由简入繁，以使学生通过案例加深对会计核算方法的学习和理解；强调理论联系实际，结合经济活动的特点，对会计的基本理论、基本实务进行初步介绍。

本教材由李会青、高欣、王蔚主编。本教材的编写着重体现应用型教育的特色，突出使用性和可操作性，可作为会计学、财务管理、经济学等专业以及其他经济管理类专业的会计学基础课程的教材，还可作为成人教育及岗位培训的参考书。由于编写时间有限，本书难免有不足之处，请各位专家批评指正。

作者

2023 年 8 月

目 录
CONTENTS

第一章

概　论

学习目标

本章主要阐述会计的基本理论知识。通过本章学习，要求初学者了解会计的起源及发展历程，着重理解会计的基本概念和基本职能，熟悉会计对象、会计要素等重要概念，掌握会计等式、会计假设、会计信息质量要求、计量属性、会计核算基础等基本知识，简单了解会计核算方法，领会会计工作在企业经济管理中的重要作用，以培养初学者学习会计的积极性和自觉性，为后续章节的学习奠定良好的基础。

关键概念

会计　会计职能　会计对象　会计假设　会计主体　谨慎性　历史成本
权责发生制　收付实现制　会计要素　资产　负债　所有者权益　收入　费用
利润　会计等式

第一节　会计的产生和发展

一、会计的起源和发展

会计是人类文明发展进步的一个标志，它起源于实践，是社会经济发展到一定阶段的产物。随着生产的发展、社会的进步以及经济管理的需要，会计的内容、形式也在不断变化和逐步完善。会计历史源远流长。综观会计的发展历史，从世界范围来看，主要经历了以下几个基本阶段：

(一)会计的起源阶段

物质资料的生产是人类社会存在和发展的基础。在物质财富的生产过程中,一方面人们需要通过生产活动创造物质财富,另一方面在生产过程中必然有一定的生产耗费,因此比较所得与所失是人们时时刻刻关心的问题。

在人类历史发展的最初阶段——原始社会,人们就非常关心生产活动中的劳动耗费和取得的劳动成果,就知道把生产活动过程记录下来。开始时,人们单凭头脑记忆。当生产活动日益增多、单凭记忆已不能满足需要时,在我国出现了极为简单的原始计量、记录行为,如"结绳记事,刻契记数",它体现了人类原始会计思想的产生。同时期,古巴比伦、埃及、印度、希腊以及世界上其他古老的文明国度也经历了一个原始的计量、记录时代,如古巴比伦的泥板、埃及的刻石、伊拉克的算板都是最原始的经济计量和记录活动,这就是会计的雏形。由于当时生产力十分低下、生产规模很小、劳动分工较粗,会计的计算和记录活动也很简单,仅作为"生产职能的附带部分"在"生产时间之外附带地把收入、支付日期等记载下来",并没有形成会计的独立职能。在原始社会末期,随着生产力的发展,出现了剩余产品,生产过程中需要计量、记录的内容逐渐增多,于是会计"从生产职能中分离出来,成为特殊的、专门委托的当事人的独立职能"。

马克思通过研究印度古代历史,发现原始社会末期在印度太古的共同体里已经有了记账员,主要记录共同体内农业账目和与此有关的一切事项。这说明会计已成为一项独立的活动,标志着会计的诞生。会计史学研究者认为,这个时代是人类会计发展的历史起点,在会计发展史上称为会计的起源阶段。

从会计的起源阶段可见,人类最早的会计行为——原始的计量、记录行为——属于一种综合性的行为,不仅与会计有关,而且与统计有关。原始的计量、记录方法也经历了一个从简单、直观到复杂、抽象的演进过程,它为人类进入文明时代的单式簿记法的产生奠定了基础。

(二)古代会计发展阶段

从奴隶社会到封建社会为单式簿记法的演进时期,在会计发展史上称为古代会计发展阶段。以中国为代表的古代文明古国在会计发展进程中做出了重要贡献,走在世界会计发展的前列。

在我国西周时期,出现了"会计"一词,产生了"宫厅会计"("政府会计")。《孟子义》一书曾对"会计"加以解释:"零星算之为计,总合算之为会。"这个时期由于生产力的发展,生产过程逐渐趋于复杂,周代建立了一套国家会计事务的专门机构、专职官员和简易的宫廷制度,周王下设天、地、春、夏、秋、冬六官,统称六卿,分别主管王朝财政大权、国家钱粮赋税,并全面反映周代的财政收支情况。《周礼天官》记载:"会计,以参互考日成,以月要考月成,以岁会考岁成。"这些报告文书初步具备了旬报、月报、年报等会计报表的作用。可见,西周时代建立了严格的会计机构。"会计"命名的出现,是世界会计发展史上的一个突出进步。

自春秋战国至秦代,出现了"簿书",用"入""出"作为记录符号来反映各种经济活动出入事项。而最显著的进展是会计记录与统计记录有了一定的区别,把记录统计事项的简册称为"籍"或"籍书",把记录会计事项的简册称为"簿"或"簿书"。这实际上是我国会计账簿和会计报表的雏形。

唐宋两代，会计方法有了新的发展，在记账规则方面开始有了比较一致的做法，账簿和会计报表的设置也日益完备，由流水账(日记)和总清账组成的账簿体系已初步形成，特别重要的是创建和运用了“四柱结算法”。所谓“四柱”，即“旧管”“新收”“开除”“实在”，相当于现代会计中的“期初结存”“本期收入”“本期支出”“期末结存”。“四柱”之间的结算关系可用“旧管＋新收－开除＝实在”会计方程式表示。采用“四柱结算法”编制会计报告，“四柱结算法”的创立、运用和发展，是唐宋时代对会计方法的重大贡献。它集中体现了中式会计的基本原理，是中式会计方法体系的核心与精髓，为中国会计从单式记账向复式记账的发展奠定了基础。

(三)近代会计发展阶段

12～15 世纪，随着资本主义经济关系的萌芽与发展，西欧会计由单式簿记运用时代逐渐演进到复式簿记运用时代，产生了借贷复式簿记。

早在 12～13 世纪，意大利热那亚、威尼斯、佛罗伦萨等城市的资本主义商品经济特别是海上贸易已相当发达，以经营货币兑换为主的钱商(银行)在账簿记录中采用借贷复式记账法记账，称为“威尼斯簿记法”。1494 年意大利数学家卢卡·帕乔利著有《算术·几何·比与比例概要》一书，其中的“簿记论”比较系统地介绍了“威尼斯簿记法”，被公认为复式簿记最早形成的文字记载，是会计发展史上一个重要的里程碑。这一划时代的复式簿记文献把古代会计推进到近代会计发展阶段。随后，借贷复式簿记相继传播到欧洲、美洲及世界各地，并在实践运用中不断发展和完善，最终形成了科学的复式簿记方法体系。

18 世纪以来，各主要西方国家经过产业革命后生产力水平发展到一定高度，资本趋向集中，出现了股份公司这种新的经济组织形式，使企业经营权和所有权发生了分离。公司的股东一般不直接控制企业的生产经营活动，由董事会聘请经理来管理企业。这样，经营者就有责任向股东、债权人、政府管理机构、潜在投资人等提供真实、准确的财务报告，反映公司经营状况，使外界利益关系人能够看懂财务报表。为满足需要，1854 年英国爱丁堡首创了执业会计师制度。这样，会计工作从只服务于某一会计主体，扩展到可以为所有的会计主体及所有的利益关系人服务。

会计在漫长的发展岁月里，通过记账、算账，反映过去和现在的财务状况、经营成果一直是其主要的职能，所以人们往往把会计看作一种经济管理的工具。资本主义初期的贸易经济虽然促进了复式记账法的产生和发展，但总体上讲会计的发展仍处于簿记阶段。工业革命后，在欧洲资本主义国家工业经济占据了社会经济的主导地位，纺织、冶金、煤炭等工业由于大量采用先进的机器设备而使生产规模和生产效率得到很大提高。工业经济的发展给经济管理带来了新的变化：生产过程复杂化，设备费用和管理费用剧增，成本控制变得重要而紧迫，企业竞争激烈，经营风险增大。为提高企业经济效益，加强对经济活动过程控制，不仅要求会计做到记账、算账、报账，更主要是对经济活动进行事前预测、决策，对经济活动过程进行控制，现代化管理方法和技术开始渗透到会计领域。传统的簿记学无法对生产费用和产品成本进行精确计量与有效控制，已不能适应工业经济社会中的管理需要。成本会计正是在这种背景下产生并逐步发展起来。

在20世纪30年代，同样基于工业革命发展的需要，财务会计与科学管理中预算控制、标准成本和差异分析相结合又产生了一个新的会计分支——管理会计。至此，由成本会计、管理会计和财务会计构成的三位一体的较为完整的现代会计知识体系基本形成，近代会计发展过程中的簿记时代结束，世界进入“会计时代”。

近代会计发展史上的巨大成就表现在：实现了单式簿记时代向复式簿记时代的转变，建立与完善了会计学科体系；确立了公共会计师的社会地位，并使其作用不断扩大；实现了由簿记时代向会计时代的演进。这对由近代会计发展阶段向现代会计发展阶段推进起着十分重大的作用。

（四）现代会计发展阶段

1929～1933年在全世界爆发了经济危机。经济危机过后，人们认为松散、不规范的会计实务是经济危机爆发的主要原因之一，会计界认为必须着手制定会计准则，并将制定会计准则的权利赋予会计职业界。“会计准则委员会”(FASB)自成立以来，迄今已公布了133份财务会计准则公告(IFRS)。“公认会计准则”(General Accepted Accounting Principles，GAAP)的出现，标志着会计进入现代会计发展阶段。在这一阶段，会计理论与会计实务都取得惊人的发展，标志着会计的发展进入成熟时期。

20世纪40年代，在新技术革命的推动下，现代市场经济发展格局基本形成，并迅速朝着系统化、信息化与科学化方向发展。到50年代后期，信息论、控制论、系统论、行为科学和电子计算机等引入会计领域，使会计控制成为会计工作的重要内容，并初步形成了以现代会计原理、现代财务会计、现代成本会计、现代管理会计与现代审计为主体的现代会计学科体系。

20世纪后期是现代会计得以不断发展的阶段。资本的急剧集中，大规模投资活动的不断出现，高新技术产业的迅速发展与运用，经济发展向全球化的推进，信息网络与知识经济的到来，使会计预测、会计决策、会计控制、会计分析在经济活动中不断得以运用，发挥着巨大作用。

进入21世纪，随着资本市场的不断发展，现代会计面临更严重的挑战。2001年10月，美国安然公司爆发严重财务危机，导致破产。世界著名的五大会计公司之一的安达信会计师事务所因出具虚假的财务报表而卷入其中，最终解体。一系列突发事件的暴露，无不说明现代会计正面临改革，知识经济对现行的会计理论和方法也带来了较大冲击。因此，会计应在继承的基础上进行变革与创新，建立起符合知识经济发展需要的新型会计模式，以适应21世纪新经济的要求。可以预见，世界会计界将通过改革创新，把握机遇，迎接挑战，把现代会计推进到一个崭新的历史时期。

二、我国会计发展和改革的历程

我国古代会计在世界会计发展史上占有举足轻重的地位，对世界会计的发展与推动做出了重大贡献。

我国近代会计的发展，体现在明末清初中国单式簿记的持续发展和复式簿记的产生。随着资本主义经济的萌芽和产生，在商界产生了中国固有的复式记账法“龙门账”，即把全部账目划分为“进”（全部收入）、“缴”（全部支出）、“存”（全部资产）、“该”（全部负债）四大类，设置“总清账”分类进行记录。它们之间的结算关系用会计方程式表示为“进－缴＝存－该”，并且编制“进缴表”（损益表）和“存该表”（资产负债表）。当时把这种实行双轨计算盈亏核对账目的方法叫作“合龙门”，“龙门账”因此得名。随后在“龙门账”的基础上又创新和应用了“四脚账”，为近代中式会计复式簿记的应用做出了重大贡献。鸦片战争后，西式簿记传入我国，使我国传统的中式簿记得到了改革和创新，推动了我国近代会计的发展。

中华人民共和国成立后，我国建立了适应高度计划经济体制的会计制度。进入 20 世纪 80 年代，我国加快了社会主义市场经济建设步伐，实行改革开放经济政策，使现代会计理论与方法得以运用。为规范会计行为，保证会计资料真实、完整，加强各单位经济管理，提高经济效益，维护社会主义市场经济秩序，全国人大在 1985 年颁布了《中华人民共和国会计法》，成为指导全国会计工作的最高准则。

为加快改革开放的步伐，与国际会计惯例接轨，以适应社会主义市场经济建设的需要，我国对会计工作进行了一系列改革。1991 年财政部颁布《会计改革纲要（试行）》，从会计管理体制、会计核算制度、会计电算化等 11 个方面对会计改革进行了部署，为会计改革提出了初步设想。1992 年 12 月我国颁布《企业会计准则——基本准则》，并于 1993 年 7 月 1 日实施。基本会计准则的运用，突破了原有的会计核算模式，建立起接近国际惯例的、具有我国特色的会计核算与管理体系。1995 年财政部颁布《会计改革与发展纲要》，包括会计管理体制、社会审计和咨询、会计人才评价、会计理论研究等 8 个方面内容。该纲要提出建立与社会主义市场经济发展相适应的会计模式的基本框架，按照社会主义市场经济对企业会计核算的要求，由财政部统一组织制定适合中国国情、与国际会计惯例接轨、具有法规约束力的企业会计准则；强调发挥企业会计的管理职能，建立具有中国特色的会计理论方法体系，这对我国的会计改革工作起到了进一步的推动作用。随着科学技术的进步、信息技术的突飞猛进，计算机在我国会计领域的应用更加普遍，会计电算化程度也越来越高，引起了会计手段的彻底变革。

随着我国加入 WTO 以及经济全球化的推进，我国企业进入世界资本市场的步伐不断加快，财政部于 2006 年 2 月颁布了 38 项具体会计准则和企业会计准则应用指南，2007 年 1 月 1 日起在上市公司执行。为使会计工作全面、协调、可持续发展，更好地为经济社会服务，2011 年 9 月财政部又发布了《会计改革与发展“十二五”规划纲要》，包括加强会计法律法规建设，不断提高会计管理工作法制化和规范化水平；完善企业会计标准体系，持续提升企业会计标准体系的执行力和实施效果；完善并稳步推进内部控制规范体系；全面推进会计信息化建设，为会计科学化、精细化管理提供助力等 15 方面内容，保证了我国会计发展与改革的顺利进行。

改革开放特别是市场经济体制建立以来，会计改革与发展取得显著成效。至今，财政部共发布了 1 项基本会计准则、42 项具体会计准则及会计准则应用指南，建立了由基本准则、具体准则和解释三部分组成的新的企业会计准则体系。内控规范、会计信息化等会计标准体系基本建成，并得到持续、平稳、有效的实施。随着互联网的快速发展，大数据时代已经到来，大数据技术的发展、应用、普及对整个会计行业带来了很大影响，新的会计管理模式因此产生。大数据智能化促进了会计职能的细分，推动了会计人员转型，并且会计管理信息化、智能化在很大程度上提高了会计数据的精准性、可靠性，提高了会计工作质量。大数据智能化在会计行业的融合、应用，极大地促进了传统会计工作的改革创新，优化了会计工作环境，提高了会计工作质量，促进了会计职能的完善，也推动了会计工作人员的转型。我国会计进入崭新的现代会计发展阶段。

综观会计产生与发展的漫长历程，可以看出，会计作为经济发展到一定阶段的产物，总是与特定的社会历史条件相联系，社会经济的发展、科学技术的进步以及社会政治、社会文化和经济制度的变化都在不同程度上推动会计的发展，决定着会计工作的水平。经济越发展，会计越重要，会计工作关系到国家经济的兴衰以及社会秩序的稳定；会计工作关系到企业经济发展的速度与规模以及经营管理的成败。目前，在新经济环境下，会计必然成为强化全球性经济管理工作的重要方面，将在协调国际性经济活动、治理整顿全球性经济秩序中发挥越来越重要的作用。

三、会计的基本概念

会计是一项经济管理活动。从会计历史发展和会计实践来看，会计是社会生产发展到一定阶段、为了适应管理生产的需要而产生的，也就是说会计起源于生产实践。物质资料的生产是人类社会生存和发展的基础，以尽可能少的劳动耗费创造尽可能多的劳动成果是社会生产发展的客观要求。因此，人们在长期生产实践中早就意识到，要使生产活动能顺利进行并得到预期的经济效益，就必须关心生产活动中所发生的劳动耗费和取得的劳动成果。为了从数量方面关心生产活动中所发生的劳动耗费和取得的劳动成果，谋求应有的经济效益，人们就需要对物质资料的再生产过程进行必要的管理活动，而这种管理活动的一个重要方面则是通过会计管理活动进行的。经过长期的历史演进，现代会计已经形成了一整套科学、专业的方法体系。会计主要利用货币量度和特有的方法，收集经济活动过程中能以货币计量的全部经济信息，经过加工、处理，输出对经济管理有用的财务信息，便于人们分析判断、比较得失、权衡利弊、调整偏差，促使人们采取相应措施，改善经营管理，提高经济效益。由此可见，会计又是一个经济信息系统。会计的基本概念可表述为：

会计是以货币为主要计量单位，采用一系列专门方法，全面、连续、系统地核算和监督各会计主体的经济活动和经营成果，并通过对经济信息的收集、加工、处理，向信息使用者提供有效的财务信息，促使会计主体加强管理、提高经济效益的一项经济管理活动。这一概念包含以下四个要点：

(1)会计的特点：以货币为主要计量单位；

(2)会计的基本职能：反映与控制(核算和监督)；

(3)会计的对象(内容)：会计主体的经济活动(资金运动)；

(4)会计的本质(目的)：提供财务信息，参与经营管理，提高经济效益。

第二节 会计职能和会计对象

一、会计职能

会计职能是指会计在经济管理活动中所具有的客观功能和发挥的作用。通俗地讲，会计职能就是对会计在社会再生产过程中所处地位和所起作用的概括。会计的基本职能是核算和监督。所谓基本职能，是指只要进行会计工作就应发挥的作用。

在我国关于会计职能的探讨是从 20 世纪 60 年代开始的，并在 80 年代达到高潮，从“一职能”说、“二职能”说到“多职能”说，各种观点都有。目前，我国会计理论界对会计职能的认识占主流地位的是“二职能”说，即核算和监督。这种观点主要是从马克思对会计是“过程的控制和观念总结”的论述中总结出来的。马克思在《资本论》中对“簿记”有过这样一段描述：“过程越是按社会的规模进行，越是失去纯粹个人的性质，作为对过程的控制和观念总结的簿记就越是必要。”这段话深刻揭示了会计作为一个过程所具备的功能。“控制”一般理解为监督，指对社会再生产、经济活动全过程进行监督；“观念的总结”一般理解为核算，即记账、算账、报账的意思。《中华人民共和国会计法》将会计的基本职能表述为会计核算和会计监督。会计的基本职能体现了会计的本质特征。随着经济的发展和管理的需要，会计实践日益丰富，会计职能的内涵也不断得以充实，并开拓了新的领域，出现了多功能论，即会计除了核算、监督职能外，还具有预测、决策、控制、分析等职能。

（一）会计核算职能

会计核算职能是指对经济活动进行确认、计量、报告，提供财务会计信息的功能。通俗地讲，会计核算就是从事记账、算账、报账的工作，它是会计工作的基本环节。会计核算具有以下特点：

1. 会计核算主要利用货币作为价值尺度，进行价值核算

计量是会计的显著特征，以货币计价是会计的基本计量方式，会计从数量上计算和记录、反映经济活动需要用三种计量单位：实物量度、劳动量度和货币量度。

(1)实物量度(如千克、米、件、辆、箱等)。它是为了分别核算不同经济资源的实物数量而采用的计量单位。它可以提供经营管理上需要的实物数量指标，有利于加强实物管理，保护各种经济资源的安全和完整。但它只能将同类经济资源简单汇总，而不能将不同类别的经济资源按实物量汇总，不能总括地反映各种经济资源的价值，所以在会计的运用中有一定的局限性。

(2)劳动量度(工作小时、工作日等)。它是为了核算经济活动中消耗的工作时间的数量而采用的计量单位。它有助于确定某一具体工作过程中的劳动耗费。但由于商品货币经济的存在、价值规律的作用，对再生产过程中所耗费的劳动量，还无法广泛地利用劳动量度进行计量。

(3)货币量度。它是总括反映各项经济活动及成果的价值指标而采用的计量单位。货币是特殊的商品，具有价值尺度的功能，是进行交易的公共媒介。在商品经济条件下，任何经济

活动都同时表现为价值的运动。会计只有采用货币计量，才能对经济活动的各个方面进行综合的核算，以提供有效的会计信息。

实物量度、劳动量度和货币量度都可以从数量上反映经济活动。由于经济活动的复杂性，只有货币量度可以综合反映和比较不同类别的经济活动及其结果，因此在会计核算中将劳动量度、实物量度作为辅助量度，而将货币量度作为主要量度单位，三种量度结合起来，核算各种经济资源。如原材料、库存商品、固定资产等是以货币量度和实物量度两种计量单位进行核算的，而计算应付职工薪酬等是以货币量度和劳动量度两种计量单位核算的。

2. 会计核算具有完整性、连续性和系统性

完整性是指会计在进行核算时，对各项经济活动的来龙去脉都必须进行全面的记录、计量，凡属会计主体范围内的、属于本会计期间的会计事项都不能有任何的遗漏，以保证会计资料的全面性。

连续性是指会计在对经济活动进行核算时，应按其发生的时间先后顺序不间断地进行记录，以保证会计资料的有序性。

系统性是指会计在记录各项经济活动、对会计信息的收集、加工、整理时，都要进行必要的、合理的分类，以保证会计资料的科学性。

3. 会计核算是对经济活动全过程进行反映，即事前核算、事中核算和事后核算

从会计的历史发展来看，会计反映首先是在经济活动发生后才进行记录、计量的行为，也就是说，会计反映的不过是对客观经济活动事后的真实写照，即事后核算。传统的会计核算主要是事后核算，它是会计核算产生的基础。

随着社会经济的发展、经济活动的日益复杂化、企业间竞争的加剧、经营风险的增大，客观上要求企业经营管理必须具有预见性和及时性。会计作为一种能动的管理活动，为适应经营管理的需要，预测经济前景，控制经济过程，提供更有效的会计信息，会计核算逐渐由事后核算向事前核算和事中核算发展。事前核算是对将要发生但尚未发生的经济活动进行计算，也是编制财务计划、进行可行性研究的过程。事中核算是指在经济活动进行过程中对会计事项进行的记录和计算，以便及时提供会计信息，对经济活动进行有效的控制，避免可能造成的损失。

在经济日益发展的今天，事前核算和事中核算在经济生活中显得越来越重要。会计核算的事前核算、事中核算和事后核算要求人们在进行一切经济活动事项时，做好细致的市场调查，进行必要的可行性研究，编制科学、合理的预算方案；在经济活动过程中，及时核算，有效控制；在经济活动完成后，如实记录，正确核算，以提供真实可靠的财务会计信息。

(二)会计监督职能

监督本身的含义为“监察”和“督促”。会计监督是指会计按照管理的目的和要求，审核经济业务的合理性、有效性，并对经济行为进行必要的干预，促使经济活动按照规定的要求运行，以达到预期的目的。按监督主体的不同，会计监督分为内部监督和外部监督。

内部会计监督主要是指建立健全企业内部会计控制制度。《中华人民共和国会计法》第二十七条明确指出，各单位应当建立、健全本单位内部会计监督制度。单位内部会计监督制度应当符合下列要求：

(1)记账人员与经济业务事项和会计事项的审批人员、经办人员、财物保管人员的职责权限应当明确,并相互分离、相互制约;

(2)重大对外投资、资产处置、资金调度和其他重要经济业务事项的决策和执行的相互监督、相互制约程序应当明确;

(3)财产清查的范围、期限和组织程序应当明确;

(4)对会计资料定期进行内部审计的办法和程序应当明确。

《中华人民共和国会计法》第二十八条规定,单位负责人应当保证会计机构、会计人员依法履行职责,不得授意、指使、强令会计机构、会计人员违法办理会计事项。任何社会经济活动都有一定的目的,为了达到这个目的,就必须借助一定的监督手段。内部会计监督就是通过建立、健全单位内部会计控制制度,明确单位领导人的经济责任,以达到保证资产的安全完整,防止、发现、纠正错误与舞弊,保证会计资料的真实、合法、完整,保证财务报告的可靠性,保证遵循相关法律法规,保证经济活动的有效性的目的。

外部会计监督以单位整体作为监督的对象,主要通过对单位内部会计监督的再监督来实施。外部会计监督由社会监督和政府监督两部分构成。社会监督是指社会中介机构(如会计师事务所、审计师事务所)的审计监督;政府监督是指由财政、审计、税务等部门在其行政管理职能中所行使的执法监督。

(三)会计职能之间的关系

随着社会经济的发展以及企业加强经济管理的需要,会计管理已渗透到生产领域的各个环节,会计职能也在不断地充实和发展,新的职能不断出现。会计职能除了核算职能和监督职能外,还具有预测职能、决策职能、控制职能和分析职能。但会计职能无论发生怎样的变化,会计核算和会计监督仍是会计管理工作的核心和灵魂,是会计的基本职能。

会计核算职能和会计监督职能是相辅相成、不可分割的。会计核算是执行会计监督的前提,严格、有效的会计监督是提高会计核算工作质量和会计工作水平的保证。如果没有会计核算提供可靠、完整的会计资料,会计监督就没有客观依据。没有科学、有效的会计监督,会计核算就失去了目标和方向,就不能发挥会计在经济管理中的作用。因此,会计核算职能和会计监督职能相互渗透、紧密依存,它们共同构成了会计的基本职能。

二、会计对象

会计的对象是指会计核算和监督的经济内容。明确会计的对象,就要清楚会计核算什么、监督什么。这对正确了解会计的内容,采取相应的方法,合理组织会计工作,是非常必要的。

社会再生产过程包括生产、分配、交换和消费四个方面,包括多种多样的经济活动。会计并不能核算和监督再生产过程中经济活动的所有方面,而只能核算和监督能够用货币表现的那部分经济活动。这一点是会计核算区别于其他核算形式的重要特点。所以说会计核算和监督的内容是社会再生产过程中能够用货币计量的经济活动。

对于企业来讲,会计核算和监督的具体内容包括企业价值运动的全过程。

（一）筹集资金

人们在创办企业时，首先要筹集资金，如货币资金、机器设备、原材料等，企业为进行生产经营所拥有的各项财产物资的货币表现称为资金。它是创办企业、进行正常生产经营活动、顺利实现经营目标所必须具备的前提条件。

在现阶段，企业从外部筹集资金主要有两个渠道：一是接受国家、法人、个人或外商投资，二是向金融机构、其他法人或个人举债。企业无论从哪条渠道筹集资金，在生产经营过程中都发挥着同样的作用。企业从外部筹集的资金，是以各种各样的形态存在的，最常见的有现金、银行存款、原材料、商品、机器设备、房屋建筑物、专利权、商标权、土地使用权等。这些资金都是企业进行生产经营活动必须具备的。

（二）资金的循环和周转

资金进入企业后，随着生产经营活动的进行，其形态不断地发生变化。如制造企业，它的经营活动是生产、销售工业产品，实现利润最大化。企业的生产经营活动分为供应、生产和销售三个阶段。在供应阶段，企业主要的经济活动是原材料的采购和储存，通过支付材料价款、采购费用和材料验收入库业务活动，现金、银行存款转化为原材料，企业的资金由货币资金转化为储备资金。在生产阶段，企业的主要经济活动是生产产品，通过原材料的耗用、人工费用和其他费用的支付、固定资产折旧费用的计提等经济业务，企业的储备资金、货币资金、固定资金转化为生产资金，表现为在产品形态，同时也形成了一些不计入产品成本的管理费用和财务费用；在产品通过加工，完工后成为商品，企业的资金就由生产资金转化为商品资金。在销售阶段，企业通过销售商品取得收入，企业的资金由商品资金转化为货币资金，同时由于销售过程要支付广告宣传、运输、包装等费用而形成销售费用。企业取得的货币资金用以抵补生产成本及管理费用、财务费用和销售费用之后，就可以计算出企业的经营成果。工业企业的资金从货币资金开始，依次转化为储备资金、生产资金、商品资金，最后又形成货币资金，称为资金的循环。资金的循环是周而复始进行的，不断重复的资金循环称为资金周转。上述资金的循环与周转过程如图1—1所示。

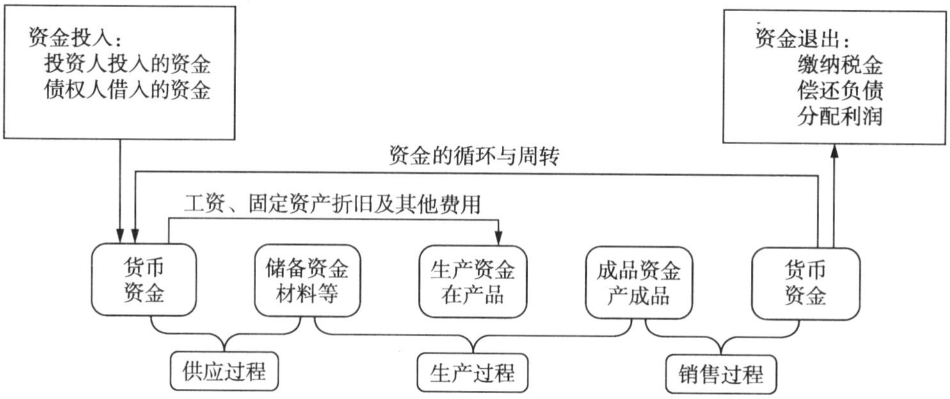

图1—1　工业企业资金的循环与周转过程

(三)资金退出企业

企业在正常的生产经营活动过程中,由于种种原因,资金需要退出企业,不再参与企业经营活动,如偿还借款、缴纳税费、分配利润、派发股利、减资等。

综上所述,对于企业来讲,资金的取得与退出、资金的循环与周转、资金的耗费与收回及企业发生的如增资扩股、债务重组、非货币性交易、租赁等其他经济活动都是会计核算和监督的具体内容。

第三节 会计核算总体要求

会计是一项重要的经济管理工作,其目标是向有关各方面提供真实、有效的会计信息。而会计信息必须在一定条件下,按一定的内容和形式,满足会计核算的总体要求,采用一定的手段和方法才能取得。会计核算的总体要求包括会计假设、会计信息质量要求、计量属性和会计核算基础四部分。

一、会计假设

会计所处的社会经济环境极为复杂、变化莫测,它决定了会计活动中必然存在着许多不可测知或变化不定的因素,在会计处理上难免运用判断或估计,这就需要提出一些假说或某些假设。会计假设是指会计人员对会计核算所处的变化不定的环境和未被确认的事物,根据客观的、正常的情况或趋势所做的合乎情理的判断。会计假设是组织会计核算工作应当具备的前提条件,也叫会计核算前提。

明确会计核算前提,就是要限定会计核算的空间范围、时间范围,并采用一定的计量尺度,进行经济信息的收集和加工处理,以保证会计工作的正常进行和会计信息的质量。我国企业会计准则把会计主体、持续经营、会计分期和货币计量列为会计核算的四个基本前提。

(一)会计主体

会计主体也称会计实体,是指会计为之服务的特定单位或组织。我国《企业会计准则——基本准则》第五条规定:“企业应当对其本身发生的交易或者事项进行会计确认、计量和报告。”会计主体指明了会计核算必须在一个特定的主体范围之内,界定了进行会计核算采取的立场及空间活动范围。

为什么要确定会计主体假设?如在购销活动中至少涉及两个或两个以上的单位或个人,会计人员不可能同时站在购方和销方的立场上,核算购方和销方的资金的支出和资金的收入,这样就涉及会计人员服务的特定单位问题。如果没有一个确定的空间范围,资产和负债就难以确定,收入和费用便无法衡量,就无法划清经济责任,无法使用各种核算方法。因此,进行会计核算时,首先要从空间上界定会计核算的范围,以便正确地反映一个经济实体所拥有的各项经济资源和承担的各项经济责任,计算其经营收益和费用损失,提供准确的会计信息。

会计主体的内容有两方面含义:首先明确会计人员的立场。其次界定会计核算的范围是独立的经济实体。独立的经济实体是指拥有独立的资金，能够独立进行生产经营活动，独立对外结算、编制会计报表等的经济组织。会计主体的内容即是会计人员应站在该会计实体的立场上，以该会计实体发生的经济业务为对象进行会计核算，提供会计信息。

会计主体不同于法律主体。法律主体一般是会计主体，但会计主体不一定是法律主体。从法律的角度看，独资和合伙企业所有的财产和债务，应视为所有者个人财产的一部分，独资和合伙企业在业务上的种种行为都视为个人行为，企业的利益与行为和个人的利益与行为是一致的。因此，独资和合伙企业都不具备法人资格，不是法律主体。但独资和合伙企业都是会计主体，在会计处理上，要把企业的财务活动与所有者个人的财务活动区别开来进行核算。会计主体可以是独立法人也可以是非法人，可以是一个企业也可以是企业内部的某一部门或企业中的一个特定部分（如企业分公司等），可以是单一企业也可以是由几个企业组成的企业集团。

（二）持续经营

我国《企业会计准则——基本准则》第六条规定："企业会计确认、计量和报告应当以持续经营为前提。"

持续经营是指在可以预见的将来，企业将会按当前的规模和状态继续经营下去，不会停业，也不会大规模削减业务。它要求会计人员以企业持续、正常的经营活动为前提进行会计核算。

持续经营假设有一个产生和形成的社会历史过程。在意大利城市簿记中，不存在持续经营和会计期间。当时大多数合伙都属短期经营，在特定的贸易目的达到后就停止了。到17、18世纪，短期的合伙日渐减少，更多的是以制造和买卖业务为目的的长期经营，开始有了持续经营的概念。18世纪开始，由于股份公司的产生，企业之间的竞争异常激烈，经营期限的不确定性程度越来越高，持续经营成为投资者、信贷者进行决策首先考虑的因素，也是正常进行有关会计处理的前提条件和理论依据。

持续经营假设解决了会计核算的时间范围。如果没有明显的证据，我们就认为企业将不间断地持续经营下去。会计核算的一系列方法都是建立在持续经营前提的基础上。在这一基本前提下，建立了会计计量和确认原则，解决了很多的财产计价和收益确定问题。如以持续经营为前提，企业可以在正常情况下使用各项经济资源，可以按照原来的偿还条件来偿还各种债务，固定资产可以按规定的折旧年限计算年折旧额，无形资产、长期待摊费用可以按规定的年限进行摊销等。因此，在持续经营的前提下，企业的会计信息的收集和处理所使用的会计核算方法才能保持稳定，企业的会计记录和会计报表才能真实可靠。如果企业面临破产清算，则持续经营这一前提就不存在，会计核算应采用破产清算的会计程序和方法进行处理。

（三）会计分期

我国《企业会计准则——基本准则》第七条规定："企业应当划分会计期间，分期结算账目和编制财务会计报告。会计期间分为年度和中期。中期是指短于一个完整的会计年度的报告期间。"

会计分期，是指在会计主体无限期连续经营基础上，人为地将持续不断的经营过程划分为若干期间（如月、季、年）。一个企业的经营活动是持续不断的。从理论上讲，要计算一个企业的净收益，反映企业的经营成果，只有等到企业所有生产经营活动最终结束后，才能准确地计算，这实际上是行不通的。因为投资者、债权人、国家财税部门等与企业有利益关系的单位或个人都需要随时了解企业的财务状况和经营成果，会计人员要定期提供财务信息，定期向税务部门缴纳各种税费，就需要将持续不断的经营过程人为地划分为若干个相等的期间，以利于企业进行决策控制，确定每一期间的经营成果，期末编制财务报告，及时提供财务信息，这种人为的分期就是会计分期。企业通常以一年作为一个会计期间，称为会计年度。《中华人民共和国会计法》第八条规定："会计年度自公历 1 月 1 日起至 12 月 31 日止。"会计期间还可分为半年度、季度和月度。年度、半年度、季度和月度均按公历起讫日期确定。半年度、季度和月度均称为会计中期。

会计期间的划分，对会计核算产生了重要影响，突出表现在会计确认、计量方面，出现了权责发生制原则与收付实现制原则，出现了本期、上期和下期的区别，还出现了预收、预付、应收、应付等特殊的会计处理方法。

（四）货币计量

我国《企业会计准则——基本准则》第八条规定："企业会计应当以货币计量。"《中华人民共和国会计法》第九条规定："会计核算以人民币为记账本位币。业务收支以外国货币为主的单位，也可以选定某种外国货币作为记账本位币，但是编报的会计报表应当折算为人民币反映。"

货币计量是指用货币作为计量尺度，记录、反映企业的经营活动。为了全面反映企业发生的会计事项并对其进行综合核算，要求运用稳定的计量单位。前已叙及，由于在商品经济条件下，货币作为一般等价物，是衡量商品价值的共同尺度，这一特点决定了在会计核算中，以货币作为计量单位是确认、计量、汇总、传递财务信息的有效手段。

任何企业在进行会计核算时，都是以本国的货币作为核算一切会计事项的固定记账单位。在我国境内，人民币是法定货币，具有广泛的流通性，企业的会计核算以人民币为记账本位币。业务收支以人民币以外的货币为主的企业，可以选定其中一种货币作为记账本位币，但是编报的财务会计报告应当折算为人民币。在境外设立的中国企业向国内报送的财务会计报告，应当折算为人民币。

货币计量假设以币值相对稳定为条件。在币值相对稳定的情况下，才能对企业资产采用历史成本计价，不同时点的资产的价值才具有可比性，不同时间的收入和费用才能比较，会计核算提供的会计信息才能真实反映企业的财务状况和经营成果。但现实中，如果发生恶性通货膨胀，则应采用特殊的会计处理方法进行处理。

以上四个会计核算的基本前提相互依存、相互补充。会计主体对会计核算进行了空间范围的限定，持续经营和会计分期为会计核算确立了时间范围，货币计量为会计核算限定了数量范围、提供了计量手段。会计假设也是保证会计信息质量的基本前提。

二、会计信息质量要求

会计的目标是对外提供会计信息。会计信息质量的高低取决于会计人员对会计规范遵循的程度。会计信息质量要求是指会计在从事会计核算工作应满足的基本要求，是会计核算的一般规则和准绳，是衡量会计信息质量的重要标准。随着社会经济的发展，会计实践不断丰富，会计信息质量要求也随之发展和完善。我国《企业会计准则——基本准则》将会计信息质量要求分为可靠性、相关性、明晰性、可比性、实质重于形式、重要性、谨慎性和及时性八个方面。

（一）可靠性

可靠性又称客观性、真实性，我国《企业会计准则——基本准则》第十二条规定，企业应当以实际发生的交易或者事项为依据进行会计确认、计量和报告，如实反映符合确认和计量要求的各项会计要素及其他相关信息，保证会计信息真实可靠、内容完整。

可靠性要求企业提供的会计信息必须真实、可靠，符合客观实际。也就是说，会计核算必须以实际发生的经济业务及证明经济业务发生的合法凭证为依据，如实反映经营状况和经营成果，做到内容真实、数字准确、资料可靠。可靠性概括起来包括三层含义：一是真实性，二是准确性，三是可检验性。真实性是指会计核算应真实反映企业的财务状况和经营成果，因为真实性是对会计核算和会计信息的基本质量要求，也是国家宏观经济管理部门和企业内部经济管理部门进行决策的依据。如果会计部门提供虚假和歪曲的会计信息，不仅不能发挥会计应有的作用，而且将导致错误的经营决策。准确性是指会计核算以客观的事实为依据，不能受主观意志的影响，并力求会计信息准确、可靠。可检验性是指对于每一会计实务有可靠的原始凭证可据以复查其数据的来源，任何会计事项、会计信息都经得起复核检查。

（二）相关性

相关性又称有用性，我国《企业会计准则——基本准则》第十三条规定，企业提供的会计信息应当与财务会计报告使用者的经济决策需要相关，有助于财务会计报告使用者对企业过去、现在或者未来的情况做出评价或者预测。

相关性是指会计信息应当符合国家宏观经济管理的要求，满足投资人和债权人了解企业财务状况和经营成果的需要，满足企业加强内部经营管理的需要，也就是要充分发挥会计信息的作用，提高会计信息的使用价值，必须使提供的信息与信息使用者的要求相协调。否则，会计信息即使是客观、真实地反映了企业经营情况，也毫无价值，是无用的。因此，会计的相关性要求企业的会计核算在收集、处理、传递会计信息的过程中，要考虑有关会计信息的通用性，并使会计信息的使用者对其加工并得到其所需要的会计信息，确保企业内外有关方面对会计信息的相关需要，这样的会计信息才符合相关性的要求。

（三）明晰性

我国《企业会计准则——基本准则》第十四条规定，企业提供的会计信息应当清晰明了，便于财务会计报告使用者理解和使用。

明晰性要求会计凭证、会计账簿和会计报表必须清晰、简明，便于信息使用者理解和利用。总体要求是：内容完整，摘要简明，数字真实，账簿整洁，报告清晰。这样有利于会计信息的使用者准确、完整地把握、了解会计信息的内容，从而更好地加以利用，也有利于各方面人员查账验证。

（四）可比性

我国《企业会计准则——基本准则》第十五条规定，企业提供的会计信息应当具有可比性。同一企业不同时期发生的相同或者相似的交易或者事项，应当采用一致的会计政策，不得随意变更；确需变更的，应当在附注中说明。不同企业发生的相同或者相似的交易或者事项，应当采用规定的会计政策，确保会计信息口径一致、相互可比。

可比性是指会计核算应当按照规定的会计处理方法进行，会计指标应当口径一致，相互可比。可比性具体包括以下两层含义：

一是横向可比。横向可比要求不同企业发生相同交易或事项时，应选择使用国家规定的会计处理方法，提供相互可比的会计信息。可比性体现着社会经济的客观要求，在我国现行的市场经济体制下，政府部门需要利用会计核算所提供的信息进行宏观经济决策，所以强调会计信息的可比性就显得特别重要。可比性主要解决企业之间的横向比较。为了使各种不同类型的企业能够比较，应当按照规定的会计处理方法进行会计核算，同时对会计指标规定必要的范围和标准，从而使所有企业的会计核算建立在可比性基础上，会计核算资料和数据可以比较、分析、汇总，以满足国民经济宏观管理和调控的需要。

二是纵向可比。纵向可比是指同一会计主体在各个会计期间发生相同交易或事项时所运用的会计处理方法必须前后一致，不能随意变更。纵向可比要求同一会计主体在不同时期尽可能采用相同的会计处理方法和程序，便于不同时期会计信息的纵向比较。这样使各个会计期间所提供的会计信息具有可比性，提高了会计信息的使用价值，同时可以制约和防止会计主体通过变更会计处理方法和程序在会计核算上弄虚作假，粉饰会计报表资料的行为。但纵向可比并非绝对不变，当另一种会计方法更能满足财务报表使用人的需要，从而使会计方法变更成为必要时，则应予以变更。同时应将变更的内容和理由、变更的累积影响数及累积影响数不能合理确定的理由等，在会计报表附注中予以说明。

（五）实质重于形式

我国《企业会计准则——基本准则》第十六条规定，企业应当按照交易或者事项的经济实质进行会计确认、计量和报告，不应仅以交易或者事项的法律形式为依据。

实质重于形式是指经济实质重于具体表现形式（包括法律形式）。经济业务纷繁复杂，会计人员在进行会计核算时，应根据职业判断，注重经济实质进行会计处理，保证会计信息的真实、可靠。如售后回购交易方式，甲公司向乙公司销售商品，售价 10 万元，甲公司同时与乙公司签订合同，同意一年后再将同样的商品以 11 万元的价格购回。从法律形式上来看，企业将某项资产出售给其他单位，已经收到价款，并且办理了有关资产划转手续，货物的所有权已经转移给了购货方，应确认为收入。但从经济实质来看，售后回购实质上是一种融资行为，企业不能将收到的款项确认为收入，按照实质重于形式的原则，应作为融资进行核算。如果企业的会计核算仅仅按照交易或事项的法律形式进行，而其法律形式又没有反映其经济实质和经济现实，那么其最终结果将导致会计信息失真，不利于会计信息使用者的决策。

（六）重要性

我国《企业会计准则——基本准则》第十七条规定，企业提供的会计信息应当反映与企业财务状况、经营成果和现金流量等有关的所有重要交易或者事项。

重要性是指在会计核算过程中，对经济业务或会计事项应区别其重要程度，采用不同的核算方式。具体来说，对资产、负债、损益等有较大影响并进而影响财务会计报告使用者据以做出合理判断的重要会计事项，必须按照规定的会计方法和程序进行处理，并在财务会计报告中予以充分、准确的披露，单独反映，完整提供；对于次要的会计事项，在不影响会计信息真实性和不至于误导会计报告使用者做出正确判断的前提下，可适当简化会计核算手续，合并反映。

全面、准确地反映企业经济活动的全过程，固然是会计核算的基本要求，但对会计信息的使用者来说，主要是取得那些对经营决策有重大影响的会计信息，并不要求面面俱到。如果会计信息不分主次，不仅会有损其使用价值，而且会耗费过多的人力、物力和财力。所以，在会计核算中坚持重要性原则，能够使会计核算在全面反映企业财务状况和经营成果的基础上，充分揭示、重点提供对经营活动、经营决策有重大影响的会计信息，满足信息使用者的需要，提高会计工作效率。

（七）谨慎性

我国《企业会计准则——基本准则》第十八条规定，企业对交易或者事项进行会计确认、计量和报告应当保持应有的谨慎，不应高估资产或者收益、低估负债或者费用。

谨慎性又称稳健性，是指在会计核算中，应当对企业发生的损失和费用做出合理的预计。谨慎性原则要求会计人员对某些经济业务和会计事项存在不同的会计处理方法和程序可供选择时，在不影响合理选择的前提下，尽可能选用一种不虚增资产、夸大所有者权益的会计处理方法，合理核算可能发生的损失和费用。

谨慎性原则体现于会计核算的全过程：在会计确认方面，要求确认标准建立在稳妥合理的基础上；在会计计量方面，要求不得多记资产和收益，少记负债和费用；在会计报告方面，要求向会计信息的使用者提供尽可能全面的会计信息，特别是报告可能发生的费用和损失。

运用谨慎性原则的目的是尽可能减少经营者的风险负担。在市场经济条件下，在经济活动中存在着很多不确定的因素，企业面临诸多风险，如应收账款由于种种原因可能发生坏账损失，固定资产由于技术进步而提前报废等，所以会计人员在处理会计实务时，对应收账款计提坏账准备、固定资产折旧采用加速折旧法计算等，都是低估资产和利润的会计处理方法，其结果是提高了企业回避风险的能力和竞争能力，有利于保护投资者和债权人的权益。

（八）及时性

我国《企业会计准则——基本准则》第十九条规定，企业对于已经发生的交易或者事项，应当及时进行会计确认、计量和报告，不得提前或者延后。

及时性要求会计核算应当及时进行，保证会计信息与所反映的对象在时间上保持一致，以免会计信息失去时效。在会计核算中：一是要求及时收集会计信息，即在经济业务发生后，会计人员要及时收集整理各种原始单据；二是要求及时对会计信息进行加工处理，也就是会计人员在收集各种原始单据后，及时进行编制记账凭证、登记账簿等账务处理，并编制出会计报表；三是要求及时传递会计信息，将编制出的会计报表传递给有关方面。

三、计量属性

企业在将符合确认条件的会计要素登记入账并列报于财务报表时，应当按照规定的会计计量属性进行计量，确定其金额。从会计的角度讲，计量属性是以货币单位对计量对象的定量形式。我国《企业会计准则——基本准则》第四十二条规定，会计计量属性主要包括历史成本、重置成本、可变现净值、现值和公允价值。

(一)历史成本

在历史成本计量属性下，资产按照购置时支付的现金或者现金等价物的金额，或者按照购置资产时所付出的对价的公允价值计量。负债按照因承担现时义务而实际收到的款项或者资产的金额，或者承担现时义务的合同金额，或者按照日常活动中为偿还负债预期需要支付的现金或者现金等价物的金额计量。

(二)重置成本

在重置成本计量属性下，资产按照现在购买相同或者相似资产所需支付的现金或者现金等价物的金额计量。负债按照现在偿付该项债务所需支付的现金或者现金等价物的金额计量。

(三)可变现净值

在可变现净值计量属性下，资产按照其正常对外销售所能收到现金或者现金等价物的金额扣减该资产至完工时估计将要发生的成本、估计的销售费用以及相关税费后的金额计量。

(四)现值

在现值计量属性下，资产按照预计从其持续使用和最终处置中所产生的未来净现金流入量的折现金额计量。负债按照预计期限内需要偿还的未来净现金流出量的折现金额计量。

(五)公允价值

在公允价值计量属性下，资产和负债按照市场参与者在计量日发生的有序交易中，出售一项资产所能收到或者转移一项负债所需支付的金额计量。

上述五种计量属性在应用时各有局限性。历史成本是取得资源的原始交易价格，有可靠的证据(原始凭证)据以验证，但在物价变动非常明显时，会影响会计信息的可比性和相关性，扭曲企业的财务状况和经营成果。重置成本虽然能反映真实的财务状况，但确定重置成本有一定困难。可变现净值虽能体现稳健性原则，但不适用所有的资产。现值虽然考虑到了货币的时间价值，但由于各种原因导致未来现金流量的不确定性。在市场经济条件下，公允价值符合会计目标，能够满足信息使用者的需求，但公允价值的确定有一定难度，并且公允价值会产生人为操纵利润的可能。

我国《企业会计准则——基本准则》第四十三条规定，企业在对会计要素进行计量时，一般应当采用历史成本，采用重置成本、可变现净值、现值、公允价值计量的，应当保证所确定的会计要素金额能够取得并可靠计量。

四、会计核算基础

在经济活动过程中，会发生各种各样的会计事项。在这些会计事项中，有属于本期的，有不属于本期而属于跨期的，如本期销售商品完成，货款在以后期间收到，或本期商品未售却预收了货款；本期的费用已经发生，款项在以后期间支付，或本期费用未发生却预付了款项。这些业务造成收益、费用的收付期与归属期相分离。收付期是实际上收到收入和支付费用的会计期间，即实际收到货币资金和实际支付货币资金的会计期间。归属期是在权利和责任上应获得收入和应负担费用的会计期间。在会计分期假设下，企业需要按照会计期间确认收入和费用，这些收益、费用应归属于哪一个会计期间，以正确计算各会计期间的经营成果，是会计核算的基础。会计核算基础就是指选择归属期还是收付期作为收入和费用的确认标准，专门解决何时确认收入和费用的问题。会计核算的基础有权责发生制和收付实现制两种。

（一）权责发生制

权责发生制又称应计制，是以应收应付是否已经发生为标准（按归属期作为收入和费用的确认标准），来确认本期收入和费用，计算本期盈亏的一种制度。其主要内容是：凡是当期已经实现的收入和已经发生的或应当负担的费用，不论款项是否收付，都应当作为本期的收入和费用处理；凡是不属于当期的收入和费用，即使款项已经在当期收付，都不应作为当期的收入和费用。

根据权责发生制进行收入与成本费用核算，强调了收入与费用之间的因果关系，按会计期间将两者配合来计算损益，这样能够更加准确地反映特定会计期间真实的财务状况及经营成果。我国《企业会计准则——基本准则》第九条规定，企业应当以权责发生制为基础进行会计确认、计量和报告。

根据权责发生制的要求，在会计期末，在对本期发生的收入和费用准确确认、计量的基础上，还应进行相关账项的调整，如应收收入的调整、应付费用的调整等，以保证会计资料的真实、可靠。

（二）收付实现制

收付实现制与权责发生制是相对应的概念。收付实现制又称现金制，是以货币资金的实际收付时间来确定收入和费用归属期的一种方法，收到现金时就确认收入，当支付现金时就确认费用。根据政府会计准则，行政事业单位执行预算会计和财务会计并行的“双轨制”，预算会计采用收付实现制，财务会计实行权责发生制。

权责发生制与收付实现制的具体运用如表1—1所示。

表1—1　　权责发生制与收付实现制应用举例　　单位：元

业务内容	权责发生制		收付实现制	
	收　入	费　用	收　入	费　用
3月份销售商品50 000元，货款收到，存入银行	50 000		50 000	
3月份销售商品，货款20 000元未收到	20 000			
3月份预收货款10 000元，5月发货			10 000	
3月份支付维修费2 000元		2 000		2 000
3月份支付二季度房租18 000元				18 000
3月份发生审计费8 000元，未付		8 000		
3月份利润计算	60 000		40 000	

第四节 会计要素

由于会计对象的内容十分丰富，表现形式也多种多样，为了便于计量、记录和报告，以适应不同会计主体的要求，人们便按照经济活动的不同内容和特征进行分类，使会计对象更加具体化、简单化。会计要素就是为了进行会计核算，对会计对象所做的具体的、科学的分类，是实现会计核算职能的需要。我国《企业会计准则——基本准则》分别列示了资产、负债、所有者权益、收入、费用和利润六个会计要素。

一、资产

（一）资产的概念和特征

资产是指过去的交易或者事项形成的、由企业拥有或者控制的、预期会给企业带来经济利益的资源。资产可以是具有实物形态的各种财产，如库存现金、原材料、产成品、房屋、机器设备等，可以是以债权形式表现的应收票据、应收账款、其他应收款等各种权利，也可以是以特殊形式表现的专利权、商标权、土地使用权等无形资产。作为资产应具备下列特征：

（1）资产由过去的交易或者事项形成。也就是说，资产必须是由过去的交易或事项产生的结果，未来的交易或事项产生的结果不能作为资产。

（2）资产必须为企业拥有或控制。作为企业的资产，企业必须拥有其所有权，可以按自己的意愿使用或处置该项资产。或者不为企业所拥有，但企业也可以控制，如融资租入固定资产，虽然企业不拥有所有权，但能实际控制，则应当作为企业资产加以确认。而经营租入固定资产，企业不拥有该资产的所有权，则不能作为企业资产加以确认。

（3）资产能够直接或间接地给企业带来经济利益。资产必须能为企业现在或未来提供经济利益。经济利益是指直接或间接地流入企业的现金或现金等价物。资产作为经济资源，给企业带来的经济利益的方式有多种，如原材料经过加工，制造成产品，通过销售给企业产生经济利益；房屋、机器设备用于生产经营，为企业服务，间接给企业创造经济利益。如果有证据表明该资产的能力已耗尽，已不能为企业带来新的经济利益时，它就不应再作为企业的资产。

（二）资产的分类

资产按流动性（变现速度和能力）可分为流动资产和非流动资产。

1. 流动资产

流动资产是指可以在 1 年或超过 1 年的一个营业周期内变现或被耗用的资产，主要包括货币资金、应收票据、应收账款及预付账款、存货等。

货币资金是指以货币形态表现的库存现金、银行存款、其他货币资金，是流动性最强的资产。

应收票据是指企业因销售商品、提供劳务等而收到的商业汇票，它是由出票人或付款人签发,在某一特定日期支付一定金额给持票人的书面证明,包括银行承兑汇票和商业承兑汇票。

应收账款是指企业因销售商品、提供劳务等应收而尚未收到的款项,而在销售商品、提供劳务等以外发生的各种应收的赔款、职工借款、保证金等则属于其他应收款。

预付账款是企业按照购货合同规定预付给供应单位的款项。

存货是指企业在日常生产经营过程中持有以备出售,或者仍然处在生产过程,或者在生产或提供劳务过程中将消耗的材料或物料等,包括各类材料、商品、在产品、半成品、产成品、包装物、低值易耗品等。

2. 非流动资产

非流动资产是指可以在 1 年或超过 1 年的一个营业周期以上才能变现、出售或耗用的资产,主要包括长期股权投资、固定资产、无形资产、长期待摊费用等。

长期股权投资是指持有时间超过 1 年的各种股权性质的投资。

固定资产是指企业为生产商品、提供劳务、出租或经营管理而持有的使用期限超过一年的房屋、建筑物、机器、机械、运输工具以及其他与生产、经营有关的设备、器具、工具等。

无形资产是指企业拥有或控制的没有实物形态的可辨认非货币性资产,包括专利权、非专利技术、商标权、著作权、土地使用权、特许权等。

长期待摊费用是指已经发生但应由本期和以后各期负担的、分摊期限在一年以上的各项费用。

二、负债

(一)负债的概念和特征

负债是指过去的交易或者事项形成的、预期会导致经济利益流出企业的现时义务。负债具有以下特征:

1. 负债是由过去的交易或者事项形成的现时义务

负债是过去的经济活动所形成的经济责任,导致负债的交易或事项已经发生,如过去发生的购买材料款项未付、从银行取得贷款等,才能确认为负债。企业的贷款计划、购货合同等正在筹划的未来交易或事项,不能作为负债。

2. 清偿负债会导致经济利益流出企业

企业的负债必须用资产来清偿,如用货币资金、库存商品、固定资产清偿债务,或者以提供劳务的方式清偿债务,从而导致经济利益流出企业。

(二)负债的分类

企业的负债按流动性,可分为流动负债和非流动负债。

1. 流动负债

流动负债是指将在 1 年(含 1 年)或者超过 1 年的一个营业周期内偿还的债务,包括短期借款、应付票据、应付账款、应付职工薪酬、应付股利、应交税费等。

短期借款是指企业向银行或其他金融机构借入的偿还期在 1 年以内(含 1 年)的各种借款。

应付票据是指企业因购买材料、商品或接受劳务等签发的、于某一特定日期支付一定金额给持票人的商业汇票。

应付账款是指企业因购买材料、商品或接受劳务等应付而未付的款项。

应付职工薪酬是指企业因获得职工提供的服务而给予职工的各种形式的薪酬，包括应支付给职工的工资、奖金及各种福利等。

应交税费是指企业在生产经营活动中按国家税法规定计算出的应缴纳的各种税费，包括增值税、消费税、企业所得税、城市维护建设税、房产税、教育费附加等。

2. 非流动负债

非流动负债是指偿还期在 1 年或者超过 1 年的一个营业周期以上的负债，包括长期借款、应付债券、长期应付款等。

负债是企业筹措资金的主要渠道之一，但必须按期归还，它实质上反映了企业与债权人之间的一种债权债务关系。将企业的负债分为流动负债和长期负债，有利于正确评估企业的财务状况，正确评价、预测企业的偿债能力，从而促使企业合理筹措、使用资金，妥善安排偿债资金。

三、所有者权益

（一）所有者权益的概念和特征

所有者权益又称股东权益，是指企业资产扣除负债后由所有者享有的剩余权益。由于资产减去负债后的余额为企业的净资产，因此，所有者权益是企业所有者对企业净资产的要求权。所有者权益具有下列特征：

(1)所有者权益仅仅是投资人对企业净资产的要求权，净资产为企业的全部资产减去全部负债后的余额。

(2)所有者权益体现的是投资者与企业的产权关系，投资者可以凭借对企业的所有权，参与企业的生产经营管理，并享有分配利润的权利。

(3)所有者权益无须偿还，在企业持续经营的情况下，除按法律程序减资外，一般不能收回投资。在企业解散清算时，其清算财产在偿付了清算费用、全部负债后，剩余财产才为投资者所有。

（二）所有者权益的内容

所有者权益包括所有者投入资本、资本公积、留存收益等。

所有者投入资本是指在公司成立或追加投资时，投资者按照企业章程或合同、协议的约定，以资本金的名义实际投入企业的资本。投入资本构成注册资本的应作为实收资本核算。在股份有限公司，投入资本构成注册资本的应作为股本核算。

资本公积是指归企业所有者共有的资本，主要来源于资本在投入过程中所产生的溢价等。资本公积主要用于转增资本，所以企业的资本公积也称准资本。

留存收益是指企业从历年生产经营活动所实现的利润中提取或留存于企业的内部积累，包括盈余公积和未分配利润。盈余公积是指企业按法律、法规的规定从税后利润中提取的各种积累;未分配利润是指企业留待以后年度进行分配的利润。

资产、负债、所有者权益三个会计要素,反映了企业在某一特定日期所拥有经济资源总量及各种经济资源的来源分布;反映了投资者(股东)在企业资产中所占的份额;反映了企业所承担的债务,表明了企业的生产经营能力、偿债能力以及财务风险的大小,是反映企业财务状况的会计要素。资产、负债、所有者权益会计要素的具体内容如图 1—2 所示。

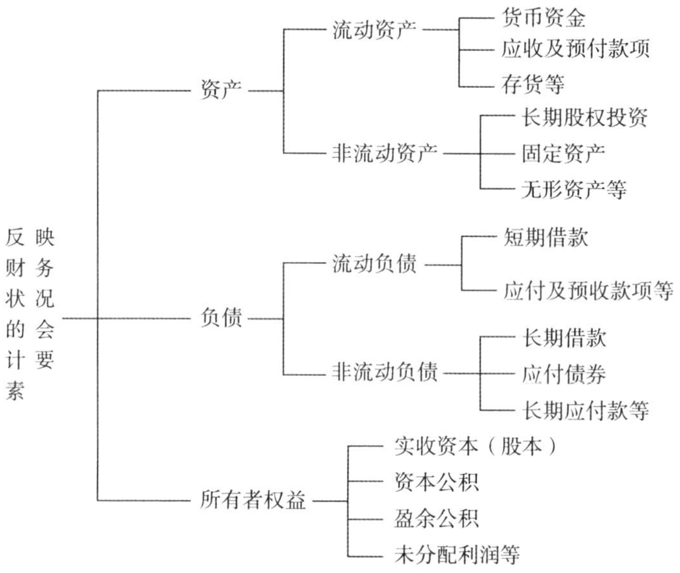

图 1—2　财务状况会计要素结构体系

四、收入

(一)收入的概念和特征

收入是指企业在日常活动中形成的、会导致所有者权益增加的、与所有者投入资本无关的经济利益的总流入。日常活动是指企业为完成其经营目标而从事的所有活动,以及与之相关的其他活动。收入具有以下特征:

(1)收入从企业的日常活动中产生,而不是从偶发的交易或事项中产生。日常活动,是指企业为完成经营目标所从事的经常性活动以及与之相关的活动,如工业企业制造并销售产品就属于企业的日常活动。有些事项也能为企业带来经济利益,但不属于企业的日常活动,其流入的经济利益是利得而不是收入,如违约罚款收入、固定资产报废清理取得的收益等。

(2)收入可能表现为企业资产的增加,如销售商品会增加银行存款、应收账款等;也可能表现为企业负债的减少,如以商品或劳务抵偿债务;或者两者兼而有之,例如,销售商品的货款中部分抵偿债务,部分收取现金,进而导致企业所有者权益的增加。

(3)收入只包括本企业经济利益的流入,不包括为第三方或客户代收的款项,如增值税、代收利息等。代收的款项,一方面增加企业的资产,另一方面增加企业的负债,因此不增加企业的所有者权益,也不属于本企业的经济利益,不能作为本企业的收入。

（二）收入的分类

根据《企业会计准则——基本准则》的解释，按企业经营业务的主次划分，收入要素包括主营业务收入和其他业务收入及股利、利息等投资收益等，这是狭义的收入概念。主营业务收入和其他业务收入统称为营业收入。

1. 主营业务收入

主营业务收入是企业从事主要业务活动（如销售商品、提供劳务等）获取的收入。主营业务收入一般占企业收入的比重较大，对企业的经济效益产生较大的影响。

2. 其他业务收入

其他业务收入是企业从事主营业务活动以外的其他日常活动（如销售材料、出租包装物、出租固定资产等）获取的收入。

广义的收入不仅包括营业收入、投资收益，还包括营业外收入等。营业外收入是指在企业经营活动以外的其他收益，通常从偶发的经济业务中取得，属于那种不经过经营过程就能取得或不曾期望获得的收益，即直接计入当期损益的利得，如接受捐赠利得、违约罚款收入、固定资产报废清理净收益、债务重组利得等。

收入是企业持续经营的前提，是企业利润的源泉。企业要生存、要发展，必须在销售商品或提供劳务等经济活动过程中取得收入，并使收入稳定增长，以便能补偿生产经营活动过程中的耗费，保证社会再生产过程不间断进行，获取更多的利润，增加企业的竞争能力。

五、费用

（一）费用的概念和特征

费用是指企业在日常活动中发生的、会导致所有者权益减少的、与向所有者分配利润无关的经济利益的总流出。费用具有以下特征：

（1）费用是企业在日常活动中发生的经济利益的总流出。企业销售商品、提供劳务，最终获取营业收入而发生耗费，如管理费用、销售费用等。企业在非日常活动中发生的经济利益的流出称为损失，如罚款支出、捐赠支出等，不能作为费用要素。

（2）费用发生后，会使企业资产减少、负债增加或两者兼而有之，最终导致企业资源减少、所有者权益减少。企业以存款支付广告费、以现金支付办公费，费用发生导致企业资产减少；本期发生的借款利息尚未支付、本期维修费尚未支付，费用发生导致企业负债增加。无论是资产减少还是负债增加，都会引起企业经济利益的流出，最终导致企业利润减少、所有者权益减少。不是为取得收入而形成的各类资产的减少或负债的增加，不属于费用的范围，如以固定资产对外投资、以存款偿还债务，对所有者权益并无影响，因而不构成费用。

（3）费用所导致的所有者权益减少与向所有者分配利润无关。企业向所有者分配利润，也会引起经济利益的流出，减少所有者权益，但不能作为费用要素。费用是为取得收入而发生的耗费。

（二）费用的分类

我国《企业会计准则——基本准则》中费用的概念是狭义的。按费用与收入的关系，费用可分为营业成本、税金及附加和期间费用。

1. 营业成本

营业成本包括主营业务成本和其他业务成本。

主营业务成本是指企业从事销售商品、提供劳务所发生的耗费。在制造业，其主要业务活动是制造产品、提供劳务。企业为了生产一定种类、一定数量产品所发生的耗费称为生产成本。生产成本又称生产费用，具体包括直接费用和间接费用。直接费用是指企业为生产产品、提供劳务而发生的直接材料、直接人工和其他直接支出；间接费用是指企业为生产产品、提供劳务而发生的各种间接制造费用，在月末应按一定标准分配计入各种产品成本。这些耗费在产品售出时转为主营业务成本。

其他业务成本是指企业从事其他日常业务活动（如销售材料、出租包装物等）发生的耗费。

2. 税金及附加

税金及附加是指企业在经营活动过程中发生的消费税、城市维护建设税、教育费附加等。

3. 期间费用

期间费用是指企业在日常活动中发生的不能归属特定产品而应归属所发生会计期间的费用，包括企业行政管理部门为组织和管理企业生产经营活动所发生的管理费用和企业为销售商品所发生的销售费用，以及企业为筹集生产经营所需资金而发生的财务费用。期间费用在发生时直接计入当期损益。

广义的费用不仅包括营业成本、税金及附加和期间费用，还包括营业外支出、所得税费用等。营业外支出是指在企业经营活动以外的各项支出，即直接计入当期损益的损失，如债务重组损失、固定资产盘亏损失、罚款支出、捐赠支出等。所得税费用是指根据国家税法规定计算缴纳的应计入当期损益的所得税。

六、利润

（一）利润的概念和特征

利润是指企业在一定会计期间的经营成果，是收入和费用相抵后的差额，包括收入减去费用后的净额、直接计入当期利润的利得和损失。

利润具有以下特征：

（1）收入和费用是影响利润的两大因素，利润是收入和费用相抵后的差额形成的。

（2）利润是企业一定会计期间最终的经营成果。

（二）利润的组成

利润包括营业利润、利润总额和净利润。

1. 营业利润

营业利润是指营业收入减去营业成本、税金及附加、销售费用、管理费用和财务费用、加其他收益、公允价值变动收益（或减损失）、投资收益（或减损失）、资产减值损失、资产处置收益（或减损失）后的金额。

2. 利润总额

利润总额是指营业利润加上营业外收入，减去营业外支出后的金额。营业外收支即直接计入当期利润的利得和损失，是指应当计入当期损益，会导致所有者权益发生增减变动的、与所有者投入资本或者向所有者分配利润无关的利得和损失。

3. 净利润

净利润是指利润总额减去所得税费用后的金额。

收入、费用和利润三个要素，反映了企业在一定会计期间的经营业绩。利润水平的高低，表明了企业的盈利能力、竞争能力和回避风险的能力，说明企业对社会贡献的大小，是反映企业经营成果的会计要素。收入、费用和利润会计要素的具体内容如图 1—3 所示。

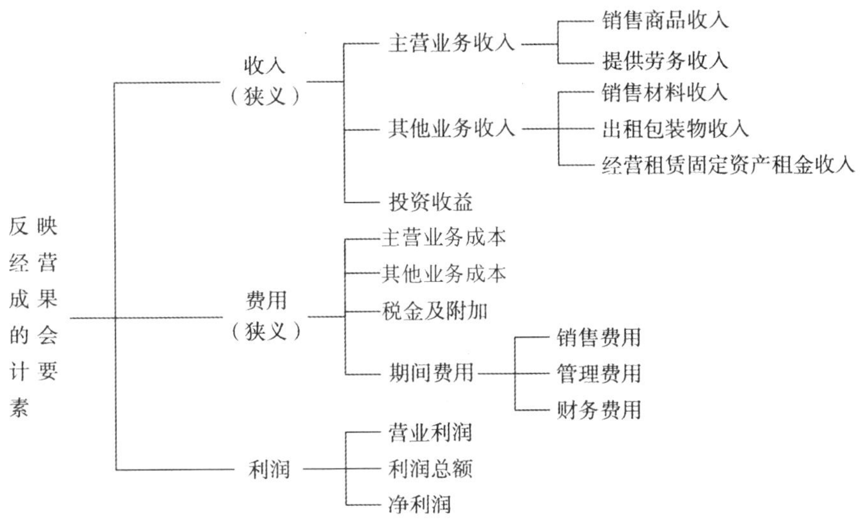

图 1—3 经营成果会计要素结构体系

第五节 会计等式

一、会计等式的种类

会计等式也称会计方程式或会计平衡式，是反映会计各要素之间在数量上恒等关系的一系列等式。它是设置账户、复式记账及编制会计报表的理论依据，是会计核算方法体系的理论基础。

(一)反映资产、负债和所有者权益关系的会计等式

任何企业为实现其经营目标，进行生产经营活动，都必须拥有一定数量的经济资源即资产。所有的资产都有一定的来源渠道即资产的提供者，谁对企业提供了资产，谁就对企业的资产具有要求权，在会计上称这种要求权为权益。

资产和权益反映了同一事物的两个方面：一方面表明企业拥有多少可支配的经济资源，拥有哪些经济资源；另一方面表明这些经济资源是由谁提供的，其权益是多少。资产和权益相互依存、相互制约，没有资产就没有权益；同样，没有权益就没有资产。而且从数量上来看，一个

企业有多少资产，就必定有多少权益；同样，有多少权益，就必定有多少资产，两者互相对应、彼此相等。从任何一个时点来看，资产和权益都必然保持数量上的平衡关系。这种平衡关系可表示为：

资产＝权益

从企业资产来源渠道来看，企业的资产是由投资者和债权人提供的，投资者和债权人对企业的资产都有要求权，所以权益可分为所有者权益和债权人权益。债权人权益是债权人对企业资产的要求权，站在企业的角度看，就是企业将来应偿还债权人的债务，称为负债。上述公式可表示为：

资产＝负债＋所有者权益

投资者和债权人虽然对企业的资产都有要求权，但顺序是完全不同的。企业资产在满足债权人权益之后，剩余权益才是所有者权益，所以所有者权益在数量上表现为资产减去负债后的余额。企业资产总额减去负债总额为净资产。所有者权益可表述为所有者对企业净资产的要求权。用公式表示为：

资产－负债＝所有者权益

“资产＝负债＋所有者权益”表明某一会计主体在某一特定时点所拥有的各种资产、负债、所有者权益的基本状况，是反映财务状况的会计等式，又称为会计恒等式。由于这一等式反映的是在相对静止状态下资产和权益的关系，所以又称为静态会计等式。会计恒等式是设置账户、复式记账、编制资产负债表的理论依据。

（二）反映收入、费用和利润关系的会计等式

在市场经济条件下，企业的各种经济活动都以营利为目的，通过日常生产经营活动获取更多的利润。取得收入是企业实现利润的前提。企业运用各项经济资源，不断获取收入，在获取收入的同时也必然发生相应的费用。企业通过某一会计期间收入与费用的比较，便可计算确定一定期间实现的经营成果：收入大于费用的差额称为利润，收入小于费用的差额称为亏损。收入、费用和利润之间的关系用公式可表示为：

收入－费用＝利润

“收入－费用＝利润”这一等式，表明了利润与收入和费用之间的恒等关系，由于这一等式反映的是一定期间企业取得收入和发生费用的动态过程，所以又称为动态会计等式。它是企业计算确定经营成果、编制和分析利润表的理论依据。

（三）反映会计六要素之间关系的会计等式

企业在经营活动过程中，如果取得收入，会引起企业资产增加或负债减少。例如，企业销售产品，货款收回存入银行，该笔业务发生后，在收入（主营业务收入）增加的同时，资产（银行存款）也相应增加；企业销售材料，销货款抵偿前欠货款，该笔业务发生后，在收入（其他业务收入）增加的同时，负债（应付账款）也相应减少。只要取得收入，最终都会导致所有者权益增加。

企业在经营活动过程中，如果发生费用，会引起企业资产减少或负债增加。例如，以现金支付业务招待费，该笔业务发生后，在费用（管理费用）增加的同时，资产（库存现金）也相应减少；本月发生固定资产维修费尚未支付，该笔业务发生后，在费用（管理费用）增加的同时，负债

(应付账款)也相应增加。只要发生费用,都会导致所有者权益的减少。

在一定会计期间,收入和费用相配比,若为利润,表明所有者在企业中的权益数额增加;若为亏损,表明所有者在企业中的权益数额减少。因此,会计六要素资产、负债、所有者权益、收入、费用和利润之间的相互关系用公式表示为:

资产=负债+所有者权益+收入-费用

或 **资产+费用=负债+所有者权益+收入**

或 **资产=负债+所有者权益+利润**

这一等式表明了会计主体的财务状况和经营成果之间的相互关系。会计期末,利润按照法定程序进行分配后,归入所有者权益,上述会计等式又恢复为基本恒等式:

资产=负债+所有者权益

二、经济业务对会计等式的影响

企业在生产经营活动过程中会发生各种各样的业务,如接受投资、向银行借款、购入设备、购买材料、上缴税金等,引起会计要素发生相应的增减变动,这些能够引起会计要素发生增减变动的事项称为“经济业务”或“会计事项”。

企业的经济业务纷繁复杂,对会计等式产生的影响不外乎九种类型。下面举例说明。

安宇公司 202×年 1 月 1 日资产总计为 489 000 元,负债为 108 600 元,所有者权益为 380 400 元,其具体项目金额如表 1—2 所示。

表 1—2 **资产负债表(简表)**

202×年 1 月 1 日 单位:元

资 产	年初数	负债及所有者权益	年初数
库存现金	12 500	短期借款	50 000
银行存款	86 690	应付账款	34 300
应收账款	28 000	应付职工薪酬	18 200
原材料	37 800	应交税费	6 100
库存商品	132 100	实收资本	300 000
固定资产	165 300	资本公积	30 000
无形资产	26 610	未分配利润	50 400
总 计	489 000	总 计	489 000

安宇公司 202×年 1 月发生如下经济业务,其对会计恒等式产生的影响,我们做以下分析:

1. 经济业务发生后,引起资产和所有者权益同时增加。

[例 1—1] 1 月 8 日,三位股东追加投资 190 000 元,现收到投资款,存入银行。

该项经济业务的发生,使安宇公司资产(银行存款)增加 190 000 元,同时所有者权益(实收资本)也增加 190 000 元,资产和所有者权益同时等额增加 190 000 元。会计等式两边以相等的金额增加，不改变会计等式的平衡关系。

2. 经济业务发生后，引起资产和负债同时增加。

[例 1—2] 1月10日，购入原材料50 000元，货款未付。

该项经济业务的发生，使安宇公司资产(原材料)增加了50 000元，负债(应付账款)也增加了50 000元，资产与负债同时等额增加50 000元。会计等式两边以相等的金额增加，不改变会计等式的平衡关系。

3. 经济业务发生后，引起资产内部有关项目发生增减变动，一项资产增加，一项资产减少。

[例 1—3] 1月12日，从银行提取现金2 000元备用。

该项经济业务的发生，使安宇公司资产(现金)增加了2 000元，资产(银行存款)减少了2 000元，资产总额没有发生变化。一项资产增加，一项资产减少，不改变会计等式的平衡关系。

4. 经济业务发生后，引起负债内部有关项目增减变动，一项负债增加，一项负债减少。

[例 1—4] 1月15日，从银行借入半年期借款30 000元，归还前欠货款。

该项经济业务的发生，使安宇公司负债(短期借款)增加了30 000元，负债(应付账款)减少了30 000元，负债总额没有发生变化。一项负债增加，一项负债减少，不改变会计等式的平衡关系。

5. 经济业务发生后，引起所有者权益内部有关项目发生增减变动，一项所有者权益增加，一项所有者权益减少。

[例 1—5] 1月16日，按法定程序报批后，将资本公积20 000元转增实收资本。

该项经济业务的发生，使安宇公司的所有者权益内部结构关系发生变化，即所有者权益(实收资本)增加20 000元，所有者权益(资本公积)减少20 000元，所有者权益总额没有发生变化。一项所有者权益增加，一项所有者权益减少，不改变会计等式的平衡关系。

6. 经济业务发生后，引起资产和所有者权益同时减少。

[例 1—6] 1月17日，根据合同以存款退还股东投资款60 000元。

该项经济业务的发生，使安宇公司的资产(银行存款)减少60 000元，同时所有者权益(实收资本)减少了60 000元，则资产与所有者权益同时减少60 000元。会计等式两边以相等的金额减少，不改变会计等式的平衡关系。

7. 经济业务发生后，引起资产和负债同时减少。

[例 1—7] 1月18日，以银行存款4 100元缴纳上月所得税。该笔经济业务的发生，使安宇公司的负债(应交税费)减少4 100元，同时资产(银行存款)减少了4 100元，资产和负债同时等额减少4 100元。会计等式两边以相等的金额减少，不改变会计等式的平衡关系。

8. 经济业务发生后，引起所有者权益减少，负债增加。

[例 1—8] 1月22日，通过决议，决定向投资者分配股利10 000元。

该项经济业务的发生，使安宇公司的所有者权益(未分配利润)减少10 000元，同时负债(应付股利)增加10 000元。会计等式右边一项增加，一项减少，不改变会计等式的平衡关系。

9. 经济业务发生后，引起所有者权益增加，负债减少。

[例 1—9] 1月28日，供应商将公司所欠货款50 000元，转作对安宇公司的投资。

该项经济业务的发生，使安宇公司的所有者权益(实收资本)增加 50 000 元，负债(应付账款)减少 50 000 元。会计等式右边一项增加，一项减少，不改变会计等式的平衡关系。

以上九类经济业务对会计等式的影响见表 1—3。

表 1—3 经济业务对会计恒等式的影响 单位：元

题 号	资产 =	负债 +	所有者权益
1 月 1 日	489 000	108 600	380 400
①	银行存款＋190 000		实收资本 ＋190 000
②	原材料 ＋50 000	应付账款 ＋50 000	
③	现金 ＋2 000 银行存款 －2 000		
④		短期借款 ＋30 000 应付账款 －30 000	
⑤			实收资本 ＋20 000 资本公积 －20 000
⑥	银行存款 －60 000		实收资本 －60 000
⑦	银行存款 －4 100	应交税费 －4 100	
⑧		应付股利 ＋10 000	未分配利润－10 000
⑨		应付账款 －50 000	实收资本 ＋50 000
1 月 31 日	664 900	114 500	550 400

综上所述，经济业务对会计等式的影响不外乎三种情况：企业经济业务发生后，引起会计等式两边同时增加，增加的金额相等；企业经济业务发生后，引起会计等式两边同时减少，减少的金额相等；企业经济业务发生后，引起会计等式两边内部项目发生增减变动，资金总额不变。

以上九类经济业务对会计等式的影响结果见表 1—4。

表 1—4 资产负债表(简表)

202×年 1 月 31 日 单位：元

资 产	期末数	负债及所有者权益	期末数
库存现金	14 500	短期借款	80 000
银行存款	210 590	应付账款	4 300
应收账款	28 000	应付职工薪酬	18 200
原材料	87 800	应交税费	2 000
库存商品	132 100	应付股利	10 000
固定资产	165 300	实收资本	500 000
无形资产	26 610	资本公积	10 000
		未分配利润	40 400
总 计	664 900	总 计	664 900

由此可得出结论，任何经济业务的发生，都不会破坏会计恒等式“资产＝负债＋所有者权益”的平衡关系，等式两端的金额永远保持相等，资产总额恒等于权益总额。会计恒等式是设置账户、复式记账和编制会计报表的理论依据。把握这个理论，对于我们正确运用设置账户、复式记账和编制会计报表的方法，具有重要意义。

第六节　会计核算方法

会计方法是用来核算和监督价值运动，实现会计目标的手段。会计方法包括会计核算方法，会计分析方法，会计检查方法，会计预测、决策、控制的方法。在会计方法体系中，会计核算方法是最基本的方法。会计核算方法是指对会计对象进行连续、系统、全面、综合的记录、计算和报告所运用的方法，包括设置账户、复式记账、填制和审核凭证、登记账簿、成本计算、财产清查和编制会计报表七个专门方法。

一、设置账户

设置账户是指对会计对象的具体内容进行科学的分类，记录、反映不同会计信息资料的一种专门方法。会计反映和监督的具体内容多种多样，如企业的财产物资有不同的形态——原材料、库存商品、厂房、机器设备、专利权等，它们在企业生产经营过程中具有不同的用途，发挥不同的作用，管理要求也不同，因此必须分类进行反映；企业的负债如短期借款、长期借款、应付职工薪酬、应交税费、应付账款等，由于偿还期限、债权人不同，也必须分类进行反映。在会计核算中，通过设置会计科目，对会计对象的具体内容进行分类，根据会计科目设置账户，在账户中记录、反映会计对象的某一方面增减变动及结存情况，以取得不同会计信息资料，为企业经营管理服务。

二、复式记账

复式记账是指对每项经济业务都要在两个或两个以上对应的账户中同时进行平衡记录的一种专门方法。复式记账的特点是经济业务发生以后，要以相等的金额同时在两个或两个以上相互联系的账户中进行记录，能够反映资金运动的来龙去脉，如企业银行存款增加 100 000 元，是接受股东投资，是销售商品获得收入，还是从银行取得借款等。这样做可以全面地、相互联系地反映经济业务中资金运动的来龙去脉，便于核算和监督经济业务的全貌。

三、填制和审核凭证

会计凭证是记录经济业务，明确经济责任，作为记账依据的书面证明。企业发生的任何经济业务都要取得和填制会计凭证。只有根据审核无误的原始凭证才能编制记账凭证，只有准确无误的记账凭证才能据以登记账簿。因此，填制和审核会计凭证是会计核算工作的开始和基础环节，它能保证会计核算资料真实、可靠、合理、合法，提高会计信息质量。

四、登记账簿

账簿是由具有一定格式、相互联结的账页组成的簿籍。登记账簿就是根据审核无误的会计凭证，采用复式记账方法，在账簿上连续、完整、系统地记录和反映的一种专门方法。它是系统地归纳和整理会计信息资料的手段，有助于及时提供有用的会计信息，为编制会计报表提供完整而又系统的会计数据，也为了解、考核和分析企业经济活动提供有利的证据。

五、成本计算

成本计算是指按一定的成本计算对象归集生产经营活动中发生的各项费用，以确定各成本计算对象的总成本和单位成本的一种专门方法。成本是考核企业生产经营管理水平的一项重要经济指标，如制造业在供应过程中，需要支付材料买价和采购费用；在生产过程中，需要发生材料耗费、人工费用和其他费用。为了控制企业成本费用水平，考核成本计划完成情况，不断降低成本，就必须进行材料采购成本、产品生产成本的计算。成本计算可以全面反映企业各个生产经营过程的成本、费用支出情况，从而加强企业成本管理，挖掘降低成本的潜力，提高企业经济效益。

六、财产清查

财产清查是指通过实物盘点、核对账目，查明各项货币资金、财产物资、往来款项实有数额的一种专门方法。财产清查的具体做法是将各项财产物资的盘点结果与账面结存核对，债权、债务逐笔与对方核对，确定账实是否相符；如账实不符，应查明原因，落实责任，会计人员调整账面记录，做到账实相符。真实、准确地反映企业财产物资、债权、债务的实际情况，是会计核算工作的重要环节，也是经济管理对会计核算的客观要求。因此，为保证会计核算的真实性和准确性，必须定期对企业进行财产清查。这样有利于企业挖掘财产物资的使用潜力，加速资金周转，改善经营管理，保证财产物资的安全完整。

七、编制会计报表

会计报表是根据账簿记录和其他日常核算资料，采用规定的表格形式，总括地反映某一会计主体在一定时期的财务状况、经营成果和现金流量的书面报告文件，是企业对外披露会计信息的重要手段。编制会计报表是会计工作的一项重要内容，是会计核算的最后环节。由于反映在账簿中的会计信息比较分散，不能集中、概括地反映企业经济活动的全貌，不便于信息使用者使用，因此有必要通过编制会计报表对账簿记录做进一步的加工、整理和综合，并结合其他日常会计核算资料，按一定的指标体系，以报告文件的形式集中反映出来，全面、系统、概括地提供会计主体的财务状况、经营成果和现金流量的会计信息。定期编制会计报表对满足会计信息使用者的需要，加强企业经营管理，有着不可替代的重要作用。

以上七种会计核算方法相互联系、紧密配合，形成了一个完整的会计核算方法体系。设置账户是建账过程，填制和审核凭证与登记账簿是记账过程，成本计算是算账过程，编制会计报表是报账过程。在实际工作中，是按照建账、记账、算账、报账这一顺序进行会计核算的。首先，根据企业经营特点、会计准则、会计信息需要者的要求，在账簿中设置若干不同的账户，用来记录各类不同的经济业务；经济业务发生以后，首先取得原始凭证，根据审核无误的原始凭证采用复式记账法填置记账凭证，根据审核无误的记账凭证过入账簿中的有关账户；通过成本计算，对会计信息经过加工后再过入账簿；期末通过财产清查，在保证账实相符的前提下，编制会计报表，提供会计信息。由于这些方法是按照一定的程序逐步进行的，并且在企业持续经营的每一会计期间周而复始地循环使用，所以，我们也将这种按一定程序依次进行的会计核算方法体系称为会计循环。扎实掌握并熟练运用会计核算方法，对提高会计实务水平有着重要作用。

复习思考题

1. 如何理解会计的含义？
2. 什么是会计的基本职能？试阐述两者之间的关系。
3. 阐述会计核算的特点。
4. 阐述工业企业资金循环与周转过程。
5. 会计核算的基本前提有哪些？
6. 会计信息质量要求有哪些？
7. 阐述权责发生制与收付实现制的区别。
8. 什么是会计要素？包括哪些内容？
9. 分别阐述资产与负债的特征。
10. 怎样理解资产和权益的平衡关系。
11. 会计等式有哪几类？什么是会计基本等式？
12. 经济业务的发生会引起会计基本等式发生哪些类型的变化？
13. 会计核算的方法包括哪些？

自测题

一、单项选择题

1. 马克思指出：会计是对生产“过程的控制和观念的总结”。这表明会计的基本职能是(　　)。

A. 生产职能　　B. 核算和监督职能
C. 生产职能和管理职能的统一　　D. 主要是管理职能兼生产职能

2. 会计核算的基本前提也称(　　)。

A. 会计制度　　B. 会计假设　　C. 会计准则　　D. 会计要素

3. 会计核算必须以实际发生的经济业务及证明经济业务发生的合法性凭证为依据，应当遵循(　　)要求。

A. 可靠性　　B. 一致性　　C. 合法性　　D. 可理解性

4. 会计核算的起始环节是(　　)。

A. 财产清查　　B. 登记账簿

C. 填制和审核会计凭证　　D. 设置会计科目和账户

5. (　　)为会计核算划定了空间范围。

A. 持续经营假设　　B. 货币计量假设　　C. 会计分期假设　　D. 会计主体假设

6. 在反映企业的交易或事项时,不应高估资产或收益、低估负债或费用,遵循的是(　　)。

A. 谨慎性　　B. 权责发生制　　C. 重要性　　D. 实质重于形式

7. 企业会计提供的会计信息应当符合国家经济管理的需要,满足投资者决策的需要,这种要求主要体现的是(　　)。

A. 一致性　　B. 及时性　　C. 可比性　　D. 相关性

8. 对应收账款可按规定的标准计提坏账准备金,其根据是(　　)。

A. 重要性　　B. 权责发生制　　C. 可比性　　D. 谨慎性

9. (　　)是对会计对象进行的基本分类,是会计核算对象的具体化。

A. 会计账户　　B. 会计科目　　C. 会计要素　　D. 会计主体

10. 下列经济业务中,会引起所有者权益要素变化的是(　　)。

A. 向银行借入长期借款　　B. 支付水电费

C. 投资者投入资金　　D. 归还前欠货款

11. 下列项目中,属于流动资产的是(　　)。

A. 机器设备　　B. 土地使用权　　C. 包装物　　D. 应交税费

12. 下列项目中,不属于资产特征的是(　　)。

A. 由过去的交易或事项形成的

B. 企业拥有或控制的

C. 现在已承担的责任并且是企业将来要清偿的义务

D. 能够给企业带来经济利益

13. 债权人和投资人对企业资产都拥有要求权,这种要求权总称为(　　)。

A. 负债　　B. 权益　　C. 股权　　D. 债权

14. (　　)既反映会计对象要素间基本数量关系,同时也是设置账户、复式记账、编制会计报表的理论基础。

A. 会计科目　　B. 会计恒等式　　C. 会计要素　　D. 会计对象

15. 企业以银行存款偿还债务,表现为(　　)。

A. 一项资产增加,另一项资产减少　　B. 一项负债增加,另一项负债减少

C. 一项资产减少,一项负债增加　　D. 一项资产减少,一项负债减少

16. 某企业年初所有者权益为 100 万元,年中发生如下业务:接受外单位追加货币资金投资 12 万元,专利技术投资 8 万元;盈余公积金转增资本金 5 万元;年末所有者权益为(　　)万元。

A. 120　　B. 100　　C. 75　　D. 125

17. 引起资产内部一个项目增加，另一个项目减少，而资产总额不变的经济业务是(　　)。

A. 用银行存款偿还短期借款　　B. 收到投资者投入机器一台

C. 收到外单位前欠货款　　D. 销售商品，货款收回存入银行

18. 某企业月初负债总额为 70 万元，所有者权益总额为 130 万元，本月发生下列业务：①以银行存款归还银行借款 20 万元；②购入设备一台，价款 15 万元未付。期末时，该企业的负债总额为(　　)万元。

A. 65　　B. 130　　C. 90　　D. 75

19. 预付账款属于会计要素中的(　　)。

A. 资产　　B. 负债　　C. 所有者权益　　D. 费用

20. 某汽车制造厂生产的汽车，对该厂来讲属于(　　)。

A. 流动资产　　B. 流动负债　　C. 固定资产　　D. 长期资产

二、多项选择题

1. 下列各项中，可以作为会计计量尺度的有(　　)。

A. 实物　　B. 货币　　C. 劳动　　D. 时间

2. 会计核算的基本前提有(　　)。

A. 会计主体　　B. 持续经营　　C. 会计分期　　D. 货币计量

3. 会计计量属性包括(　　)。

A. 历史成本　　B. 重置成本　　C. 可变现净值

D. 现值　　E. 公允价值

4. 谨慎性原则要求企业进行会计核算时(　　)。

A. 不高估资产　　B. 不低估负债

C. 不低估收益　　D. 合理核算可能发生的损失和费用

5. 会计的基本职能是(　　)。

A. 会计核算　　B. 会计预测　　C. 会计决策　　D. 会计监督

6. 下列各项中，属于企业会计核算具体内容的有(　　)。

A. 款项和有价证券的收付　　B. 财产物资的收发、增减和使用

C. 债权和债务的发生和结算　　D. 财务成果的计算和处理

7. 下列各项中，属于资金循环和周转的有(　　)。

A. 无形资产的摊销费　　B. 偿还各种债务

C. 支付员工工资费用　　D. 购买材料

8. 权责发生制的内容是(　　)。

A. 凡是本期实现的收入，无论款项是否收到，均作为本期收入处理

B. 凡是本期发生的费用，无论款项是否支付，均作为本期费用处理

C. 凡不属于本期的收入和费用，即使款项已经收到或支付，也不作为本期收入和费用处理

D. 凡是本期收到的款项或本期支付的费用,均作为本期收入和费用处理

9. 我国会计准则规定的会计信息质量要求包括(　　)。

A. 可靠性　B. 相关性　C. 重要性　D. 完整性

10. 按权责发生制要求,下列款项应确认为本期销售收入的是(　　)。

A. 本月赊销产品　B. 本月预收下月货款,存入银行

C. 本月销售商品,收到一张商业汇票　D. 收到上月销货款

11. 按权责发生制要求,下列业务发生后应计入本期费用的有(　　)。

A. 预付下季度报刊费 6 000 元　B. 摊销本月负担的杂志费 2 000 元

C. 本月发生房屋租金 1 000 元,尚未支付　D. 支付上月水电费 3 200 元

12. 在工业企业的生产过程,其资金变化的形态有(　　)。

A. 储备资金转化为生产资金　B. 货币资金转化为生产资金

C. 固定资金转化为生产资金　D. 生产资金转化为成品资金

E. 成品资金转化为货币资金

13. 资产是(　　)的经济资源。

A. 企业拥有或控制　B. 具有实物形态

C. 能以货币计量　D. 预期能够给企业带来经济效益

E. 投资人投入的

14.“资产=负债+所有者权益”是(　　)的理论依据。

A. 设置账户

B. 复式记账

C. 编制资产负债表

D. 总分类账户与明细分类账户平行登记

15. 影响利润总额计算的指标有(　　)。

A. 营业利润　B. 营业外收支　C. 所得税费用　D. 投资收益

16. 发生下列经济事项后,会计等式不发生变化的有(　　)。

A. 企业用银行存款 30 000 元偿还供货单位货款

B. 企业将现金 50 000 元存入银行

C. 企业由于资金周转困难,向银行借款 300 000 元以归还前欠货款

D. 企业接受投资人投资 200 000 元。

17. 下列会计要素中,反映企业财务状况静态表现的是(　　)。

A. 资产　B. 负债　C. 所有者权益　D. 收入

E. 费用　F. 利润

18. 下列各项中,关于会计等式的说法正确的有(　　)。

A. 会计等式又称会计恒等式、会计方程式或会计平衡式

B.“资产=负债+所有者权益”是编制资产负债表的理论依据

C.“收入-费用=利润”是编制利润表的依据

D. 会计等式是表明会计要素之间基本关系的等式

19. 期间费用包括(　　)。

A. 销售费用　B. 管理费用　C. 财务费用　D. 制造费用

20. 下列各项中,属于企业会计核算方法的有(　　)。

A. 设置账户　B. 复式记账　C. 填制与审核会计凭证

D. 财务成果的计算　E. 财产清查

21. 资产按流动性可以分为(　　)。

A. 流动资产　B. 预付账款　C. 短期借款　D. 非流动资产

22. 负债按其流动性可以分为(　　)。

A. 流动负债　B. 长期负债　C. 短期借款　D. 预付账款

三、判断题

1. 我国企业会计准则规定,企业应当以公历年度作为会计年度。(　　)

2. 法律主体必定是会计主体,会计主体也必定是法律主体。(　　)

3. "应付账款""应付票据"和"应付债券"账户都属于流动负债。(　　)

4. 以银行存款偿还银行借款 50 000 元,这笔经济业务的发生对权益无影响。(　　)

5. 根据权责发生制的要求,即使不属于当期的收入,只要款项已在当期收到,就应作为当期收入确认。(　　)

6. 会计恒等式所体现的平衡关系原理,是复式记账的理论依据。(　　)

7. 预收货款构成企业的一项流动负债。(　　)

8. 所有者权益是企业投资者对企业资产的所有权。(　　)

9. 我国企业会计核算如以外币为本位币,在编制会计报表时必须折合成人民币反映。(　　)

10. 由于会计分期才产生了权责发生制和收付实现制。(　　)

11. 根据权责发生制原则,收入和费用的确定并不完全取决于款项是否已经收付。

(　　)

12. "收入－费用＝利润"这一会计等式,是复式记账法的理论基础,也是编制资产负债表的依据。(　　)

业务处理题

一、晋安公司有关资料如下表所示:

序　号	项　目	资　产	负　债	所有者权益
1	开户银行的存款			
2	股东甲投入的资本			
3	库存的原材料			

续表

序 号	项 目	资 产	负 债	所有者权益
4	职工预借的差旅费			
5	签发并承兑的商业汇票			
6	6个月的银行借款			
7	预收某单位的购货款			
8	应付供货单位的货款			
9	企业办公大楼			
10	应缴纳的各种税款			
11	专利权			
12	生产用机器设备			
13	尚未收回的货款			
14	应付未付职工的工资			
15	2年期的银行借款			
16	土地使用权			

要求：根据资料，确定资产、负债和所有者权益项目，并在上表的相应空栏处划“√”。

二、晋安公司202×年1月31日资产、负债、所有者权益内容如下：

资产负债表简表

单位：万元

资 产	年初数	期末数	负债及所有者权益	年初数	期末数
货币资金	220	315	应付账款	160	F
应收账款	A	86	应付职工薪酬	40	52
预付账款	55	B	应交税费	15	40
存 货	360	410	长期负债	280	280
长期股权投资	180	180	实收资本	1 000	1 000
固定资产	600	660	未分配利润	E	195
总 计	1 565	C	总 计	D	1 790

要求：(1)计算上表中A～F的数字。

(2)计算晋安公司202×年1月31日流动资产总额。

(3)计算晋安公司202×年1月31日流动负债总额。

(4)计算晋安公司202×年1月31日净资产总额。

三、说明下列经济业务对会计要素的影响：

序　号	经济业务	经济业务对会计要素的影响	
1	从银行提取现金备用	资产＋ （库存现金＋）	资产－ （银行存款－）
2	以银行存款购入原材料		
3	从银行借入6个月借款，存入银行		
4	收回某单位前欠货款，存入银行		
5	收到某单位捐赠卡车一辆		
6	以现金发放职工工资		
7	以现金支付厂部办公费		
8	以银行存款购入一项专利权		
9	购入原材料，款项未付		
10	以银行存款购入机器设备		
11	国家投入企业的资本存入银行		
12	以银行存款支付前欠某单位货款		
13	以银行存款上缴上月各项税费		
14	销售商品，货款尚未收回		
15	以银行存款预付购货款		

四、晋安公司202×年3月31日的资产负债表显示，资产总额为425 000元，负债总额为172 000元，4月份发生下列经济业务：

（1）4月2日，接受投资汽车一辆，公允价值200 000元。

（2）4月5日收回应收账款120 000元，存入银行。

（3）4月11日购买原材料78 000元，货款未付。

（4）4月13日以银行存款50 000元归还银行短期借款。

（5）4月18日以银行存款35 000元购买机器设备一台。

（6）4月25日经研究，决定将资本公积50 000元转增资本金。

要求：根据上述资料，计算晋安公司202×年4月30日的资产总额、负债总额及所有者权益总额。

五、晋安公司202×年5月份发生下列经济业务：

（1）5月3日支付行政管理部门办公费1 500元。

（2）5月6日收到以前月份的销货款30 000元。

(3)5 月 7 日支付本月设备维修费 3 000 元。

(4)5 月 10 日销售甲产品 200 件,货款 80 000 元尚未收到。

(5)5 月 11 日收到华新企业预付货款 20 000 元,预计下月发货。

(6)5 月 25 日支付下半年仓储租金 60 000 元。

要求:(1)按照权责发生制确认 5 月份的收入、费用和利润。

(2)按照收付实现制确认 5 月份的收入、费用和利润。

第二章

账户与复式记账

学习目标

本章主要介绍会计核算的两种基本方法:设置账户和复式记账。通过本章学习,要求学生熟悉企业常用的会计科目及账户名称,了解复式记账的基本原理和借贷记账法下账户的结构,掌握借贷记账法的基本内容和特点。

关键概念

会计科目　会计账户　复式记账法　借贷记账法　会计分录　试算平衡

第一节　会计科目

一、设置会计科目的意义

会计科目是对会计对象的具体内容即会计要素进一步分类形成的项目。设置会计科目是全面、系统、分类地核算和监督各项经济业务活动的前提与依据。

企业的经济活动纷繁复杂,它所引起的各个会计要素内部构成以及各个会计要素之间的增减变化也错综复杂,形式灵活多变。为了对这些复杂的经济业务进行会计核算和监督,需要根据其不同的特点,分门别类地确定核算项目。例如,企业的机器设备、房屋和建筑物,作为劳动手段,具有使用时间较长、单位价值较大、实物形态相对不变的特点,将其归为一类,设置"固定资产"会计科目;生产产品用的原材料、辅助材料、燃料和包装材料等,作为劳动对象,具有在生产中一次被消耗,其价值一次转移的特点,将其归为一类,设置"原材料"会计科目;为了满足制造业企业核算产品的需要，对在企业生产车间范围内发生的物料消耗、办公费、管理人员的工资等，将其归为一类，设置“制造费用”会计科目。

会计科目是进行各项会计记录和提供各项会计信息的基础。通过设置会计科目，有助于信息使用者分门别类地了解会计要素的增减变化及其结果，满足企业内部经营管理与企业外部有关方面对会计信息的需要。

设置会计科目是完成会计核算任务的基础。会计科目是会计核算的专门方法之一，它为设置账户和登记账簿提供了依据，为编制报表提供了条件。

二、会计科目的设置原则

在实际工作中，由于各单位的经营特点、业务繁简、规模大小不同，为了更好地发挥会计科目在会计核算中的作用，满足信息使用者对会计核算资料的要求，企业应科学、合理地设置会计科目。在设置会计科目时应遵循以下原则：

1. 符合各会计主体的生产经营特点

由于各行业生产经营范围、业务性质不同，资金运动的每一个具体环节不尽相同，在设置会计科目时有一定的差异。比如，工业企业是制造产品的单位，根据企业生产经营特点，就需设置“原材料”“生产成本”和“制造费用”等会计科目。金融企业结合自身业务特点，应设置“贷款”“吸收存款”等会计科目。

2. 结合内部经营管理的需要，满足对外提供会计信息的要求

会计作为一种以提供会计信息为主的管理活动，首先应满足企业内部加强经营管理并提高经济效益的需要，要求会计尽可能提供详细、具体的资料；其次，还要满足政府部门加强宏观调控并制定方针政策的需要，满足投资人、债权人及有关方面对企业经营和财务状况做出准确判断的需要，要求提供比较综合的数据。为满足上述要求及便于会计资料整理和汇总的需要，在设置会计科目时要适当设置提供总括核算指标的总分类会计科目，还要设置提供明细核算指标的明细分类会计科目。

3. 统一性和灵活性相结合

所谓统一性，是指会计科目要按照《企业会计准则》和国家的统一会计制度来设置；所谓灵活性，是指会计科目应根据本单位的具体情况和经济管理要求，对国家统一会计制度规定的会计科目进行必要的补充和简并，以此来保证会计核算指标在一个部门乃至全国范围内综合汇总以及满足本单位经营管理的需要。

三、会计科目的分类

（一）会计科目按所反映的经济内容分类

会计科目按照经济内容即按照会计要素的具体内容进行分类，是会计科目最基本的分类方式。会计要素的具体内容包括资产、负债、所有者权益、收入、费用和利润。费用是企业所发生的各种耗费，从广义上来讲，费用既包括期间费用，也包括生产成本、主营业务成本等其他费用。企业为制造产品所发生的费用反映在“生产成本”和“制造费用”会计科目中，统称为成本类会计科

目;期间费用和其他费用的发生会引起本期利润减少,主营业务收入、其他业务收入等的发生会引起本期利润增加,这些科目统称为损益类会计科目;而利润实质上属于所有者权益,所以会计科目按照经济内容可分为资产类、负债类、所有者权益类、成本类和损益类五类。

我国新发布的《企业会计准则——应用指南》规定的会计科目共有六大类。除上述五大类外,还有一类为金融企业会计核算运用的共同类科目,在此不做介绍。为了便于核算和查阅,适应会计电算化的要求,我国财政部统一规定了会计科目的编号。现将工业企业常用的会计科目列示为表 2—1。

表 2—1　　会计科目简表

编　号	会计科目名称	编　号	会计科目名称
	一、资产类	2202	应付账款
1001	库存现金	2203	预收账款
1002	银行存款	2211	应付职工薪酬
1012	其他货币资金	2221	应交税费
1101	交易性金融资产	2231	应付利息
1121	应收票据	2232	应付股利
1122	应收账款	2241	其他应付款
1123	预付账款	2501	长期借款
1131	应收股利		四、所有者权益类
1132	应收利息	4001	实收资本
1221	其他应收款	4002	资本公积
1231	坏账准备	4101	盈余公积
1401	材料采购	4103	本年利润
1402	在途物资	4104	利润分配
1403	原材料		五、成本类
1404	材料成本差异	5001	生产成本
1405	库存商品	5101	制造费用
1471	存货跌价准备		六、损益类
1511	长期股权投资	6001	主营业务收入
1531	长期应收款	6051	其他业务收入
1601	固定资产	6301	营业外收入
1602	累计折旧	6401	主营业务成本
1603	固定资产减值准备	6402	其他业务成本
1604	在建工程	6403	税金及附加
1606	固定资产清理	6601	销售费用
1701	无形资产	6602	管理费用
1801	长期待摊费用	6603	财务费用

续表

1901	待处理财产损溢	6701	资产减值损失
	二、负债类	6711	营业外支出
2001	短期借款	6801	所得税费用
2201	应付票据	6901	以前年度损益调整

(二)会计科目按所提供信息的详细程度及其统驭关系分类

会计科目按所提供信息的详细程度及其统驭关系可分为总分类会计科目和明细分类会计科目。总分类科目是对会计要素具体内容进行总括分类、提供总括信息的会计科目,如"应收账款""应付账款""原材料"等。明细分类科目是对总分类科目做进一步分类、提供更详细更具体会计信息的科目,如"应收账款"科目按债务人设置明细科目,反映应收账款的具体对象。为了满足经营管理的需要,提供更详细的会计信息,可在总分类科目之下设置二级科目(也称子目),在二级科目之下设置三级科目(也称细目)。总分类科目也称为一级科目,二级和三级科目统称为明细分类科目。例如,在"原材料"总分类科目之下设置"原料及主要材料""辅助材料"等二级明细科目;在二级科目之下,按照材料品种、规格设置三级明细科目,提供各种材料的详细核算数据。

在我国的会计核算中,总分类科目一般由财政部制定,在《企业会计准则——应用指南》中对会计科目的设置做了明确的规定,明细分类科目各单位可根据经营管理的需要自行设置。必须指出的是,并非所有的总分类科目都要设置明细分类科目。

第二节 账 户

一、账户的概念

会计科目只是对会计要素具体内容进行分类的项目或名称,还不能进行具体的会计核算。为了全面、系统、分类地核算和监督各项经济业务所引起的资金增减变动情况及其结果,还必须根据会计科目开设会计账户,以便于会计信息使用者及时、准确地掌握企业的各种会计信息。账户是根据会计科目设置的,具有一定格式和结构,用于分类反映会计要素增减变动情况及其结果的载体。设置账户是会计核算的专门方法之一。

二、账户的分类

由于账户是根据会计科目设置的,因此,账户的分类与会计科目的分类是一致的。

账户按照经济内容可分为资产类账户、负债类账户、所有者权益类账户、成本类账户和损益类账户五类。

按照所提供信息的详细程度及其统驭关系,账户分为总分类账户和明细分类账户。总分类账户又称总账账户或一级账户，简称总账，是根据总分类科目设置的。在总分类账户中，只使用货币计量单位，它提供总括的核算资料和指标，是对其所属的明细分类账户资料的综合；明细分类账户又称明细账户，简称明细账，是根据明细分类科目设置的。对于明细账的核算，除了用货币计量以外，必要时还需要用实物量度或者用劳动量度来计量。明细账提供详细核算资料和指标，它是对总账账户的具体化和补充说明。

总账和所属明细账核算的内容相同，都核算和反映同一经济业务，只不过反映内容的详细程度有所不同。两者相互补充，相互制约，相互核对。总账统驭和控制明细账，明细账户从属于总账，是总账的从属账户。

三、账户的结构

作为反映会计要素具体内容增减变化及其结果的会计账户，必须有一定的结构。在不同的记账方法下，账户的结构是不同的。即使是在同一种记账方法下，反映不同经济内容的账户也会有不同的结构。但是，无论是何种记账方法，也无论哪种性质的账户，其基本结构都是一致的。

（一）账户的基本结构

由于经济业务的发生所引起的资产、负债、所有者权益、收入、费用和利润中有关项目的变化，从数量或金额上看不外乎增加和减少两种情况。因此，为了反映各会计要素的变化情况，就需要在账户中分别反映会计要素的增加数和减少数。同时为了反映其增减变动结果，账户还必须有反映各会计要素结余数的部分。此外，一个完整的账户，除了具有反映增加数、减少数及结余数基本内容外，还需要有其他相关内容。在实际工作中，账户的具体结构应具备以下内容：

（1）账户的名称，即会计科目；

（2）日期和摘要，即记录经济业务发生的时间和内容；

（3）凭证号数，即账户记录的依据；

（4）增加额、减少额和余额。

账户的一般格式如表 2—2 所示。

表 2—2　　账户名称（会计科目）

日　期	凭证号数	业务摘要	增加金额	减少金额	余　额

为了方便教学与理解，在会计教学中，把账户的基本结构用“T”字或“丁”字来表示，划分为左右两方，分别记录经济内容的增加额、减少额和余额，至于左右双方到底哪一方记录增加，哪一方记录减少，则是由所采用的记账方法和账户的经济内容和性质决定。通常情况下，账户的增加额、减少额和余额称为账户的基本结构，如图 2—1 所示。

图 2—1

(二)账户的发生额与余额

本期发生额,是指本期账户中所变化的金额,包括本期增加发生额和本期减少发生额。本期增加发生额和减少发生额应按相反的方向记录,即如果账户左方记录增加额,则右方应记录减少额;反之,如果右方记录增加额,则左方应记录减少额。本期发生额是一个动态指标,它说明的是某一时期会计要素的增减变动情况。

余额是一个静态指标,它说明的是资产或权益在某一时日增减变动的结果。在账户中,余额分为期初余额和期末余额。上期的期末余额即为本期的期初余额,本期的期末余额即为下期的期初余额,期末余额一般与本期增加额记同一方向。

以上四个核算指标之间具有如下关系:

期末余额=期初余额+本期增加额—本期减少额

四、账户与会计科目的联系和区别

账户与会计科目是会计学中的两个重要概念,它们既有联系又有区别。

两者的联系:会计科目和账户所反映的会计对象的具体内容是相同的,两者口径一致,性质相同,都是体现对会计要素具体内容的分类。会计科目是账户的名称,也是设置账户的依据;账户则是根据会计科目来设置的,账户是会计科目的具体运用。

两者的区别:会计科目仅仅是账户的名称,不存在结构;而账户则具有一定的格式和结构。会计科目仅说明反映的经济内容是什么,而账户不仅说明反映的经济内容是什么,而且能够系统反映和控制其增减变化及结余情况。会计科目的作用主要是为开设账户、填制凭证所运用;而账户的作用主要是提供某一具体会计对象的核算资料,为编制财务报表所运用。

因此,没有会计科目,账户便失去了设置的依据;没有账户,会计科目就无法发挥作用。在实际工作中,账户和会计科目这两个概念已不严格加以区别,往往互相通用。

第三节　复式记账原理

一、记账方法概述

为了连续、系统地反映和监督由于经济活动的发生引起会计要素的增减变动及结果,就需要根据会计科目来设置会计账户。但如何将企业发生的经济业务在账户中记录，便产生了记账方法。所谓记账方法，就是运用一定的记账符号和记账规则在账户中记录经济业务的方法。会计核算中最早采用的记账方法是单式记账法。复式记账法是随着社会经济的发展在单式记账法的基础上逐步演变而成的。

（一）单式记账法

单式记账法是指对发生的每一项经济业务只在一个账户中进行登记的记账方法。在单式记账法下，通常只登记库存现金、银行存款的收付金额以及债权债务的结算金额，一般不登记实物的收付金额。比如，以银行存款购入原材料 3 000 元，这笔业务在单式记账法下只在“银行存款”账户登记减少 3 000 元，而对于原材料的增加则不做记录。

在单式记账法下，会计科目设置不完整，账户记录之间没有对应关系，不能全面、系统地反映经济业务的来龙去脉，也不便于检查账户记录的正确性与完整性。随着社会生产力的发展，单式记账法逐渐被复式记账法取代。

（二）复式记账法

复式记账法是指对发生的每一项经济业务，都要以相等的金额，在相互联系的两个或两个以上的账户中进行记录的记账方法。在复式记账法下，会计科目设置完整，账户记录之间存在对应关系，它能适应资金运动的客观要求，可以全面、系统地反映经济业务的来龙去脉。复式记账法是一种科学的记账方法，因此被广泛采用。

按照记账符号和记账规则的不同，复式记账法可以分为增减记账法、收付记账法和借贷记账法。增减记账法是我国商业系统曾经采用的记账方法；收付记账法是在我国传统的收付记账法的基础上发展起来的一种记账方法；借贷记账法是国际上普遍采用的一种记账方法，我国在 1993 年取消了增减记账法和收付记账法。我国财政部颁发的《企业会计准则》规定，所有企业一律采用借贷记账法记账。

二、复式记账法的理论依据

如前所述，复式记账法包含两个要点：一是在两个或两个以上的账户中登记经济业务，二是以相等的金额登记经济业务。其理论依据如下：

1. 会计对象是资金运动

每项经济业务都是资金运动的一个具体过程。任何一项经济业务的发生，都会有其相应的资金来源和资金去向。这就要求在两个或两个以上账户中登记经济业务，既要反映资金从哪里来，又要反映资金到哪里去。

2. 资产和权益存在平衡关系

任何经济业务的发生，都会引起资产、负债和所有者权益之间或者其内部至少两个项目发生增减变化，且增减金额相等，平衡不被破坏。所以，要以相等的金额登记经济业务，以便检查账户记录的正确性。复式记账法如实地反映资金增减变动的客观情况，记录资金的来源、去向及其相互关系。作为一种科学的记账法，得到广泛的应用。

例如，安宇公司用银行存款 50 000 元购买原材料，并验收入库。这项经济业务构成资金运动的一个具体过程,使资金从货币形态转化为储备资金形态。其运动的起点是银行存款,终点是原材料。为了完整地反映资金运动过程,就要在“银行存款”账户和“原材料”账户做双重记录;由于银行存款减少 50 000 元,原材料增加 50 000 元,两者增减金额相等,会计等式所体现的平衡关系不被破坏,所以就需要以相等的金额登记。

三、复式记账法的特点

复式记账法具有以下四个特点:

第一,完整的账户体系;

第二,对每项经济业务都进行完整的核算和监督;

第三,对每项经济业务都在两个或两个以上相互联系的账户中记录,以反映资金运动的来龙去脉;

第四,每项经济业务以相等的金额分类记录,对应账户之间总是保持平衡关系,可以进行试算平衡。

可见,复式记账法突破了单式记账法的局限性,从而使会计记录体现全面、辩证的观点。因此,复式记账法是一种科学的记账方法。

第四节　借贷记账法

一、记账符号

借贷记账法产生于 13 世纪资本主义商品经济发展较早的意大利,它是适应商业资本和借贷资本经营管理的需要而产生的。借贷记账法中借、贷两字的含义,最初是从借贷资本家的角度来解释的。借贷资本家把从债权人那里收进的银钱,记在贷主的名下,表示自身的债务;借贷资本家把从债权人那里得到并向债务人放出去的银钱,记在借主的名下,表示自身的债权。此时,借、贷二字表示债权债务的变化,且“借主＝贷主”。随着社会经济的发展、经济活动的日益复杂以及产业资本和商业资本对借贷记账法的利用,借、贷二字不再局限于说明银钱借贷业务的增减变动情况,而逐渐扩展到说明财产物资和经营损益等经济业务的增减变动情况。这时,借、贷二字就逐渐失去原来的含义,而转化为纯粹的记账符号,用以标明账户记录经济业务数量增减变化的方向,即账户的借方和贷方。所谓记账符号就是在会计核算中,以一种抽象的符号标记,来代表经济业务数量增减变化的方向。

借贷记账法以“借”和“贷”作为记账符号,运用“有借必有贷、借贷必相等”的记账规则,记录和反映经济业务增减变化及结果的一种复式记账方法,是目前世界各国普遍采用的一种记账方法。

二、账户结构

所谓账户结构,是指在账户的左右两方中规定记录增减内容及余额的方向。借贷记账法规定，账户的左方为借方，账户的右方为贷方。账户的哪一方记增加，哪一方记减少，则要根据账户所反映的经济内容或账户的类别来决定，即借、贷二字具体到不同类别的账户中就具有不同的含义。

确立账户结构的理论依据是会计等式。账户结构的确立是以其在会计等式中的位置来决定的。根据会计等式“资产＋费用＝负债＋所有者权益＋收入”，账户可分为等式左边的账户和等式右边的账户，处于等式左边的资产和费用账户，借方记增加，贷方记减少，余额一般在借方；处于等式右边的负债、所有者权益、收入账户，贷方记增加，借方记减少，余额一般在贷方。上述各类账户结构归纳如下：

（一）资产类账户结构

资产类账户的结构是：借方登记资产的增加额，贷方登记资产的减少额。期末为借方余额，表示期末资产的实有数额。

借方　　　　　　　　　　资产类账户　　　　　　　　　　贷方

期初余额×××	
本期增加额×××	本期减少额×××
本期发生额合计×××	本期发生额合计×××
期末余额×××	

资产类账户的期末余额可根据下列公式计算：

资产类账户期末余额＝期初余额＋本期借方发生额－本期贷方发生额

（二）负债类账户结构

负债类账户的结构是：贷方登记负债的增加额，借方登记负债的减少额。期末为贷方余额，表示期末负债的实有数额。

借方　　　　　　　　　　负债类账户　　　　　　　　　　贷方

	期初余额×××
本期减少额×××	本期增加额×××
本期发生额合计×××	本期发生额合计×××
	期末余额×××

负债类账户的期末余额可根据下列公式计算：

负债类账户期末余额＝期初余额＋本期贷方发生额－本期借方发生额

（三）所有者权益类账户结构

所有者权益类账户的结构是：贷方登记所有者权益的增加额，借方登记所有者权益的减少额。期末为贷方余额，表示期末所有者权益的实有数额。

借方	所有者权益类账户 贷方
本期减少额×××	期初余额××× 本期增加额×××
本期发生额合计×××	本期发生额合计××× 期末余额×××

所有者权益类账户的期末余额可根据下列公式计算：

所有者权益类账户期末余额＝期初余额＋本期贷方发生额－本期借方发生额

(四)成本类账户结构

成本类账户在基本结构上与资产类账户是一致的，所不同的是作为成本类账户，其成本的发生最终将转化为企业资产的增加，因而在期末时，对已形成企业资产的成本费用要从成本账户中转到有关资产账户，以表示资产的增加，所以其账户结构和核算内容与资产账户相比不尽相同。

成本类账户的结构是：借方登记成本的增加额，贷方登记成本的转出额。在每一个会计期末，用借方发生额与贷方发生额相比较，如果已发生的所有成本均转为资产，则成本类账户期末没有余额；如果尚有一部分成本没有转为资产，则会有借方差额，称为期末借方余额，表示期末尚未转为资产的成本数额。

借方	成本类账户 贷方
期初余额××× 本期增加额×××	本期减少或转销额×××
本期发生额合计　×× 期末余额×××	本期发生额合计×××

成本类账户的期末余额可根据下列公式计算：

成本类账户期末余额＝期初余额＋本期借方发生额－本期贷方发生额

(五)损益类账户结构

反映各项损益的账户称为损益类账户。损益类账户按反映的具体内容不同，又可分为反映各项收入的账户和反映各项费用支出的账户。企业在生产经营过程中要不断地取得各种收入，而为了取得收入，就要发生各种费用支出。将一定期间的收入与费用相配比，就可以计算出企业实现的利润。利润在未分配前可以看作是企业所有者权益的增加。因为收入的增加意味着利润的增加，其结构应同所有者权益类账户基本相同；而费用的增加则意味着利润的减少，所以其结构应与所有者权益类账户相反，与资产类账户结构基本相同。

应明确的是，收入和费用作为反映企业损益的账户，从其设置目的而言，是分类核算企业经营过程中各项损益的过渡性账户。为了在期末对收入和费用进行配比以计算当期利润，在期末时，要将所有本期实现的收入从收入账户转入反映利润的有关账户，表示所有者权益的增加；而所有本期发生的费用，也要从费用账户转入反映利润的账户，表示所有者权益的减少。

因而损益类账户的特征是:期末结转利润后,损益类账户没有余额。

收入类账户的结构是:贷方登记收入的增加额,借方登记收入的减少额和转出额。在每一个会计期末,将收入的发生额从借方转出,期末结转后收入类账户无余额。

借方 收入类账户	贷方
本期减少或转出额×××	本期增加额×××
本期发生额合计×××	本期发生额合计×××

费用类账户的结构是:借方登记费用支出的增加额,贷方登记费用的减少额和转出额。在每一个会计期末,将费用支出的发生额从贷方转出,期末结转后费用类账户无余额。

借方 费用类账户	贷方
本期增加额×××	本期减少或转出额×××
本期发生额合计×××	本期发生额合计×××

根据以上对各类账户结构的说明,借贷记账法账户的结构可以归纳为:

第一,各账户的期末余额一般应与该账户记录增加额的方向一致,资产类、成本类账户的余额一般在借方,负债类、所有者权益类账户的余额一般在贷方,损益类账户期末无余额。

第二,由于账户余额方向与记录增加额的方向一致,账户余额的方向就代表了账户的性质,即借方余额说明该账户属于资产性质,而贷方余额说明该账户属于负债或所有者权益性质。因此在借贷记账法下,可以通过账户余额的方向来判断账户的性质,这也是借贷记账法的一个特点。

三、记账规则

借贷记账法的记账规则为:有借必有贷,借贷必相等。即一笔经济业务发生后,要在两个或两个以上相互联系的账户中以借方和贷方相等的金额进行登记。具体来说,对于每一项经济业务事项,如果在一个账户中登记了借方,必须同时在另一个或几个账户中登记贷方;或者反过来说,在一个账户中登记了贷方,必须在另一个或几个账户中登记借方,并且登记在借方和贷方的金额总额必须相等。

运用借贷记账法的记账规则登记经济业务时,一般按下列步骤进行:

首先,根据经济业务的内容,确定应记录哪些账户;

其次,分析各有关账户的金额是增加还是减少;

最后,根据账户的基本结构确定其金额应记入所涉及账户的方向及金额。

现以安宇公司202×年2月份发生的经济业务为例,说明借贷记账法的记账规则。

[例2—1] 收回某公司前欠货款30 000元,存入银行。

这笔经济业务涉及“银行存款”和“应收账款”两个资产类账户,“银行存款”账户增加30 000元,“应收账款”账户减少30 000元。根据资产类账户的增加记借方,减少记贷方,该业务应记入“银行存款”账户借方30 000元和“应收账款”账户贷方30 000元,见图2—2。

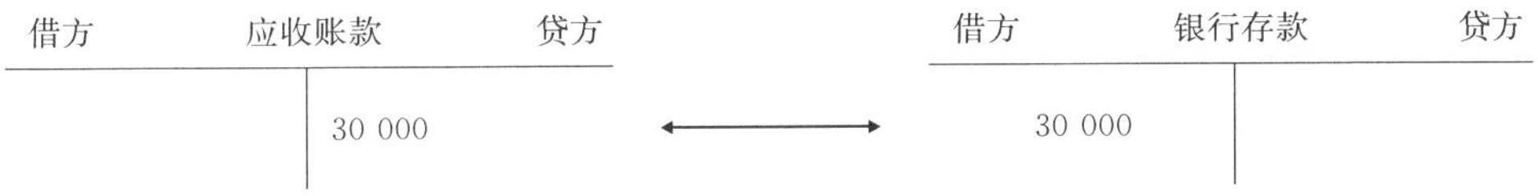

图 2—2

[例 2—2] 经董事会决议，用盈余公积转增资本金 50 000 元。

这笔经济业务涉及“盈余公积”和“实收资本”两个所有者权益类账户，“实收资本”账户增加 50 000 元，“盈余公积”账户减少 50 000 元。根据所有者权益类账户的增加记贷方，减少记借方，该业务应记入“盈余公积”账户借方 50 000 元和“实收资本”账户贷方 50 000 元，见图 2—3。

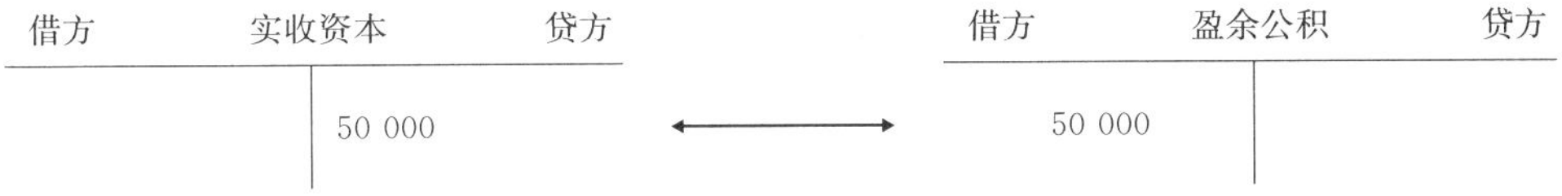

图 2—3

[例 2—3] 收到投资人投入流动资金 80 000 元，存入银行。

这笔经济业务涉及资产类账户“银行存款”和所有者权益类账户“实收资本”，“银行存款”账户增加 80 000 元，“实收资本”账户增加 80 000 元。根据资产类账户的增加记借方，所有者权益类账户的增加记贷方，该业务应记入“银行存款”账户借方 80 000 元和“实收资本”账户贷方 80 000 元，见图 2—4。

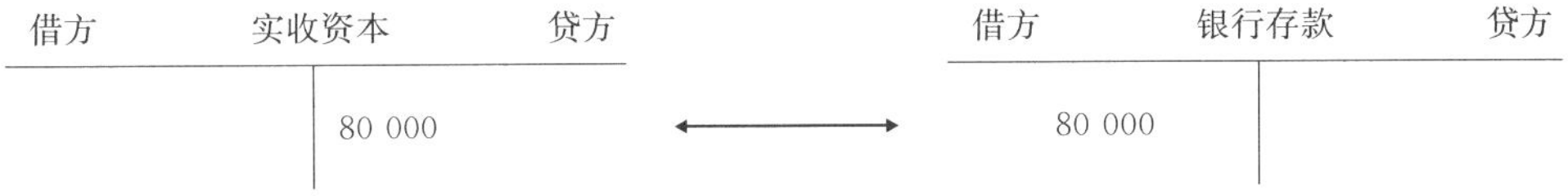

图 2—4

[例 2—4] 以银行存款 40 000 元归还银行短期借款。

这笔经济业务涉及资产类账户“银行存款”和负债类账户“短期借款”，“短期借款”账户减少 40 000 元，“银行存款”账户减少 40 000 元。根据资产类账户减少记贷方，负债类账户减少记借方，该业务应记入“短期借款”账户借方 40 000 元和“银行存款”账户贷方 40 000 元，见图 2—5。

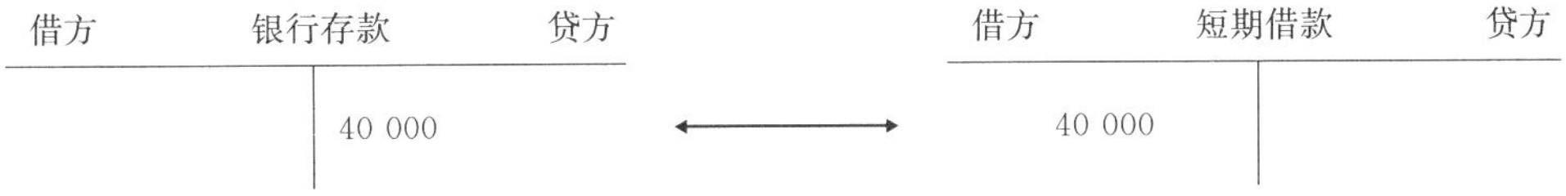

图 2—5

[例 2—5] 购进材料 50 000 元，其中 30 000 元货款已以银行存款支付，其余 20 000 元货款尚未支付。

这笔经济业务涉及“原材料”“银行存款”两个资产类账户和“应付账款”负债类账户，“原材料”账户增加 50 000 元，“银行存款”账户减少 30 000 元，“应付账款”账户增加 20 000 元。根据资产类账户的增加记借方，减少记贷方，负债类账户的增加记贷方，该业务应记入“原材料”账户借方 50 000 元和“银行存款”账户贷方 30 000 元、“应付账款”账户贷方 20 000 元，见图 2—6。

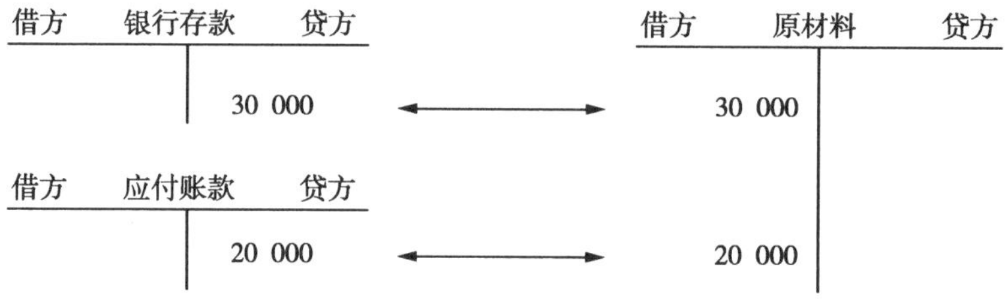

图 2—6

从上述例题可以看出，采用借贷记账法，任何一笔经济业务的发生，不论涉及两个账户还是涉及两个以上的账户，都必须同时记入一个账户的借方和另一个账户的贷方，或者同时记入一个账户的借方和几个账户的贷方，或者同时记入几个账户的借方和一个账户的贷方，而且记入借方和记入贷方的金额必须相等。其处理都遵循了“有借必有贷，借贷必相等”的记账规则，即一笔经济业务发生后，要在两个或两个以上的账户中进行登记，其中有的账户记借方，有的账户记贷方，借方的金额合计和贷方的金额合计应相等。

四、账户的对应关系和会计分录

运用借贷记账法，对每一项经济业务都在至少两个相互联系的账户中进行登记，这样就使这两个账户之间形成了相互依存的关系，账户之间的这种相互依存的关系，就称为账户的对应关系。存在对应关系的账户，互为对应账户。如在例 2—3 中，“实收资本”账户与“银行存款”账户存在对应关系，两者互为对应账户。只有正确确定对应账户，才能如实反映经济业务的内容。通过分析账户的对应关系，一方面有助于了解经济业务的来龙去脉，另一方面还可以检查经济业务的发生是否符合有关会计法规。

(一)会计分录的概念

为了保证账户记录的正确性，经济业务发生后并不直接记入有关账户，而是根据经济业务所涉及的有关账户及其应借应贷的金额，先编制会计分录，然后再根据会计分录记入有关账户。

会计分录简称分录，是指按照复式记账的要求，对每项经济业务列示出应借、应贷的账户名称及其金额的一种记录形式。会计分录主要包括三个要素：会计科目、记账符号、金额。在实务中，会计分录是编制在记账凭证上的。

(二)会计分录的编制步骤

编制会计分录是处理经济业务的首要环节，也是一项技术性较强的工作。一般应按以下步骤进行：

第一，从发生的每笔经济业务中找到两个或两个以上的账户；

第二，判断所涉及的账户是属于哪一类性质的账户；

第三，根据不同性质的账户，确定经济业务的增加金额和减少金额的记账方向，即记在借方还是贷方；

第四，检查会计分录的借贷金额是否相等。

(三)会计分录的种类

按照会计分录涉及账户的多少，分为简单会计分录和复合会计分录。

简单会计分录，是指在一个会计分录中，只涉及一个账户借方和另一个账户贷方的会计分录，即一借一贷的会计分录。这种会计分录的科目对应关系十分清晰，容易理解和掌握。

复合会计分录，是指在一个会计分录中，有多个借方账户或贷方账户，其可能是一个账户的借方与几个账户的贷方发生对应关系，也可能是一个账户的贷方与几个账户的借方发生对应关系，或者是两个以上的借方账户对应两个以上的贷方账户，即一借多贷、一贷多借或多借多贷的会计分录。企业编制复合会计分录，可以全面、集中地反映经济业务的全貌，简化记账手续，提高工作效率。但是不能把几项不同类业务合并编制复合会计分录。

仍以前面安宇公司202×年2月份发生的经济业务为例，编制会计分录如下：

1. 借：银行存款	30 000	
贷：应收账款		30 000
2. 借：盈余公积	50 000	
贷：实收资本		50 000
3. 借：银行存款	80 000	
贷：实收资本		80 000
4. 借：短期借款	40 000	
贷：银行存款		40 000
5. 借：原材料	50 000	
贷：银行存款		30 000
应付账款		20 000

五、试算平衡

在借贷记账法下，对每一项经济业务都是用借、贷相等的金额来记录的，因此根据会计分录(记账凭证)登记账户后，全部账户的借方发生额和贷方发生额必然相等，而且全部账户的借方余额也必然与贷方余额相等。这就形成了账户之间的一系列平衡关系。这种根据借贷记账法记账规则和会计要素之间的平衡关系来检查各类账户的记录是否正确的过程，称为试算平衡。借贷记账法的试算平衡方法包括发生额试算平衡法和余额试算平衡法。

(一)发生额试算平衡法

发生额试算平衡法是根据本期所有账户的借方发生额合计等于贷方发生额合计的关系，检验本期发生额记录是否正确的方法。其公式为：

全部账户本期借方发生额合计＝全部账户本期贷方发生额合计

由于每一笔经济业务都遵循"有借必有贷、借贷必相等"的记账规则，在记入一个或几个账户借方的同时，以相等的金额记入另一个或几个账户的贷方，因而当一定会计期间内的全部经济业务都记入有关账户后，所有账户的借方发生额合计数与贷方发生额合计数必然相等。

（二）余额试算平衡法

余额试算平衡法是运用会计等式，根据本期所有账户的借方余额合计等于所有账户的贷方余额合计的关系，检验本期账户记录是否正确的方法。根据余额时间的不同，又分为期初余额平衡和期末余额平衡两类，其公式为：

全部账户的借方期初余额合计＝全部账户的贷方期初余额合计

全部账户的借方期末余额合计＝全部账户的贷方期末余额合计

根据“资产＝负债＋所有者权益”的恒等关系，运用借贷记账法在账户中记录经济业务的结果，各项资产余额合计必然等于各项负债和所有者权益的余额合计。在借贷记账法下，资产账户一般为借方余额，表示期末资产总额，而负债和所有者权益为贷方余额，表示期末权益总额，因而所有账户的借方余额合计数（资产额）应与所有账户的贷方余额合计数（权益额）相等。

（三）试算平衡表的编制

借贷记账法下账户间发生额及余额的试算平衡关系，可以用来检查和验证账户记录的正确性。在实务中，账户记录的试算平衡是通过编制试算平衡表来进行的。会计人员在每一个会计期间末，在全部经济业务都已登记入账并结出本期发生额及余额以后，可以将所有账户的发生额和余额过入试算平衡表，并计算期初余额、本期发生额、期末余额借贷方数额合计数，以验证账户记录是否存在发生额及余额的平衡关系。

［例2—6］ 承例2—1至例2—5，假设安宇公司202×年2月1日总分类各账户期初余额如表2—3所示。

表2—3　　安宇公司202×年2月1日总账账户余额　　单位：元

账　户	借方余额	账　户	贷方余额
银行存款	10 000	短期借款	50 000
应收账款	90 000	实收资本	10 000
原材料	20 000	盈余公积	60 000
总　计	120 000	总　计	120 000

开设“T”形账户，登记各账户的期初余额，并根据例2—1至例2—5的会计分录登记到相应的账户中。

每笔分录涉及的账户都过账后，计算各账户的本期发生额和期末余额，并编制试算平衡表（如表2—4所示），过程如下：

借方	银行存款		贷方
期初余额	10 000		
(1)	30 000	(4)	40 000
(3)	80 000	(5)	30 000
本期发生额	110 000	本期发生额	70 000
期末余额	50 000		

应收账款

借方			贷方
期初余额	90 000		
		(1)	30 000
本期发生额	0	本期发生额	30 000
期末余额	60 000		

原材料

借方			贷方
期初余额	20 000		
(5)	50 000		
本期发生额	50 000	本期发生额	0
期末余额	70 000		

短期借款

借方			贷方
		期初余额	50 000
(4)	40 000		
本期发生额	40 000	本期发生额	0
		期末余额	10 000

实收资本

借方			贷方
		期初余额	10 000
		(2)	50 000
		(3)	80 000
本期发生额	0	本期发生额	130 000
		期末余额	140 000

盈余公积

借方			贷方
		期初余额	60 000
(2)	50 000		
本期发生额	50 000	本期发生额	0
		期末余额	10 000

应付账款

借方			贷方
		(5)	20 000
本期发生额	0	本期发生额	20 000
		期末余额	20 000

表 2—4　　　　**总账账户余额和发生额试算平衡表**

202×年 2 月 28 日　　　　单位：元

会计科目	期初余额		本期发生额		期末余额	
	借　方	贷　方	借　方	贷　方	借　方	贷　方
银行存款	10 000		110 000	70 000	50 000	
应收账款	90 000			30 000	60 000	
原材料	20 000		50 000		70 000	
短期借款		50 000	40 000			10 000
应付账款				20 000		20 000
实收资本		10 000		130 000		140 000
盈余公积		60 000	50 000			10 000
合　计	120 000	120 000	250 000	250 000	180 000	180 000

试算平衡只是通过账户借贷方金额的平衡与否来检查账户记录正确性的一种基本方法。如果借贷不平衡，可以肯定账户记录或计算有错误，应进一步查明原因，予以纠正。如果借贷平衡了，并不意味着账户记录完全正确，因为有些账户记录错误不会影响借贷双方的平衡关系。如发生重记、漏记、错记账户或记反借贷方向时，试算结果仍然是平衡的。因此，为保证账户记录的正确性，除试算平衡外，还应采用其他专门方法对会计记录进行日常或定期的复核。

复习思考题

1. 什么是会计科目？设置会计科目应遵循哪些原则？
2. 什么是会计账户？
3. 会计账户的基本结构包括哪些？
4. 阐述会计账户与会计科目的联系与区别。
5. 什么是复式记账？复式记账的理论依据是什么？
6. 什么是借贷记账法？借贷记账法的记账规则是什么？
7. 什么是会计分录？简述会计分录的编制方法。
8. 什么是试算平衡？借贷记账法的试算平衡方法主要有哪些？

自测题

一、单项选择题

1. 会计科目是(　　)。

A. 会计要素的名称　B. 会计报表的名称　C. 账簿的名称　　D. 账户的名称

2. 设置会计科目后，不要随意变动，要保持(　　)。

A. 永久性　　B. 统一性　　C. 全面性　　D. 相对稳定性

3. 企业的会计科目必须反映(　　)的特点。

A. 会计职能　　B. 会计本质　　C. 会计对象　　D. 会计方法

4. 下列各项中,引起资产和负债同时减少的经济业务是(　　)。

A. 将现金存入银行　　B. 购进材料一批,货款暂欠

C. 以银行存款偿还银行借款　　D. 以银行借款偿还应付账款

5. 复式记账法对每项经济业务都以相等的金额在(　　)。

A. 一个账户中进行登记　　B. 两个账户中进行登记

C. 全部账户中进行登记　　D. 两个或两个以上账户中进行登记

6. 某公司资产总额为 150 万元,发生下列经济业务后:①向银行借款 10 万元存入银行;②用银行存款偿还应付账款 15 万元,其权益总计为(　　)万元。

A. 145　　B. 175　　C. 155　　D. 125

7. 资产类账户的期末余额一般在(　　)。

A. 借方　　B. 借方或贷方　　C. 贷方　　D. 借方和贷方

8. 预收购货单位预付的货款,应看作(　　)加以确认。

A. 资产　　B. 负债　　C. 所有者权益　　D. 收入

9. 经济业务发生仅涉及资产这一会计要素时,只引起该要素中某些项目发生(　　)。

A. 同增变动　　B. 同减变动　　C. 一增一减变动　　D. 没变动

10. 一般来说,一个账户的增加方发生额与该账户的期末余额都应该记在账户的(　　)。

A. 借方　　B. 贷方　　C. 相同方向　　D. 相反方向

11. 在借贷记账法下,所有者权益账户的期末余额等于(　　)。

A. 期初贷方余额＋本期贷方发生额－本期借方发生额

B. 期初借方余额＋本期贷方发生额－本期借方发生额

C. 期初借方余额＋本期借方发生额－本期贷方发生额

D. 期初贷方余额＋本期借方发生额－本期贷方发生额

12. 借贷记账法发生额试算平衡法的依据是(　　)。

A. 会计等式　　B. 资金变化业务类型

C. 借贷记账规则　　D. 平行登记

13. 借贷记账法余额试算平衡法的依据是(　　)。

A. 借贷记账规则　　B. 借贷账户结构　　C. 平行关系　　D. 会计等式

14. 收到投资者投资,存入银行,根据借贷记账法编制会计分录时,贷方所涉及的账户是(　　)。

A. 银行存款　　B. 实收资本　　C. 长期投资　　D. 长期借款

15. 在借贷记账法下,为保持账户之间清晰的对应关系,不宜编制(　　)的会计分录。

A. 一借一贷　　B. 多借一贷　　C. 一借多贷　　D. 多借多贷

16. 收入类账户的结构与所有者权益类账户的结构(　　)。

A. 一致　　B. 无关　　C. 相反　　D. 基本相同

17. 在编制“总分类账户发生额及余额试算平衡表”中,若出现三对平衡数字,则(　　)。

A. 全部总账账户记录一定正确

B. 全部总账账户记录也不能认为肯定无错

C. 全部明细分类账户记录一定正确

D. 全部明细分类账户记录也不能认为肯定无错

18. 借贷记账法的余额试算平衡公式是(　　)。

A. 每个账户借方发生额=每个账户贷方发生额

B. 全部账户本期借方发生额合计=全部账户本期贷方发生额合计

C. 全部账户期末借方余额合计=全部账户期末贷方余额合计

D. 每个账户期末借方余额=每个账户期末贷方余额

二、多项选择题

1. 下列经济业务中,属于资产和权益同时减少的是(　　)。

A. 售出固定资产　　B. 上交税款

C. 销售产品,货款未收　　D. 用存款归还银行借款

2. 账户的具体结构一般包括(　　)。

A. 账户的名称　　B. 日期和摘要　　C. 增减金额　　D. 凭证号数

3. 下列各项目中,属于损益类会计科目的有(　　)。

A. 应付职工薪酬　　B. 制造费用　　C. 所得税费用　　D. 营业外收入

4. 在借贷记账法下,期末结账后一般有余额的账户有(　　)。

A. 资产类账户　　B. 收入类账户　　C. 负债类账户　　D. 费用类账户

5. 账户的哪一方记增加,哪一方记减少,取决于(　　)。

A. 记账方法　　B. 账户的类别

C. 账户结构　　D. 账户所记录的经济业务内容及性质

6. 下列各项中,属于资产类会计科目的有(　　)。

A. 累计折旧　　B. 预付账款　　C. 存货　　D. 待处理财产损溢

7. 账户中各项金额的关系可用(　　)来表示。

A. 本期期末余额=期初余额+本期增加发生额—本期减少发生额

B. 本期期末余额=下期期初余额

C. 本期期末余额=本期增加发生额—本期减少发生额

D. 本期期末余额=期初余额+本期减少发生额—本期增加发生额

8. 下列业务中,引起所有者权益增加的有(　　)。

A. 盈余公积转增资本

B. 公司所有者给公司投入设备

C. 所有者代公司偿还的欠款，作为追加投资

D. 从银行提取现金

9. 企业拥有或控制的非流动资产是(　　)。

A. 存货　B. 长期股权投资　C. 固定资产　D. 无形资产

10. 复式记账法的优点是(　　)。

A. 账户对应关系清楚，能全面、清晰地反映经济业务的来龙去脉

B. 便于试算平衡，以检查账户记录是否正确

C. 能全面、系统地反映经济活动的过程和结果

D. 比单式记账法简单且完整

11. 下列各项中，属于资产类账户的有(　　)。

A. 银行存款　B. 实收资本　C. 累计折旧　D. 管理费用

12. 借贷记账法下账户借方登记(　　)。

A. 资产增加　B. 费用减少　C. 负债减少　D. 所有者权益减少

13. 会计分录必须具备的要素包括(　　)。

A. 记账方向　B. 记账手段　C. 会计科目　D. 记账金额

14. 复合会计分录是(　　)。

A. 由两个简单会计分录组成的　B. 涉及两个以上账户的会计分录

C. 由两个对应账户组成　D. 按复式记账原理编制的会计分录

15. 对于费用类账户来讲(　　)。

A. 其增加额记入账户的借方　B. 其减少额记入账户的贷方

C. 期末一般没有余额　D. 如有期末余额，必定为借方余额

16. 借贷记账法下账户贷方登记(　　)。

A. 资产的增加　B. 负债的减少

C. 费用的减少　D. 所有者权益的增加

三、判断题

1. 所有经济业务的发生，都会引起会计等式两边发生变化。(　　)

2. 任何经济业务发生都不会破坏会计等式的平衡关系。(　　)

3. 所有总分类账户都要设置明细分类账户。(　　)

4. 所有的账户都是依据会计科目开设的。(　　)

5. 所有账户的左边均记录增加额，右边均记录减少额。(　　)

6. 如果试算平衡结果发现借贷是平衡的，可以肯定记账没有错误。(　　)

7. 账户发生额试算平衡是根据“资产＝负债＋所有者权益”确定的。(　　)

8. 借、贷不仅作为记账符号，其本身的含义也应考虑，“借”只能表示债权的增加，“贷”只能表示债务的增加。(　　)

9. 对于不同性质的账户，借贷的含义有所不同。（　　）

10. 借贷记账法下账户的基本结构是：每一个账户的左边均为借方，右边均为贷方。（　　）

11. 负债及所有者权益账户的结构应与资产类账户的结构一致。（　　）

12. 会计期末凡是没有余额的账户均为损益类账户。（　　）

13. 账户发生额试算平衡是借贷记账法的记账规则来确定的。（　　）

14. 账户余额试算平衡是根据“资产＝负债＋所有者权益”确定的。（　　）

业务处理题

一、晋华公司202×年2月份发生的部分经济业务如下：

(1)从银行存款中提取现金10 000元。

(2)向银行借入短期借款30 000元，存入银行。

(3)收到某单位还来上月所欠货款8 500元，存入银行。

(4)从某单位购材料6 000元，货款尚未支付。

(5)收到国家投入的货币资金投资200 000元，存入银行。

(6)以银行存款缴清上月欠缴税金3 000元。

(7)从某单位购入设备两台，价值80 000元，款未支付。

(8)以银行存款归还上述购设备款80 000元。

要求：根据以上资料编制会计分录。

二、晋华公司202×年3月初有关账户余额如下表所示： 单位：元

资　产	金　额	负债及所有者权益	金　额
库存现金	1 500	短期借款	195 000
银行存款	45 000	应付账款	142 500
原材料	90 000	应交税费	9 000
应收账款	47 700	长期借款	86 000
固定资产	600 000	实收资本	304 200
		盈余公积	47 500
合　计	784 200	合　计	784 200

该公司202×年3月发生下列经济业务：

(1)购进机器设备一台，价值10 000元，以银行存款支付。

(2)从银行提取现金1 000元。

(3)投资者投入企业原材料一批，作价20 000元。

(4)以银行存款22 500元，偿还应付供货单位货款。

(5)向银行取得长期借款150 000元，存入银行。

要求:(1)根据以上资料编制会计分录,并记入有关账户。

(2)编制发生额及余额试算平衡表。

三、晋华公司 202×年 4 月 30 日试算平衡表如下:

总分类账户发生额及余额试算平衡表

单位:元

会计科目	期初余额		本期发生额		期末余额	
	借　方	贷　方	借　方	贷　方	借　方	贷　方
库存现金	5 000		D	2 000	6 000	
银行存款	100 000		250 000	E	150 000	
交易性金融资产	30 000		20 000	10 000	I	
原材料	A		30 000	20 000	70 000	
固定资产	300 000		90 000	F	320 000	
应付账款		120 000	G	50 000		110 000
应付票据		40 000	20 000	10 000		J
应付职工薪酬		B	10 000	20 000		40 000
应交税费		10 000	10 000	H		20 000
实收资本		C		91 000		386 000
合　计	495 000	K	L	493 000	586 000	586 000

要求:根据表内数字间的平衡关系,计算 A～L 应填列的数字(并列出计算过程)。

第三章

工业企业主要经济业务的核算

学习目标

本章主要介绍一般工业企业主要经济业务的会计处理。通过本章学习，使初学者了解一般工业企业主要经济业务内容，理解借贷记账法的应用以及材料采购成本和生产成本的计算；掌握资金筹集业务、生产准备业务、产品生产业务、产品销售业务、财务成果的计算与分配业务的会计处理；以进一步加深对所学会计基本理论和会计核算方法的理解。

关键概念

实收资本　利润分配　材料采购成本　生产成本

第一节　工业企业主要经济业务概述

企业是实行自主经营、独立核算、依法设立、具有经济法人资格的营利性经济组织，主要从事生产、流通、服务等经济活动，以生产或服务满足社会的需要。企业一方面为社会提供所需要的各种合格产品和服务，另一方面还必须节约人力、物力、财力，降低生产成本，提高企业盈利水平。本章主要以工业企业为例介绍借贷记账法在实际工作中的应用。

工业企业的经营过程是供应、生产、销售三过程的有机结合，主要业务内容是从资金筹集业务开始，经过生产准备业务、生产业务、销售业务，财务成果的计算与分配，最终部分资金退出企业的生产经营过程。具体经济业务包括以下几个方面：

1. 资金筹集业务

工业企业的会计核算从资金筹集开始。资金筹集业务是企业获取资金的过程，是企业生产经营活动的前提，也是企业再生产顺利进行的保证。企业的资金筹集主要包括投资者向企业投入资金和企业向银行等金融机构借款两种形式。这一阶段取得的资金主要表现为货币资金、实物资产和无形资产等。

2. 生产准备业务

企业完成资金筹集之后，就进入生产准备阶段。在这一阶段，企业以货币资金建造或购买厂房、机械设备等固定资产，采购各种材料物资，货币资金进一步转化为固定资金(购建生产设备、建筑物等固定资产所占用的资金)和储备资金(购买原材料等流动资产所占用的资金)。

3. 产品生产业务

产品生产业务是形成产品实体的过程。在生产产品过程中，产品的实体形成表现为材料物资经过人工利用设备进行加工，逐渐改变材料物资的实物形态和功能结构，最终成为合格的产成品；产品的价值形成表现为生产过程中人工、材料和设备的耗费转化为产品的生产成本。在上述过程中，储备资金转化为生产资金，随着产品的完工和验收入库，资金又从生产资金转化为成品资金。

4. 产品销售业务

在产品销售业务中，企业将产品销售出去，收回货币资金，货币资金的流入和产品实体的流出同时发生，成品资金转化为货币资金，并且在转化的过程中实现增值。在这类业务中，企业为了销售产品发生的销售费用和营业税金等期间费用也需要按会计期间进行归集核算。

5. 财务成果的计算与分配业务

财务成果的计算与分配业务是计算企业经营成果并且对投资者进行利润分配的业务。企业在经营过程中获得的收入用来补偿成本费用后，就是企业的财务成果，称为盈利。企业盈利后，应按照国家的规定计算缴纳企业所得税，提取盈余公积，分配利润(股利)给投资者等，一部分资金退出企业，一部分要重新投入生产周转。

综上所述，本章着重阐述工业企业主要经济业务的核算内容和相关账户的应用，对于经济业务涉及的账户，将从账户的性质、核算内容、账户结构、明细账设置等方面进行全面的介绍。

第二节 资金筹集业务的核算

任何企业的经营活动都离不开资金。资金的来源一般包括两个方面，即投资人投入资本和从银行及其他金融机构借入资金。

一、投入资本的核算

投入资本，是指企业投资者按照企业章程或投资合同或投资协议的约定实际投入企业的资本，亦称实收资本。投资者将资金投入企业而形成对企业资产的要求权，即所有者权益。投资者投入资本金设立企业，需要在工商管理部门进行登记注册，登记注册时需要登记认缴的资本金，称为注册资本。注册资本一般情况下应与实收资本一致。

企业接受投资者投入资金，按投资主体不同可分为国家资本金、法人资本金、个人资本金和外商资本金；又可按投资形式不同分为货币资金投资、实物资产投资和无形资产投资。

（一）账户设置

为了反映和监督投资者投入资本的业务，企业应设置“实收资本（或股本）”账户。有限责任公司设置“实收资本”账户，股份有限公司设置“股本”账户，两个账户核算内容一致。

“实收资本”账户是所有者权益类账户，用来核算企业实收资本的增减变动及其结果。该账户贷方登记实际收到投资者投入的资本和由资本公积、盈余公积转增的资本数，借方登记按法定程序减少并退还投资者的资本；期末余额在贷方，反映实收资本的实有数额。企业应按照投资主体设置明细账，进行明细核算（见图 3—1）。

借方	实收资本　　　　　　贷方
经批准退还投资者的资本	实际收到的投资者投入的资本
	投入资本的实有数额

图 3—1

（二）投入资本的总分类核算

[例 3—1] 3 月 1 日，安宇公司收到华源公司投资款 100 000 元，存入开户银行。

该项经济业务的发生，引起企业的银行存款和实收资本同时增加 100 000 元。银行存款的增加应记入“银行存款”账户的借方，实收资本的增加应记入“实收资本”账户的贷方。根据“验资报告”银行存款“收款凭证”等原始凭证，编制记账凭证。会计分录如下：

①借：银行存款　　　　　　　　100 000

　　贷：实收资本　　　　　　　　100 000

[例 3—2] 3 月 12 日，安宇公司收到投资者投入新设备一台，投资双方确认的设备价值为 40 万元，安宇公司已办理该设备的验收手续。

该项经济业务的发生，引起企业固定资产增加 400 000 元，应记入“固定资产”账户的借方；实收资本增加 400 000 元，应记入“实收资本”账户的贷方。根据“固定资产交接验收单”等原始凭证编制记账凭证。会计分录如下：

②借：固定资产　　　　　　　　400 000

　　贷：实收资本　　　　　　　　400 000

[例 3—3] 3 月 25 日，安宇公司接受投资者投入专利权一项，投资双方确认的专利权的价值为 300 000 元。

该项经济业务的发生，引起企业无形资产增加 300 000 元，应记入“无形资产”账户的借方；实收资本增加 300 000 元，应记入“实收资本”账户的贷方。根据“无形资产权利转让证明”等原始凭证，编制记账凭证。会计分录如下：

③借：无形资产　　　　　　　　300 000

　　贷：实收资本　　　　　　　　300 000

以上安宇公司投入资本业务总分类核算结果如图 3—2 所示。

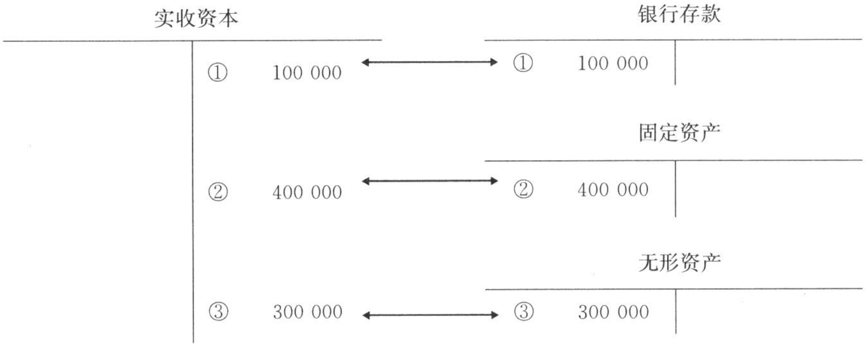

图 3—2

二、借入资金的核算

企业筹集资金的来源除了投资者投入资金外，还可以通过银行借款方式筹集资金，银行借款按照还款期限可分为短期借款和长期借款。短期借款是企业为了满足其生产经营活动对资金的临时需要，而向银行等金融机构或其他金融机构借入的期限在 1 年以内（含 1 年）的各种借款，它属于企业的流动负债。长期借款是指企业向银行等金融机构借入的期限在 1 年以上（不含 1 年）的各种借款，长期借款一般用于固定资产的购建、改扩建工程和大修理工程。

（一）短期借款业务的核算

在一般情况下，取得短期借款本金后，在借款期间内企业应当按期计算并向银行或其他金融机构支付借款利息，借款到期时归还借款本金。企业每期按照权责发生制计算当期的借款利息，它属于企业的财务费用。企业短期借款的核算内容主要包括短期借款本金的取得、计提短期借款利息、归还短期借款本金和利息等业务。

1. 账户设置

为了反映和监督短期借款本金的取得、归还和借款利息的计提、支付情况，企业应设置“短期借款”“应付利息”和“财务费用”账户。

（1）“短期借款”账户

“短期借款”账户是负债类账户，用来核算企业短期借款本金的增减变动及其结果。该账户贷方登记借入的短期借款本金，借方登记归还的短期借款本金；期末余额在贷方，反映期末尚未归还的短期借款本金。企业应按照债权人设置明细账，进行明细核算（见图 3—3）。

借方　　　　短期借款	贷方
偿还的短期借款本金	借入的短期借款本金
	尚未偿还的短期借款本金

图 3—3

（2）“应付利息”账户

“应付利息”账户是负债类账户，用来核算企业应付借款利息的增减变动及其结果。该账户贷方登记期末计提的应付借款利息，借方登记实际偿还的应付借款利息；期末余额在贷方，反映尚未归还的应付借款利息。企业应按照债权人设置明细账,进行明细核算(见图 3—4)。

借方	应付利息 贷方
实际偿还的应付借款利息	期末计提的应付借款利息
	尚未偿还的应付借款利息

图 3—4

(3)“财务费用”账户

“财务费用”账户是损益类账户,用来核算企业为筹集生产经营所需资金而发生的相关费用,包括借款利息费用、银行业务相关的手续费及汇兑损益等。该账户借方登记企业每期计提的借款利息和发生的银行业务手续费等,贷方登记企业银行存款利息;期末将本账户的净发生额从贷方转入“本年利润”账户,结转后该账户无余额。企业应根据具体费用种类设置明细账,进行明细分类核算(见图 3—5)。

借方	财务费用 贷方
借款利息费用、银行业务手续费等	银行存款利息 净发生额转入“本年利润”账户

图 3—5

2. 短期借款业务的总分类核算

[例 3—4] 3 月 1 日,安宇公司向银行取得短期借款 300 000 元。

该项经济业务的发生,引起银行存款和短期借款同时增加 300 000 元。银行存款的增加应记入“银行存款”账户借方,短期借款的增加应记入“短期借款”账户贷方。根据银行存款“收款凭证”等原始凭证编制记账凭证。会计分录如下:

①借:银行存款　　　　300 000

　　贷:短期借款　　　　300 000

[例 3—5] 3 月 31 日,安宇公司计提当月短期借款利息 3 000 元。

该项经济业务的发生,引起财务费用和应付利息同时增加 3 000 元。财务费用的增加应记入“财务费用”账户借方,应付利息的增加应记入“应付利息”账户贷方。根据“借款利息计算表”等原始凭证编制记账凭证。会计分录如下:

②借:财务费用　　　　3 000

　　贷:应付利息　　　　3 000

4 月、5 月末,安宇公司计提借款利息,分录同上。

[例 3—6] 6 月 1 日,安宇公司归还短期借款本金 300 000 元和 3 个月的短期借款利息 9 000 元。

该项经济业务的发生,引起银行存款减少 300 000 元(本金)和 9 000 元(利息费用),应记入“银行存款”账户贷方;短期借款减少 300 000 元,应记入“短期借款”账户借方,应付利息减少 9 000 元,应记入“应付利息”账户借方。根据银行存款“付款凭证”等原始凭证编制记账凭证。会计分录如下：

归还短期借款本金：

③借：短期借款　　　　　　　　300 000

　　贷：银行存款　　　　　　　　300 000

归还3个月的借款利息：

④借：应付利息　　　　　　　　9 000

　　贷：银行存款　　　　　　　　9 000

以上安宇公司短期借款业务总分类核算如图3—6所示。

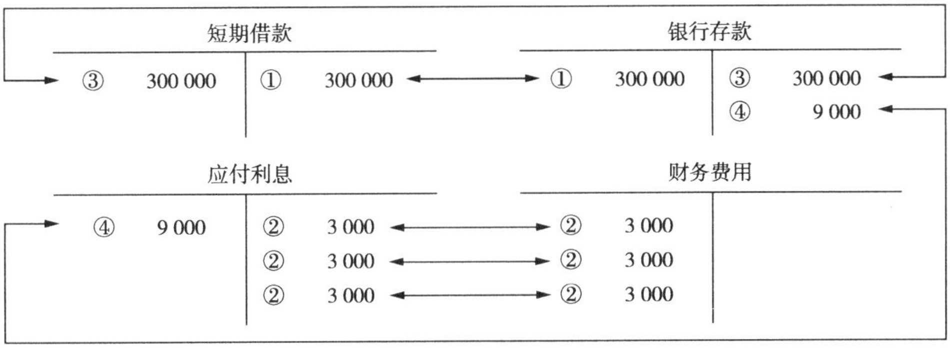

图3—6

（二）长期借款业务的核算

企业取得长期借款后，会计核算与短期借款业务基本一致，包括借款本金的取得与偿还、借款利息（财务费用）的计算与支付，长期借款利息符合资本化条件的应计入相关资产成本中。长期借款会计核算涉及的账户包括“长期借款”“财务费用”和“应付利息”等账户，本部分知识将在财务会计相关内容中介绍，在此从略。

第三节　生产准备业务的核算

为了进行正常的生产经营，工业企业必须购置机器设备、建造厂房等固定资产，还要购买和储备一定品种与数量的材料等存货。因此，固定资产购置业务和材料采购业务就构成了生产准备阶段的主要核算内容。

我国现行税法规定，企业在购销业务活动中需要计算缴纳增值税。在供应过程，企业要正确确定固定资产的购置成本和材料的采购成本，就必须对增值税的相关知识有一个初步的了解。增值税是以商品（含应税劳务、服务）在流转过程中产生的增值额作为计税依据而征收的一种流转税。增值税的纳税人分为一般纳税人和小规模纳税人。

一般纳税人的增值税税率有三档：销售货物、提供加工修理修配劳务等税率为13%，交通运输业、工程服务、农产品等税率为9%,提供现代服务、销售无形资产等税率为6%。企业购进货物或接受应税劳务、服务时所支付的增值税额称进项税额,它是在供应方开具的增值税专用发票上注明的。企业销售货物或提供劳务、服务时,向购买方收取的增值税额称销项税额,即:销项税额=不含税收入×增值税税率。销项税额抵扣进项税额后,即为应纳税额,用公式表示为:应纳税额=销项税额-进项税额。《增值税暂行条例》规定,我国现行的增值税为消费型增值税,即企业可将用于生产经营的外购原材料、燃料、动力、固定资产等物资及设备中所含的增值税税款,在缴纳增值税时全部抵扣。

小规模纳税人由于经营规模小,且会计核算不健全,实行按销售额和3%的征收率计算应征增值税额的简易办法:小规模纳税人的应纳税额=含税销售额÷(1+征收率)×征收率。

一、固定资产购置的核算

(一)固定资产购置的核算内容

固定资产是指企业为生产商品、提供劳务、出租(除房地产外)或经营管理而持有的使用寿命超过一个会计年度的有形资产。固定资产主要包括生产经营用的房屋、建筑物、机器、设备等。此外,不属于生产经营用的主要设备,如果单位价值在2 000元以上并且使用在2年以上的物品,也应当作为固定资产。

对于购入的机器设备等固定资产,应按发生的实际支出确定其入账价值。外购生产用机器设备等固定资产的购置成本主要包括购买价款、进口关税等相关税费、使固定资产达到预定可使用状态前所发生的可归属于该项资产的运输费、装卸费、安装费和专业人员服务费等,企业购入的固定资产所发生的进项税额允许抵扣,不计入固定资产的价值。

(二)账户的设置

为了核算企业固定资产购置业务,需要设置"固定资产"和"在建工程"等账户。

1."固定资产"账户

"固定资产"账户是资产类账户,用于核算企业持有的固定资产原值(历史成本)的增减变动及其结存情况。该账户借方登记固定资产的原始价值的增加,贷方登记固定资产的原始价值的减少;期末余额在借方,表示期末固定资产的原始价值的结存数。企业应按照固定资产种类设置明细账,进行明细分类核算(见图3-7)。

借方　　固定资产	贷方
外购、自建、安装完工的固定资产原值	因报废、毁损、处置而转出的固定资产的原值
固定资产原值的结存数	

图3-7

2."在建工程"账户

"在建工程"账户是资产类账户,用来核算企业建造工程、安装工程、技术改造工程、大修理工程等在建工程发生的支出情况。该账户借方登记各项在建工程的实际支出,贷方登记工程完工转入“固定资产”账户的实际支出；期末余额在借方，反映企业尚未完工的工程发生的实际支出。企业应按工程项目设置明细账，进行明细分类核算(见图3—8)。

借方　　在建工程	贷方
购入需要安装的固定资产原值 安装工程支出	自建、安装完工后转入固定资产的原值
尚未安装完工工程的实际支出	

图3—8

3. “应交税费”账户

“应交税费”账户是负债类账户，用来核算企业有关税费的计算和缴纳情况，主要包括增值税、消费税、企业所得税、资源税、土地增值税、城市维护建设税、教育费附加、房产税、土地使用税、车船税、个人所得税等。该账户贷方登记按规定计算的各种应交税费，借方登记已缴纳的各种税费；期末贷方余额反映应交未交的税费，借方余额反映多交的税费。该账户应按税费的种类设置明细账，进行明细核算(见图3—9)。

为了核算应交增值税，应在“应交税费”账户下设置“应交增值税”明细账户，核算其增减变动。企业因购买材料物资或接受劳务而负担并准予抵扣的增值税进项税额和实际缴纳的增值税记入该账户的借方，企业因销售产品或提供劳务等而发生的增值税销项税额记入该账户的贷方；期末贷方余额反映应交而尚未缴纳的增值税，借方余额反映多交或尚未抵扣的增值税额(见图3—10)。

借方　　应交税费	贷方
已交的税费	应交的税费
多交的税费	应交未交的税费

图3—9

借方　　应交税费——应交增值税	贷方
进项税额	销项税额
可抵扣的增值税额	应交的增值税额

图3—10

(三)固定资产购置业务的总分类核算

1. 购入不需要安装的固定资产

[例3—7]　3月1日，安宇公司购入不需安装的产品包装机一台，买价为15 000元，增值税税率为13%，增值税额为1 950元，发生运杂费400元(不考虑增值税)，上述款项已用银行存款支付，设备已验收并投入使用。

该项经济业务的发生，引起固定资产增加15 400元，应记入“固定资产”账户的借方，进项税额增加1 950元，应记入“应交税费——应交增值税”账户的借方，银行存款减少17 350元，应记入“银行存款”账户的贷方。根据“增值税专用发票”“固定资产验收单”及银行的“付款通知”等原始凭证，编制记账凭证。会计分录如下：

①借：固定资产　　15 400
　　应交税费——应交增值税(进项税额)　　1 950
　贷：银行存款　　17 350

2. 购入需要安装的固定资产

[例 3—8] 3月5日，安宇公司购入需要安装的生产设备一套，买价 66 000 元，增值税税率为 13%，增值税额为 8 580 元，以银行存款支付。设备安装过程中领用原材料 8 000 元，发生应付本企业职工工资 7 000 元，设备安装完工后，验收合格并交付使用。

(1)购入设备时，由于尚未安装，引起在建工程增加 66 000 元，应记入“在建工程”账户的借方，进项税额增加 8 580 元，应记入“应交税费——应交增值税”账户借方；银行存款减少 74 580 元，应记入“银行存款”账户的贷方。根据“增值税专用发票”等原始凭证编制记账凭证。会计分录如下：

②借：在建工程 66 000
　应交税费——应交增值税(进项税额) 8 580
　贷：银行存款 74 580

(2)安装生产设备时，发生材料费、人工费等相关的安装费用，引起在建工程增加 15 000 元，应记入“在建工程”账户的借方；原材料减少 8 000 元，应记入“原材料”账户的贷方，应付职工薪酬增加 7 000 元，应记入“应付职工薪酬”账户的贷方。根据“领料单”“工资计算表”等原始凭证编制记账凭证。会计分录如下：

③借：在建工程 8 000
　贷：原材料 8 000

④借：在建工程 7 000
　贷：应付职工薪酬 7 000

(3)生产设备安装完成、验收合格并交付使用时，应将在建工程总额 81 000 元从“在建工程”账户的贷方，转入“固定资产”账户的借方。根据“固定资产交接验收单”等原始凭证编制记账凭证。会计分录如下：

⑤借：固定资产 81 000
　贷：在建工程 81 000

以上安宇公司固定资产购置业务总分类核算如图 3—11 所示。

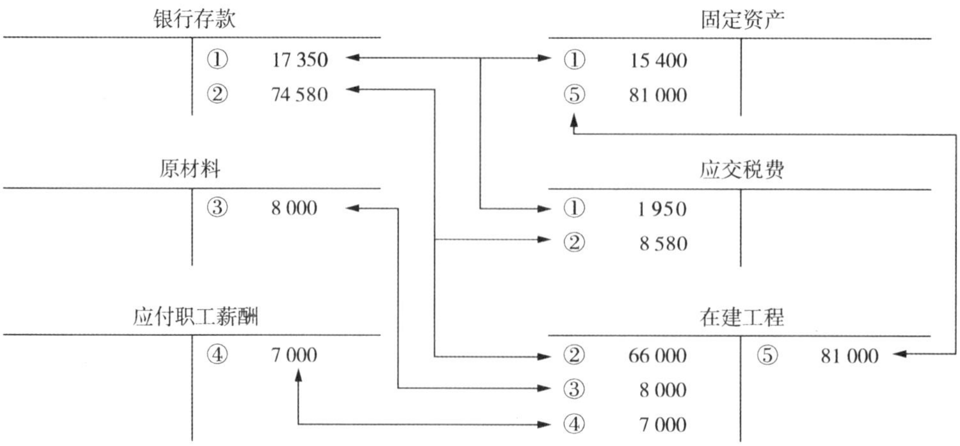

图 3—11

二、原材料采购业务的核算

（一）原材料采购的核算内容

企业要进行正常的生产经营活动，就必须采购和储备一定品种和数量的原材料，它是产品生产不可缺少的物质要素。在生产过程中，材料经过加工而改变原来的实物形态，构成产品实体的一部分，或者通过耗费材料而有助于产品的生产。企业的原材料一般包括原料及主要材料、外购半成品（外购件）、辅助材料、燃料、修理用备件及包装材料等。

企业生产经营所需的原材料，通常是从供应单位采购获得的。在企业采购材料过程中，一方面要计算购进材料的采购成本；另一方面企业要按照经济合同和约定的货款结算办法支付材料的买价和各种采购费用，并对增值税进项税额进行正确处理。

《企业会计准则第 1 号——存货》规定，存货应按照成本进行初始计量。存货的成本包括采购成本、加工成本和其他成本。存货的采购成本是指存货在采购过程中发生的支出，包括购买价款、相关税费、运输费用等。原材料是企业存货的重要组成部分。不同方式取得的原材料，其成本构成内容有所区别。从外部购入的原材料，实际采购成本主要包括以下内容：

（1）购买价款，即购货发票上注明的货款金额；

（2）材料采购过程中发生的运杂费，包括运输费、包装费、保险费、装卸费等；

（3）材料运费过程中发生的合理损耗；

（4）材料入库前发生的挑选整理费用；

（5）应计入材料采购成本的相关税金，包括进口材料的关税、购买材料发生的消费税、不能从增值税销项税额中抵扣的进项税额等。

需要注意的是，企业供应部门或材料仓库所发生的经常性费用、采购人员的差旅费以及市内零星运杂费等不计入材料采购成本，应直接计入管理费用。

在归集原材料采购费用时应注意分清采购费用的负担对象（各种原材料）：能分清负担对象的，应当直接计入所归属的原材料的采购成本；不能分清负担对象的，应该选择合理的分配方法，分配计入有关材料的采购成本。企业同时采购两种以上原材料发生的采购费用，应根据采购的原材料重量或采购价格，将采购费用合理地分配到各种材料的采购成本中。分配时，首先计算出采购费用的分配率，再根据分配率计算各种原材料分摊的采购费用。

$$\text{采购费用分配率}=\frac{\text{共同发生的采购费用}}{\text{各种材料重量（或体积或买价）之和}}$$

$$\text{某种材料应负担的采购费用}=\text{某种材料重量（或体积或买价）}\times\text{采购费用分配率}$$

（二）账户设置

根据原材料采购业务的核算内容及采购时货款结算方式的不同，应设置“在途物资”“原材料”“应付票据”“应付账款”“预付账款”“应交税费——应交增值税”等账户，以保证原材料采购业务核算的合理性和完整性。

1. “在途物资”账户

“在途物资”账户是资产类账户，用于核算实际成本法下外购材料、商品等物资在入库前发生的各种采购支出，据以确定购入物资的实际采购成本。该账户借方登记入库前购入的原材料的采购成本，贷方登记验收入库材料的实际采购成本；期末余额在借方，反映尚未运达企业或者已经运达企业但尚未验收入库的在途材料的实际成本。企业应按照购入原材料的种类设置明细账，进行明细核算（见图3—12）。

借方	在途物资 贷方
购入材料的实际成本	验收入库材料的实际成本
尚未入库的在途材料的实际成本	

图3—12

2. “原材料”账户

“原材料”账户是资产类账户，用于核算企业库存各种原材料的实际成本增减变动及其结存情况。该账户借方登记已验收入库材料的实际成本，贷方登记发出材料的实际成本；期末余额在借方，反映库存各种材料的实际成本。企业应按材料的种类设置明细账，进行明细核算（见图3—13）。

借方	原材料 贷方
验收入库原材料的实际成本	发出原材料的实际成本
库存材料的实际成本	

图3—13

3. “应付票据”账户

“应付票据”账户是负债类账户，用于核算企业因购买材料、商品等而开出的商业汇票的增减变动及其结果；商业汇票包括银行承兑汇票和商业承兑汇票。该账户贷方登记企业因购买材料、商品或接受劳务等开出的商业汇票，借方登记汇票到期偿还的应付票据金额；期末余额在贷方，表示尚未到期偿付的应付票据金额（见图3—14）。

借方	应付票据 贷方
汇票到期偿还的应付票据金额	因购买材料、商品或接受劳务等开出的汇票金额
	已开出尚未付款的商业汇票金额

图3—14

4. “应付账款”账户

“应付账款”是负债类账户，用于核算企业因购买材料、商品或接受劳务等应付给供货单位的款项的增减变动及其结果。该账户贷方登记因购买材料、商品或接受劳务等而发生的应付给供货单位的款项，借方登记已经偿还的款项；期末余额在贷方，反映尚未偿还的应付款项。企业应按供货单位设置明细账，进行明细核算（见图3—15）。

借方	应付账款 贷方
已经偿还的购货款	因购买材料、商品或接受劳务等而发生的应付账款
预付的购货款	尚未偿还的购货款

图 3—15

5. “预付账款”账户

“预付账款”账户是资产类账户，用于核算企业预付给供货单位的款项及结算情况。该账户借方登记根据购货合同预付给供货单位的款项，贷方登记因收到材料、商品等物资后应该冲销的预付款项；期末余额在借方时，反映预付的款项，期末余额在贷方时，反映尚未偿还的款项。企业应按照供应单位设置明细账户，进行明细核算（见图 3—16）。

借方	预付账款 贷方
预付的购货款项	收到材料、商品冲减的预付款项
预付的款项	应付的款项

图 3—16

“应付账款”和“预付账款”是一对双重性质的账户，用于核算企业与供货单位的货款结算情况。当这两类账户的余额在借方时，反映预付账款情况（属于资产）；余额在贷方时，反映应付账款情况（属于负债）。

（三）原材料采购业务的会计处理

［例 3—9］ 3 月 1 日，安宇公司从本地购入 A 材料 2 500 千克，每千克 20 元，共 50 000 元，增值税税率为 13%，增值税额 6 500 元，价税合计 56 500 元，发生运杂费 3 000 元（不考虑增值税），上述款项均用银行存款支付，材料尚未验收入库。

该项经济业务的发生，引起在途物资增加 53 000 元，应记入“在途物资”账户的借方，进项税额增加 8 000 元，应记入“应交税费——应交增值税”账户的借方；银行存款减少 59 500 元，应记入“银行存款”账户的贷方。根据购货时取得的“增值税专用发票”、银行存款“付款通知”等原始凭证，编制记账凭证。会计分录如下：

①借：在途物资——A 材料 53 000
　　应交税费——应交增值税（进项税额） 6 500
　贷：银行存款 59 500

［例 3—10］ 3 月 5 日，安宇公司从外地购入 A 材料 400 千克，每千克 60 元，计 24 000 元；B 材料 600 千克，每千克 80 元，计 48 000 元，上述材料的增值税合计 9 360 元，公司签发商业汇票支付货款及增值税，材料尚未验收入库。同时用银行存款 2 400 元支付 A、B 材料运杂费（按重量比例进行分配，不考虑增值税）。

该经济业务应首先将运杂费分配计入 A、B 材料采购成本。

运杂费分配率＝2 400÷（400＋600）＝2.4（元/千克）

A 材料应分摊的运杂费＝2.4×400＝960（元）

A 材料总成本＝24 000＋960＝24 960(元)

B 材料应分摊的运杂费＝2.4×600＝1 440(元)

B 材料总成本＝48 000＋1 440＝49 440(元)

该项经济业务的发生，引起在途物资增加 74 400 元(A 材料 24 960 元，B 材料 49 440 元)，应记入“在途物资”账户的借方，进项税额增加 9 360 元，应记入“应交税费——应交增值税”账户的借方；应付票据增加 81 360 元，应记入“应付票据”账户的贷方。根据购货时取得的“增值税专用发票”、签发的“商业汇票存根联”等原始凭证，编制记账凭证。会计分录如下：

②借：在途物资——A 材料　　24 960

　　　　　　——B 材料　　49 440

　　应交税费——应交增值税(进项税额)　　9 360

　贷：应付票据　　81 360

　　　银行存款　　2 400

[例 3—11] 3 月 9 日，安宇公司拟购 C 材料，按照购货合同以银行存款向华星公司预付货款 10 000 元。3 月 16 日，公司收到 C 材料，同时收到购货发票，载明 C 材料 300 千克，每千克 40 元，计 12 000 元，增值税 1 560 元。

公司预付购买 C 材料的货款时，引起预付账款增加 10 000 元，应记入“预付账款”账户的借方；银行存款减少 10 000 元，应记入“银行存款”账户的贷方。根据银行的“付款通知”等原始凭证，编制记账凭证。会计分录如下：

③借：预付账款——华星公司　　10 000

　贷：银行存款　　10 000

公司收到 C 材料和购货发票时，引起在途物资增加 12 000 元，应记入“在途物资”账户的借方，进项税额增加 1 560 元，应记入“应交税费——应交增值税”账户的借方；预付账款减少 13 560 元，应记入“预付账款”账户的贷方。根据“增值税专用发票”等原始凭证编制记账凭证。会计分录如下：

④借：在途物资——C 材料　　12 000

　　应交税费——应交增值税(进项税额)　　1 560

　贷：预付账款——华星公司　　13 560

[例 3—12] 3 月 31 日，安宇公司将本月购入的 A、B、C 三种材料全部验收入库，结转实际采购成本。

该业务表明材料已完成采购过程，应将采购过程中发生的采购成本从“在途物资”账户的贷方转入“原材料”账户的借方。根据“材料入库单”等有关原始凭证编制记账凭证。会计分录如下：

⑤借：原材料——A 材料　　77 960

　　　　　——B 材料　　49 440

　　　　　——C 材料　　12 000

贷:在途物资——A 材料　　77 960
　　　　　　——B 材料　　49 440
　　　　　　——C 材料　　12 000

以上安宇公司原材料采购业务总分类核算如图 3—17 所示。

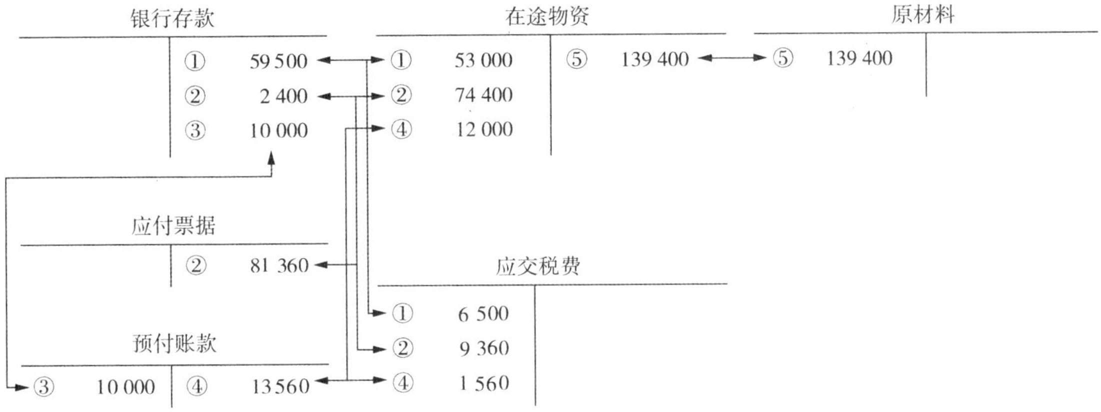

图 3—17

第四节　产品生产业务的核算

产品生产业务是工业企业基本经济业务的中心环节。在生产过程中,企业组织工人利用原材料和固定资产生产各种产品。生产过程既是企业产品的生产过程,也是原材料、人工费用、固定资产消耗的过程。企业为生产产品所发生的各种耗费,最终都要归集分配到具体的产品成本计算对象上去。所以,产品生产过程核算的主要内容,就是生产费用的归集与分配和产品生产成本的计算。

一、产品生产成本的构成

工业企业为生产一定种类和数量的产品所发生的生产费用的总和,称为产品的生产成本。把各种生产费用按一定的生产对象(产品)归集起来,就形成了该生产对象(产品)的成本。企业为生产产品发生的费用按用途可划分为三个成本项目,即直接材料、直接人工和制造费用。

直接材料,是指企业在生产产品和提供劳务的过程中所消耗的、直接用于产品生产并构成产品实体的各种原料及主要材料、外购半成品以及有助于产品形成的辅助材料等。

直接人工,是指直接从事产品生产的工人的薪酬费用,包括生产工人的工资和按规定提取的社会保险费及职工福利费等。

制造费用,是指企业生产车间等生产单位为组织和管理生产而发生的各项间接费用,包括生产车间管理人员的职工薪酬、生产车间设备折旧费、生产车间发生的办公费、水电费、劳动保护费、机物料消耗等。

二、账户设置

为了满足产品生产业务核算的需要，企业应设置“生产成本”“制造费用”“管理费用”等账户，对产品的生产过程进行核算与监督。

(一)“生产成本”账户

“生产成本”账户是成本类账户，用来归集和分配产品生产过程中所发生的各项生产费用，计算确定产品实际生产成本。该账户借方登记生产产品发生的各项耗费，包括直接记入产品成本的直接材料、直接人工费用和期末分配的制造费用，贷方登记完工入库产品的生产成本；期末余额在借方，表示企业尚未完工的在产品成本。企业应按产品品种设置明细账，进行明细核算(见图 3—18)。

借方　　　　　　生产成本	贷方
为生产产品发生的直接材料、直接人工和期末分配转入的制造费用	完工验收入库产品的生产成本
尚未完工的在产品的实际成本	

图 3—18

(二)“制造费用”账户

“制造费用”账户是成本类账户，用来归集和分配企业生产车间范围内为生产产品和提供服务而发生的各项间接费用。该账户借方登记实际发生的各项制造费用，贷方登记期末分配转入“生产成本”账户的制造费用；结转后该账户一般无余额。企业应按生产车间和费用项目设置明细账，进行明细核算(见图 3—19)。

借方　　　　　　制造费用	贷方
车间发生的各项制造费用	期末分配转入“生产成本”账户的制造费用

图 3—19

(三)“管理费用”账户

“管理费用”账户是损益类账户，用来核算企业行政管理部门为组织和管理企业的生产经营活动而发生的各项费用，包括行政管理部门的职工薪酬、办公费、差旅费、工会经费、董事会费、聘请中介机构费、咨询费(含顾问费)、诉讼费、业务招待费、技术转让费、研究费用、排污费等。该账户借方登记本期发生的各项管理费用，贷方登记期末转入“本年利润”账户的管理费用；结转后该账户无余额。企业应按照费用项目设置明细账，进行明细核算(见图 3—20)。

借方　　　　　　管理费用	贷方
本期发生的管理费用	期末转入“本年利润”账户的管理费用

图 3—20

三、产品生产业务的核算

企业产品生产业务的主要内容包括材料费用的核算、人工费用的核算、固定资产折旧费用的核算、制造费用的核算、完工产品成本核算等。

(一)材料费用的核算

企业在生产过程中,需要耗费各种材料,这样一方面使企业的库存材料减少,另一方面增加了企业的生产成本和各项费用。企业一般应按照领用材料的部门和用途的不同将发生的材料费用归集到不同的成本费用中。生产产品耗用的直接材料可以直接计入对应产品的生产成本;生产车间领用的一般消耗性材料,如润滑油等,应先计入制造费用,再通过制造费用的分配计入各种产品的生产成本;企业管理部门和销售部门领用消耗的各种材料,应分别记入管理费用和销售费用等期间费用。

[例 3—13] 3 月 31 日,安宇公司本月各部门从仓库领用原材料 222 080 元,用于生产甲产品、乙产品和其他一般性消耗,根据“领料单”汇总编制“发出材料汇总表”,见表 3—1。

表 3—1 **发出材料汇总表** 单位:元

材料种类与金额 / 领料部门与用途		A 材料	B 材料	C 材料	合　计
		金　额	金　额	金　额	
生产车间	生产甲产品	14 040	37 440	23 180	74 660
	生产乙产品	7 020	37 440	70 200	114 660
	车间一般性耗用	14 040			14 040
行政管理部门			18 720		18 720
合　计		35 100	93 600	93 380	222 080

该项经济业务的发生,引起甲、乙产品生产成本分别增加 74 660 元和 114 660 元,应记入“生产成本”账户的借方,制造费用增加 14 040 元,应记入“制造费用”账户的借方,管理费用增加 18 720 元,应记入“管理费用”账户的借方;原材料减少 222 080 元,应记入“原材料”账户的贷方。根据“领料单”“发出材料汇总表”等原始凭证编制记账凭证。会计分录如下:

①借:生产成本——甲产品　　74 660
　　　　　　——乙产品　　114 660
　　制造费用　　14 040
　　管理费用　　18 720
　贷:原材料——A 材料　　35 100
　　　　　——B 材料　　93 600
　　　　　——C 材料　　93 380

(二)人工费用的核算

职工为企业提供劳动,企业应向职工支付一定的薪酬。《企业会计准则第 9 号——职工薪酬》(2014)将职工薪酬界定为:“企业为获得职工提供的服务或解除劳动关系而给予的各种形式的报酬或补偿"。职工薪酬包括短期薪酬、离职后福利、辞退福利和其他长期职工福利。在此主要介绍短期薪酬的核算。

短期薪酬是指企业预期在职工提供相关服务的年度报告期间结束后十二个月内将全部予以支付的职工薪酬,因解除与职工的劳动关系给予的补偿除外。短期薪酬具体包括:

(1)企业支付给职工的工资、奖金、津贴和补贴;

(2)职工福利费,是指企业为职工卫生保健、生活、住房、交通等发放的各项补贴以及按照国家规定开支的其他职工福利支出;

(3)社会保险费,包括医疗保险费、工伤保险费和生育保险费;

(4)住房公积金;

(5)工会经费和职工教育经费等。

企业人工费用,应按照部门和岗位不同,分别归集到不同的产品成本和期间费用中。直接从事产品生产工人的薪酬,在发生时,直接计入产品的生产成本;车间管理人员的薪酬应先计入制造费用,再通过制造费用的分配计入各种产品的生产成本中;企业管理部门和销售部门的人工薪酬,应分别计入管理费用和销售费用。

企业应设置"应付职工薪酬"账户,核算企业根据有关规定应付给职工的各种薪酬及企业与职工之间的薪酬结算情况。该账户是负债类账户,贷方登记每期应付未付的职工薪酬,借方登记向职工支付的薪酬;期末余额一般在贷方,反映企业期末应付未付的职工薪酬。该账户下设"短期薪酬",并按"工资""职工福利""社会保险费""住房公积金""工会经费"等设置明细账,进行明细核算(见图 3—21)。

借方　　　　应付职工薪酬	贷方
实际支付的职工薪酬	本期应付未付职工的各种薪酬
	尚未支付的职工薪酬

图 3—21

[例 3—14]　3 月 10 日,安宇公司以银行存款支付职工工资 116 000 元。

该项经济业务的发生,引起负债(应付职工薪酬)和资产(银行存款)同时减少,应记入"应付职工薪酬"账户的借方和"银行存款"账户的贷方。根据"职工工资发放表""银行存款付款凭证"编制记账凭证。会计分录如下:

②借:应付职工薪酬——短期薪酬(工资)　　　　11 6000

　　贷:银行存款　　　　116 000

[例 3—15]　3 月 31 日,分配本月的工资费用 108 000 元,其中甲产品工人工资 35 000 元,乙产品工人工资 42 000 元,车间管理人员工资 21 000 元,行政管理人员工资 10 000 元。

该项经济业务的发生,引起甲、乙产品生产成本分别增加 35 000 元和 42 000 元,应记入"生产成本"账户的借方,制造费用增加 21 000 元,应记入"制造费用"账户的借方,管理费用增加 10 000 元,应记入"管理费用"账户的借方;应付职工薪酬增加 108 000 元,应记入"应付职工薪酬"账户的贷方。根据"工资费用分配表" 原始凭证编制记账凭证。会计分录如下:

③借：生产成本——甲产品 35 000

——乙产品 42 000

制造费用 21 000

管理费用 10 000

贷：应付职工薪酬——短期薪酬（工资） 108 000

下月以存款发放职工工资时，借记“应付职工薪酬”账户，贷记“银行存款”账户。

[例 3—16] 3 月 25 日，安宇公司以银行存款支付职工福利费 15 120 元，其中生产工人福利费 10 780 元（甲产品生产工人 4 900 元，乙产品生产工人 5 880 元），车间管理人员福利费 2 940 元，行政管理人员福利费 1 400 元。

根据国家规定，企业可以按照职工工资总额的一定比例列支职工福利费，并在实际发生时根据实际发生额计入当期损益或相关资产成本。该公司支付职工福利费时，引起资产（银行存款）减少 15 120 元，负债（应付职工薪酬）减少 15 120 元，所以这项业务应首先记入“应付职工薪酬”账户的借方和“银行存款”账户的贷方。

在列支职工福利费时，一方面引起企业本月成本费用增加，根据不同人员的福利费，应分别记入“生产成本”“制造费用”“管理费用”账户的借方；另一方面应付职工薪酬这项负债增加，应记入“应付职工薪酬”账户的贷方。根据“职工福利发放表”“银行付款凭证”“职工福利分配表”等原始凭证编制记账凭证。会计分录如下：

④借：应付职工薪酬——短期薪酬（职工福利） 15 120

贷：银行存款 15 120

⑤借：生产成本——甲产品 4 900

——乙产品 5 880

制造费用 2 940

管理费用 1 400

贷：应付职工薪酬——短期薪酬（职工福利） 15 120

（三）固定资产折旧费用的核算

企业所拥有的固定资产一般价值较大，使用年限较长。它能在较长时间内给企业带来经济利益，这源于固定资产本身所具有的服务潜能。随着固定资产的不断利用，其价值随之损耗，固定资产在使用过程中磨损的价值逐渐转移到成本费用中，并从商品销售收入中得到补偿。正是由于固定资产的这一特点，应在固定资产服务年限内，将固定资产成本采用合理的方法分摊计入相关成本费用中，以正确计算产品成本和当期损益。

固定资产的损耗分为有形损耗和无形损耗。有形损耗是固定资产在使用过程中因磨损而产生的价值损耗，而无形损耗是由于科技进步及外界因素影响而引起的价值损耗，在实务中一般不考虑无形损耗。

固定资产折旧是固定资产在使用过程中逐渐磨损的价值。固定资产折旧金额应按月计算，按使用部门进行归集，计入相关成本费用。生产车间使用的固定资产的折旧费用应先计入制造费用，再通过制造费用的分配计入各种产品的生产成本；企业管理部门和销售部门使用的固定资产的折旧费用,应分别计入管理费用和销售费用。

企业应设置"累计折旧"账户。该账户是资产类账户,用来核算固定资产折旧的计提情况。它是固定资产的抵减账户,贷方登记每月计提的固定资产折旧,表示固定资产因损耗而减少的价值,借方登记因出售、报废固定资产等原因转销的累计折旧;期末余额在贷方,反映现有固定资产累计计提的折旧。将"固定资产"账户的借方余额减去"累计折旧"账户的贷方余额,即可得到固定资产的账面净值(见图 3—22)。

借方	累计折旧　　　　贷方
因出售、报废固定资产等原因转销的累计折旧	本期计提的固定资产折旧
	现有固定资产累计折旧

图 3—22

[**例 3—17**] 3 月 31 日,安宇公司计提本月固定资产折旧费,其中生产车间固定资产的折旧费 6 100 元,管理部门固定资产折旧费 3 400 元。

该项经济业务的发生,引起制造费用增加 6 100 元,应记入"制造费用"账户的借方,管理费用增加 3 400 元,应分别记入"管理费用"账户的借方;累计折旧增加 9 500 元,应记入"累计折旧"账户的贷方。根据"固定资产折旧费用计算表"原始凭证编制记账凭证。会计分录如下:

⑥借:制造费用　　　　6 100
　　管理费用　　　　3 400
　贷:累计折旧　　　　　9 500

(四)跨期摊提费用的核算

跨期摊提费用是指企业预先支付的,并按照权责发生制在以后会计期间分摊的费用,如预付的房屋租金;或者先按权责发生制计提计入本期成本费用并在以后会计期间支付的费用,如计提的短期借款利息。

[**例 3—18**] 3 月 31 日,安宇公司预付下季度仓库租金 30 000 元。

该项经济业务的发生,引起预付费用增加 30 000 元,通过"其他应付款"账户核算。应记入"其他应付款"账户的借方;银行存款减少 30 000 元,应记入"银行存款"账户的贷方。根据银行存款的"付款凭证"等原始凭证编制记账凭证。会计分录如下:

⑦借:其他应付款　　　　30 000
　贷:银行存款　　　　　30 000

下季度每月月末,摊销应负担的仓库租金 10 000 元,应编制会计分录为:借记"管理费用"账户,贷记"其他应付款"账户。

(五)制造费用的归集和分配

制造费用是生产产品过程中发生的间接费用。制造费用在发生时,一般无法直接判定其应归属的成本核算对象,不能直接计入产品生产成本。企业每期应先将制造费用单独进行归集,在期末按照合理的分配标准将制造费用分配计入各种产品生产成本。企业一般按照生产工时或生产工人工资为标准分配制造费用,标准一经确定,不得随意变更。制造费用的分配公式如下:

$$制造费用分配率=\frac{制造费用总额}{分配标准合计数(生产工时或生产工人工资总额)}$$

某产品应分配的制造费用＝该种产品的生产工时(或生产工人工资)×制造费用分配率

［例3—19］ 3月8日，安宇公司以现金支付办公费680元，其中生产车间320元，行政管理部门360元。

该项经济业务的发生，引起制造费用增加320元，应记入“制造费用”账户的借方，管理费用增加360元，应记入“管理费用”账户的借方；库存现金减少680元，应记入“库存现金”账户的贷方。根据相关原始凭证，编制会计分录如下：

⑧借：制造费用　　　　320
　　　管理费用　　　　360
　　贷：库存现金　　　　680

［例3—20］ 3月31日，本月制造费用共发生44 400元，按照甲、乙产品生产工时比例分配制造费用(甲、乙产品的生产工时分别为12 000小时和8 000小时)。

根据本题资料，编制“制造费用分配表”，见表3—2。

表3—2　　制造费用分配表　　单位：元

产品名称	生产工时	分配率	分配金额
甲产品	12 000	2.22	26 640
乙产品	8 000	2.22	17 760
合　计	20 000	2.22	44 400

从“制造费用分配表”可看出，将制造费用在甲、乙产品之间进行分配，引起生产成本增加44 400元(甲产品26 640元，乙产品17 760元)，应记入“生产成本”账户的借方；制造费用转出44 400元，应记入“制造费用”账户的贷方。根据“制造费用分配表”编制记账凭证。会计分录如下：

⑨借：生产成本——甲产品　　　　26 640
　　　　　　　——乙产品　　　　17 760
　　贷：制造费用　　　　44 400

(六)完工产品成本的核算

完工产品成本的核算是产品生产过程的终点。在期末，企业生产的产品全部完工并验收入库，应将完工产品的生产成本结转到相应的“库存商品”账户中；同时编制完工产品成本计算单，计算完工产品总成本和单位成本。如果月末某种产品部分完工，应采用适当的分配方法将生产成本在完工产品和在产品之间进行分配，然后计算出完工产品的总成本和单位成本。

工业企业的库存商品主要是指企业已经生产完工并验收入库可供销售的产品。企业应设置“库存商品”账户，用来核算企业各种库存商品的增减变动及其结存情况。该账户是资产类账户，借方登记完工验收入库产品的生产成本，贷方登记销售发出产品的实际生产成本；期末余额在借方，表示库存商品的实际生产成本。该账户应按照库存商品的种类设置明细账，进行明细分类核算(见图3—23)。

借方	库存商品　　　贷方
完工验收入库商品的实际成本	发出商品的实际成本
库存商品的实际成本	

图 3—23

[例 3—21] 3月31日，安宇公司生产的甲产品400件全部完工，并验收入库（假设甲产品期初无在产品）。

根据甲产品本月发生的各项生产费用，编制产品成本计算表（见表3—3）。

表 3—3　　　　**产品成本计算单**　　　　单位：元

项　目	甲产品(400件)	
	产品成本	单位成本
直接材料	74 660	186.65
直接人工	39 900	99.75
制造费用	26 640	66.6
产品总成本	141 200	353

结转完工入库产品的实际成本，使企业的库存商品增加141 200元，应记入“库存商品”账户的借方；生产成本转出141 200元，应记入“生产成本”账户的贷方。根据“成本计算单”“产品入库单”等原始凭证编制记账凭证。会计分录如下：

⑩借：库存商品——甲产品　　　　141 200

　贷：生产成本——甲产品　　　　141 200

以上安宇公司产品生产业务核算结果见图3—24。

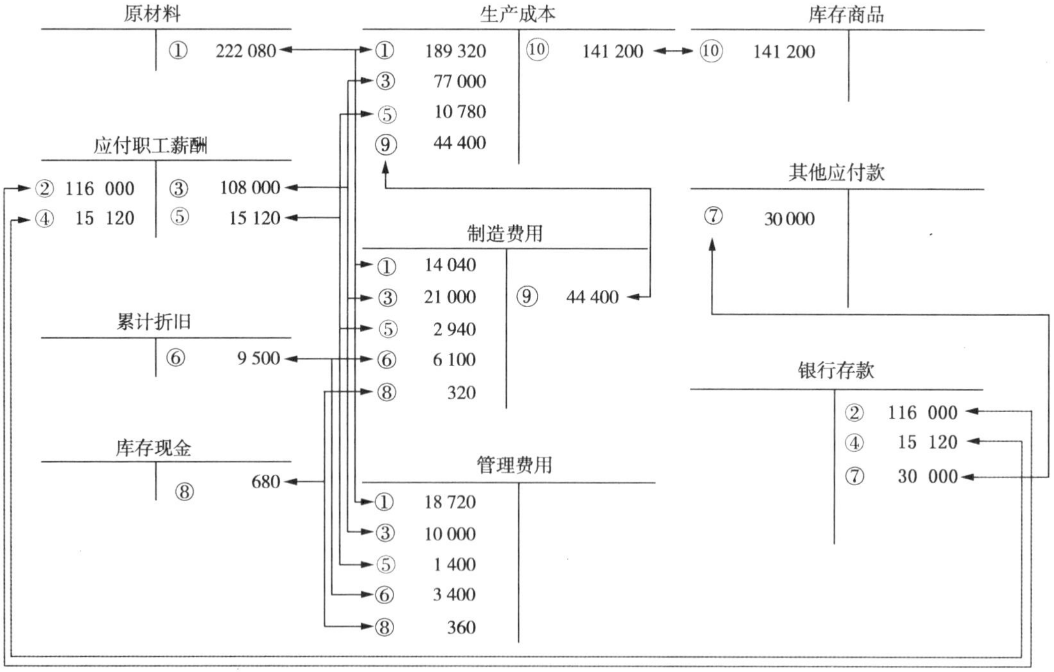

图 3—24

第五节 产品销售业务的核算

企业生产的产品，只有销售出去，收回货款，将商品资金转换为货币资金，才能维持企业的再生产过程，实现盈利目标。产品销售业务是企业将生产出的产品，按照合同规定的条件发给订货单位，形成产品销售收入并结转产品的销售成本，按照合同价格和结算约定办理货款的结算；同时支付销售过程中发生的运输费、包装费、广告费等销售费用，此外还应根据销售收入及时计算缴纳各项营业税费。因此，在产品销售业务中，确认销售收入、收取销货款、结转销售成本、支付销售费用、计算有关税费等构成产品销售业务核算的主要内容。

工业企业在销售过程中除了销售商品或提供劳务等主营业务外，还可能发生一些其他业务，如销售材料、出租包装物、出租固定资产等。其他业务也是企业经营性业务的内容之一，也是企业营业利润的构成部分。根据我国的会计准则的规定："主营业务收入和其他业务收入合称为营业收入"，企业的销售业务核算可进一步划分为主营业务收支核算和其他业务收支核算。

一、主营业务收支核算

(一)主营业务收支核算内容

主营业务收入是企业日常经营活动形成的收入，核算的主要内容是主营业务收入的确认与计量。企业一般在发出商品后，符合收入确认条件时确认收入，按照从购货方已经收到的货款金额或合同价款确认收入金额。

主营业务支出是企业日常活动形成的支出，核算的主要内容是主营业务成本的计算与结转，销售费用的核算，各种税费(包括消费税、城市建设维护税、教育费附加等)的计算与缴纳。

(二)账户设置

企业应设置"主营业务收入""应收账款""应收票据""预收账款""主营业务成本""税金及附加""销售费用"等账户对主营业务收支进行核算。

1. "主营业务收入"账户

"主营业务收入"账户是损益类账户，用来核算企业销售商品、提供劳务及让渡资产使用权等日常经营活动所取得的收入。该账户贷方登记企业销售商品(包括产成品、自制半成品等)或让渡资产使用权已确认的主营业务收入，借方登记发生销售退回和销售折让时应冲减本期的主营业务收入以及期末转入"本年利润"账户的主营业务收入(按净额结转)；结转后该账户无余额。企业应按照主营业务的种类设置明细账，进行明细核算(见图 3—25)。

借方　　　　主营业务收入	贷方
发生的销售退回、销售折让 期末转入"本年利润"账户的主营业务收入净额	企业销售商品等已确认的主营业务收入

图 3—25

2. "应收票据"账户

"应收票据"账户是资产类账户，用来核算企业因销售商品、提供劳务等而收到的商业汇票增减变动及其结果，具体包括银行承兑汇票和商业承兑汇票。该账户借方登记企业因销售产品而收到购货方开出承兑的商业汇票，贷方登记汇票到期已收回商业汇票款项；期末余额在借方，表示尚未到期的商业汇票票面金额（见图 3—26）。

借方　　　　应收票据	贷方
企业因销售产品而收到购货方的商业汇票金额	汇票到期已收回的商业汇票金额
尚未收回的商业汇票票面金额	

图 3—26

3. "应收账款"账户

"应收账款"账户是资产类账户，用来核算企业因销售商品或产品、提供劳务而形成的，应向购货单位或接受劳务单位收取的款项的增减变动及其结果。该账户借方登记应向购货单位收取的款项，贷方登记实际收到的应收账款；期末余额在借方，表示尚未收回的货款。企业按照购货单位或接受劳务单位设置明细账，进行明细核算（见图 3—27）。

借方　　　　应收账款	贷方
销售商品或提供劳务，应向购货单位收取的货款	实际收到的应收账款
尚未收回的应收账款	

图 3—27

4. "预收账款"账户

"预收账款"账户是负债类账户，用来核算企业按照合同规定向购货单位预收货款的增减变动及其结果。该账户贷方登记企业预收的货款，借方登记企业提供产品或劳务时抵销的预收账款；期末余额一般在贷方，表示企业尚未发货结算的预收货款，余额如在借方，表示应由购货单位补付的货款。企业应按照购货单位设置明细账户，进行明细核算（见图 3—28）。

借方　　　　预收账款	贷方
销售商品、提供劳务应抵销的预收账款 退回多余的货款	预收的货款 补收的货款
	尚未发货结算的预收账款

图 3—28

“应收账款”和“预收账款”是一对双重性质的账户，用于核算企业与客户的货款结算情况，借方登记应收回的货款，贷方登记预收的货款；当这两类账户的余额在借方时，反映应收账款（属于资产），余额在贷方时，反映预收账款（属于负债）。

5．“主营业务成本”账户

“主营业务成本”账户是损益类账户，用来核算企业销售产品、提供劳务等主营业务活动而发生的实际成本及其结转情况。该账户借方登记已销产品或已提供劳务的实际成本，贷方登记因销售退回、折让而冲减的销售成本以及期末转入“本年利润”账户的数额；结转后该账户无余额。企业应按照产品（或劳务）的种类设置明细账，进行明细核算（见图3—29）。

借方　　主营业务成本	贷方
已销产品或已提供劳务的实际成本	销货退回的商品成本 期末转入“本年利润”账户的主营业务成本净额

图3—29

6．“税金及附加”账户

“税金及附加”账户是损益类账户，用来核算企业因销售产品或提供劳务等经营活动而负担的税金及附加。该账户借方登记本期按照有关计税依据计算的各种税金及附加，贷方登记期末转入“本年利润”账户的税金及附加；结转后该账户无余额。企业应按税费的种类设置明细账，进行明细核算（见图3—30）。

借方　　税金及附加	贷方
本期应负担的税金及附加	期末转入“本年利润”账户的税金及附加

图3—30

7．“销售费用”账户

“销售费用”账户是损益类账户，用来核算企业在销售商品、提供劳务等日常经营中发生的各种费用，包括广告费、展览费、包装费、运输费、保险费以及企业专设销售机构和网点的职工薪酬、业务费、折旧费等营业费用。该账户借方登记本期发生的各种销售费用，贷方登记期末转入“本年利润”账户的销售费用；结转后该账户无余额。该账户按照费用项目设置明细账户，进行明细核算（见图3—31）。

借方　　销售费用	贷方
本期发生的各项销售费用	期末转入“本年利润”账户的销售费用

图3—31

（三）主营业务收支的会计处理

1．主营业务收入的核算

［例3—22］ 3月15日，安宇公司销售甲产品200件，每件800元，计160 000元，增值税

税率 13%，增值税额 20 800 元，货款收到存入银行。

该项经济业务的发生，引起企业的主营业务收入增加 160 000 元，应记入“主营业务收入”账户的贷方，销项税额增加 20 800 元，应记入“应交税费——应交增值税”账户的贷方；银行存款增加 180 800 元，记入“银行存款”账户的借方。根据“增值税专用发票”和银行“收款凭证”等原始凭证编制记账凭证。会计分录如下：

①借：银行存款　　180 800

　贷：主营业务收入——甲产品　　160 000

　　应交税费——应交增值税（销项税额）　　20 800

[例 3—23] 3 月 25 日，销售甲产品 100 件，每件 800 元，计 80 000 元，增值税税率 13%，增值税额 10 400 元，产品已经发出，货款尚未收到。

该项经济业务的发生，引起企业的主营业务收入增加 80 000 元，应记入“主营业务收入”账户的贷方，销项税额增加 10 400，应记入“应交税费——应交增值税”账户的贷方；应收账款增加 90 400 元，应记入“应收账款”账户的借方。根据“增值税专用发票”等原始凭证，编制记账凭证。会计分录如下：

②借：应收账款　　90 400

　贷：主营业务收入——甲产品　　80 000

　　应交税费——应交增值税（销项税额）　　10 400

[例 3—24] 3 月 15 日，安宇公司收到达宁公司预付购买甲产品的货款 30 000 元，已存入银行。3 月 28 日，向达宁公司发出甲产品 50 件，每件 800 元，计 40 000 元，增值税税率 13%，增值税额 5 200 元，抵消原预付的货款。

安宇公司收到购买方预付货款时，银行存款增加 30 000 元，应记入“银行存款”账户的借方；预收账款增加 30 000 元，应记入“预收账款”账户的贷方。根据银行存款“收账通知”等原始凭证，编制记账凭证。会计分录如下：

③借：银行存款　　30 000

　贷：预收账款——达宁公司　　30 000

安宇公司发出甲产品时，抵消预收账款 45 200 元，应记入“预收账款”账户的借方；主营业务收入增加 40 000 元，应记入“主营业务收入”账户的贷方，销项税额增加 5 200 元，应记入“应交税费——应交增值税”账户的贷方。根据开出的“增值税专用发票”等原始凭证，编制记账凭证。会计分录如下：

④借：预收账款——达宁公司　　45 200

　贷：主营业务收入——甲产品　　40 000

　　应交税费——应交增值税（销项税额）　　5 200

2. 主营业务成本的核算

主营业务成本是企业在确认商品销售收入时应结转的销售成本。对工业企业而言，主营业务成本是指企业已经销售的那部分产品的生产成本。根据收入费用的配比原则，会计期末应将本期已经销售的商品的生产成本从“库存商品”账户结转至“主营业务成本”账户。

每期应结转的主营业务成本=本期销售产品的数量×产品单位生产成本

[例3—25] 3月31日,安宇公司结转本期已销商品的销售成本123 550。

甲产品本月销售350件,单位生产成本为353元(单位生产成本见表3—3)。

甲产品的主营业务成本=350×353=123 550(元)

该项经济业务的发生,引起企业主营业务成本增加123 550元,应记入"主营业务成本"账户的借方;库存商品减少123 550元,应记入"库存商品"账户的贷方。根据"产品销售成本计算表"等原始凭证,编制记账凭证。会计分录如下:

⑤借:主营业务成本——甲产品	123 550	
贷:库存商品——甲产品		123 550

3. 税金及附加的核算

税金及附加是企业销售商品、提供劳务,按税法规定计算缴纳的除增值税以外的各种税费,包括消费税、城市维护建设税、资源税、车船税、房产税、城镇土地使用税、印花税和教育费附加等。

(1)消费税,是指对我国境内从事生产、委托加工和进口应税消费品(烟、酒及酒精、化妆品、贵重首饰珠宝、鞭炮焰火、汽车轮胎、成品油、摩托车、小汽车、高尔夫球及球具、高档手表、游艇、木制一次性筷子、实木地板等)的单位和个人,就其销售额或销售数量,在特定环节(生产、销售、批发或零售环节)征收的一种税。

应缴纳的消费税=应税消费品不含增值税的销售额×税率

或 **应缴纳的消费税=应税消费品销售数量×定额税率**

(2)城市维护建设税,是对缴纳增值税、消费税的单位和个人征收的一种税,属于一种附加税。

应缴纳的城市维护建设税=(应交增值税+应交消费税)×城建税税率

(3)教育费附加,是以单位和个人缴纳的增值税、消费税税额为计算依据征收的一种附加费,属于筹集教育经费的专项资金。

应缴纳的教育费附加=(应交增值税+应交消费税)×教育费附加征收比率

[例3—26] 3月31日,按税法规定计算本期应缴纳的城市维护建设税为770元,教育费附加为330元。

该项经济业务的发生,引起企业税金及附加增加1 100元,应记入"税金及附加"账户的借方;同时应交税费增加1 100元(城市维护建设税770元,教育费附加330元),应记入"应交税费"账户的贷方。根据有关原始凭证,编制记账凭证。会计分录如下:

⑥借:税金及附加	1 100	
贷:应交税费——应交城市维护建设税		770
——应交教育费附加		330

4. 销售费用的核算

销售费用是企业在销售产品、提供劳务过程中发生的各项费用,主要包括运杂费、商品维修费、预计产品质量保证损失、广告费、代销手续费、展览费、专设销售机构发生的各项费用(职工薪酬、业务费、办公费、固定资产折旧费和维护费等)。企业应按会计期间核算发生的销售费用,并在会计期末转入"本年利润"账户,以计算企业当期的损益。

[例3—27] 3月31日,安宇公司用银行存款支付销售商品的运输费1 000元。

该项经济业务的发生,使企业销售费用增加1 000元,应记入"销售费用"账户的借方;银行存款减少1 000元,应记入"银行存款"账户的贷方。根据银行存款"付款凭证"等原始凭证,编制记账凭证。会计分录如下:

⑦借:销售费用　　　　　　　　　　　　1 000

　　贷:银行存款　　　　　　　　　　　　1 000

以上安宇公司主营业务收支总分类核算见图3—32。

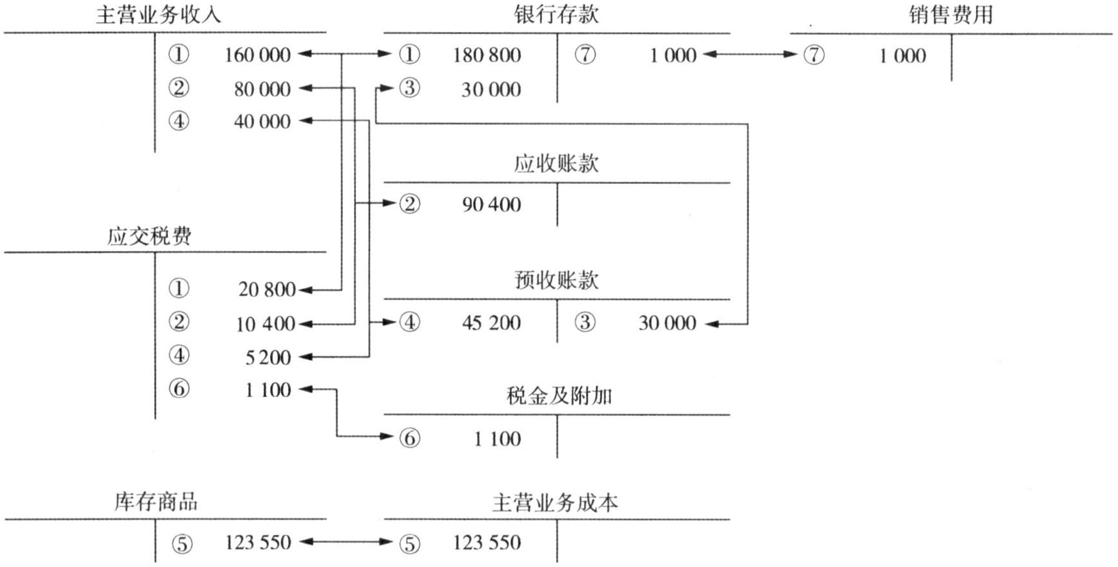

图3—32

二、其他业务收支的核算

工业企业的其他业务收支是指企业在生产经营过程中发生的除主营业务以外的其他业务收支,主要包括销售原材料、出租包装物、出租固定资产等业务发生的收入与支出。其他业务与主营业务都属于企业的日常业务。

(一)账户设置

工业企业在其他业务收支核算中,应设置"其他业务收入""其他业务成本"等账户。

1. "其他业务收入"账户

"其他业务收入"账户是损益类账户,用来核算企业的主营业务活动以外其他经营活动所发生的收入。该账户贷方登记企业已实现的其他业务收入,借方登记期末结转"本年利润"账户的其他业务收入;结转后该账户无余额。企业应按照其他业务的种类设置明细账,进行明细核算(见图3—33)。

借方	其他业务收入	贷方
期末转入"本年利润"账户的其他业务转入		本期发生的其他业务转入

图 3－33

2．"其他业务成本"账户

"其他业务成本"账户是损益类账户，用来核算企业除主营业务活动以外的其他经营活动所发生的支出。该账户借方登记企业销售材料、出租包装物等业务活动发生的相关成本、费用，即其他业务成本的增加，贷方登记期末转入"本年利润"账户的其他业务成本；结转后该账户无余额。该账户应按其他业务的种类设置明细账，进行明细核算(见图 3－34)。

借方	其他业务成本	贷方
本期发生的其他业务成本		期末转入"本年利润"账户的其他业务成本

图 3－34

(二)其他业务收支的会计处理

[例 3－28]　3 月 28 日，安宇公司销售多余材料，价款 30 000 元，增值税销项税额为 3 900 元，款项收到存入银行。

该项经济业务的发生，引起企业银行存款增加 33 900 元，应记入"银行存款"账户的借方；其他业务收入增加 30 000 元，应记入"其他业务收入"账户的贷方，销项税额增加 3 900 元，应记入"应交税费——应交增值税"账户的贷方。根据"增值税专用发票"和银行"收款凭证"等原始凭证，编制记账凭证。会计分录如下：

①借：银行存款　　33 900

　　贷：其他业务收入　　30 000

　　　　应交税费——应交增值税(销项税额)　　3 900

[例 3－29]　3 月 28 日，结转已销材料的实际成本 18 000 元。

该项经济业务的发生，引起其他业务成本增加 18 000 元，应记入"其他业务成本"账户的借方；库存材料减少 18 000 元，应记入"原材料"账户的贷方。根据"材料出库单"等原始凭证，编制记账凭证。会计分录如下：

②借：其他业务成本　　18 000

　　贷：原材料　　18 000

以上安宇公司其他业务收支总分类核算见图 3－35。

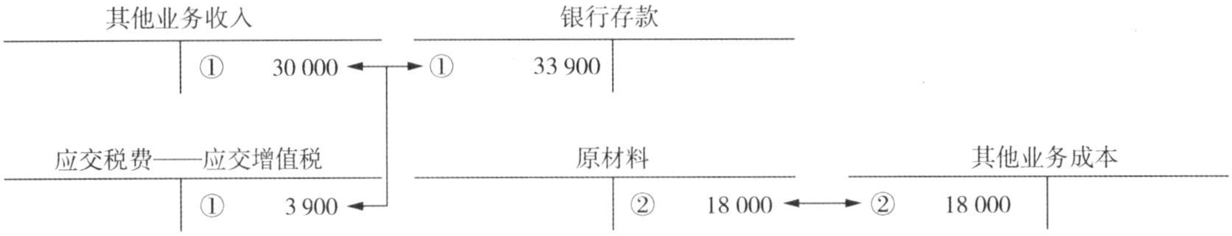

图 3—35

第六节　财务成果计算与分配业务的核算

财务成果是指企业在一定会计期间进行经营活动等的最终成果。企业应该将一定期间的收入和费用进行配比，如果当期实现的收入大于相应的费用，为实现的利润；反之，则为发生的亏损。根据我国现行《企业会计准则》的规定，企业当期直接计入损益的利得（营业外收入）和损失（营业外支出）也属于会计利润的组成部分。因此，利润可以分为营业利润、利润总额和净利润。财务成果计算与分配业务主要包括利润形成过程的核算和利润分配业务的核算。

一、利润形成过程的核算

（一）利润形成过程的核算内容

企业一定期间的净利润，是以营业利润和利润总额为基础计算出来的。净利润的计算是一个循序渐进的过程。

1. 营业利润

营业利润是指企业一定期间经营活动取得的利润。计算公式为：

营业利润＝营业收入－营业成本－税金及附加－销售费用－管理费用－财务费用＋其他收益±投资收益±公允价值变动收益±资产减值损失±资产处置收益

其中：营业收入是指企业经营活动所确认的收入总额，包括主营业务收入和其他业务收入。

营业成本是指企业经营活动所发生的实际成本总额，包括主营业务成本和其他业务成本。

税金及附加是指企业按照销售额或营业额计算缴纳的消费税、城市维护建设税、教育费附加等税费。

销售费用是指销售过程中发生的运杂费、广告费、代销手续费、展览费、专设销售机构经费等。

管理费用是指企业行政管理部门为组织和管理生产经营活动而发生的各项费用，主要包括企业行政管理部门人员的职工薪酬、差旅费、办公费、折旧费、业务招待费等。

财务费用是指企业为筹集生产经营所需资金而发生的费用，包括利息支出（减利息收入）、汇兑损失（减汇兑收益）以及相关手续费等。

其他收益是指企业收到的与日常活动相关的政府补助利得。

投资收益（或损失）是指企业对外投资所获得的利润、股利和利息等投资收入减去投资损失后的净额。

公允价值变动收益（或损失）是指企业交易性金融资产等资产的公允价值变动所形成的应计入当期损益的利得（或损失）。

资产减值损失是指企业计提各项资产减值准备形成的损失。

资产处置收益（或损失）是指企业的固定资产、无形资产因出售、转让等原因产生的处置利得（或损失）。

2. 利润总额

利润总额是指企业在一定时期内实现的利润总和。计算公式为：

利润总额＝营业利润＋营业外收入－营业外支出

其中：营业外收入是指企业发生的与其日常活动无直接关系的各项利得，即直接计入当期损益的利得，主要包括罚款收入、债务重组利得、盘盈利得、捐赠利得等。

营业外支出是指企业发生的与其日常活动无直接关系的各项损失，即直接计入当期损益的损失，包括固定资产盘亏损失、罚款支出、违约金支出、捐赠支出、债务重组损失、非常损失等。

3. 净利润

净利润是利润总额扣减所得税费用之后的余额。计算公式为：

净利润＝利润总额－所得税费用

其中，所得税费用是指企业按照《企业所得税法》的规定，根据经营年度实现的应纳税所得额，按照规定的税率计算缴纳的企业所得税。计算公式为：

每期应缴纳的所得税＝应纳税所得额×所得税税率

其中： **应纳税所得额＝利润总额±调整项目**

为简便起见，本教材不涉及利润的调整问题，假定以利润总额为基数直接计算企业应纳所得税额。

在会计核算中，利润的形成以及计算过程并不是通过上述公式完成的，而是利用"本年利润"账户对比收入、费用差额来确认的。

（二）账户设置

工业企业利润形成过程的核算，除了前述各节已设置的损益类账户外，还需要设置"营业外收入""营业外支出""所得税费用"等损益类账户和"本年利润"账户。

1. "营业外收入"账户

"营业外收入"账户是损益类账户，用来核算企业发生的各项营业外收入。该账户贷方登记营业外收入的增加，借方登记期末转入"本年利润"账户的营业外收入；结转后账户无余额。企业应按营业外收入具体项目设置明细账，进行明细核算（见图3－36）。

借方　　　　营业外收入	贷方
期末转入"本年利润"账户的营业外收入	本期发生的营业外收入

图3－36

2. “营业外支出”账户

“营业外支出”账户是损益类账户，用来核算企业发生的各项营业外支出。该账户借方登记本期发生的各项营业外支出，贷方登记期末转入“本年利润”账户的营业外支出；结转后该账户无余额。企业应按营业外支出的具体项目设置明细账，进行明细核算（见图 3—37）。

借方　　　　营业外支出	贷方
本期发生的营业外支出	期末转入“本年利润”账户的营业外支出

图 3—37

3. “所得税费用”账户

“所得税费用”账户是损益类账户，用来核算企业按规定计算的所得税费用。借方登记企业按规定计算的本期所得税费用，贷方登记期末转入“本年利润”账户的所得税费用；结转后该账户无余额（见图 3—38）。

借方　　　　所得税费用	贷方
按规定计算本期应负担的所得税费用	期末转入“本年利润”账户的所得税费用

图 3—38

4. “本年利润”账户

“本年利润”账户是所有者权益类账户，用来核算企业实现的净利润（或发生的净亏损）。该账户贷方登记期末从“主营业务收入”“其他业务收入”“营业外收入”以及“投资收益（贷方余额）” 等账户转入的收入，借方登记期末从“主营业务成本”“其他业务成本”“税金及附加”“销售费用”“管理费用”“财务费用”“投资收益（借方余额）”“营业外支出”“所得税费用”等账户转入的费用；如果收入大于费用，即为贷方余额，表示本期实现的净利润；如果费用大于收入，即为借方余额，表示本期发生的净亏损；年末，应将本账户的余额转入“利润分配”账户，结转后该账户无余额（见图 3—39）。

借方　　　　本年利润	贷方
从损益类账户转入的费用 主营业务成本、其他业务成本、税金及附加、销售费用、管理费用、财务费用、营业外支出、所得税费用	从损益类账户转入的收入 主营业务收入 其他业务收入 营业外收入
累计发生的净亏损	累计实现的净利润

图 3—39

（三）利润形成过程的会计处理

[例 3—30] 3 月 25 日，安宇公司收到其他公司支付的违约金 4 000 元，存入银行。

该项经济业务的发生，引起企业的银行存款和营业外收入同时增加 4 000 元。银行存款增加应记入“银行存款”账户的借方；营业外收入增加应记入“营业外收入”账户的贷方。根据银行存款收款凭证等原始凭证，编制记账凭证。会计分录如下：

①借：银行存款　　4 000
　贷：营业外收入　　4 000

[例 3—31] 3 月 30 日，安宇公司以银行存款 20 000 元支付公益性捐赠。

该项经济业务的发生，引起企业营业外支出增加 20 000 元，应记入“营业外支出”账户的借方；银行存款减少 20 000 元，应记入“银行存款”账户的贷方。根据银行存款的付款凭证等原始凭证，编制记账凭证。会计分录如下：

②借：营业外支出　　20 000
　贷：银行存款　　20 000

以上安宇公司营业外支业务核算结果见图 3—40。

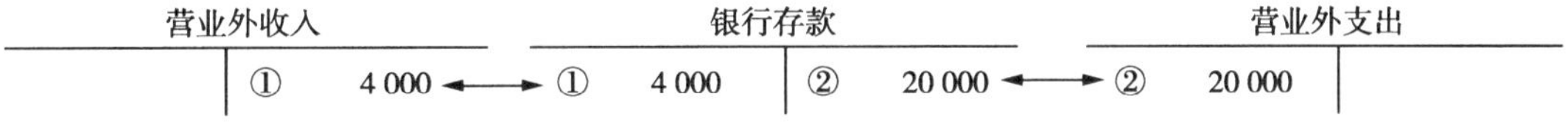

图 3—40

[例 3—32] 3 月 31 日，将本期发生的各项收入、费用转入“本年利润”账户，其中：主营业务收入 280 000 元，其他业务收入 30 000 元，营业外收入 4 000 元；主营业务成本 123 550 元，其他业务成本 18 000 元，税金及附加 1 100 元，销售费用 1 000 元，管理费用 33 880 元，财务费用 3 000 元，营业外支出 20 000 元。

该项经济业务的发生，将“主营业务收入”“其他业务收入”“营业外收入”账户的发生额从借方转入“本年利润”账户的贷方；将“主营业务成本”“其他业务成本”“税金及附加”“销售费用”“管理费用”“财务费用”“营业外支出”账户的发生额从贷方转入“本年利润”账户的借方。会计分录如下：

①借：主营业务收入　　280 000
　　其他业务收入　　30 000
　　营业外收入　　4 000
　　贷：本年利润　　314 000
②借：本年利润　　200 530
　　贷：主营业务成本　　123 550
　　　　其他业务成本　　18 000
　　　　税金及附加　　1 100
　　　　销售费用　　1 000
　　　　管理费用　　33 880
　　　　财务费用　　3 000
　　　　营业外支出　　20 000

以上安宇公司损益结转结果见图 3—41。

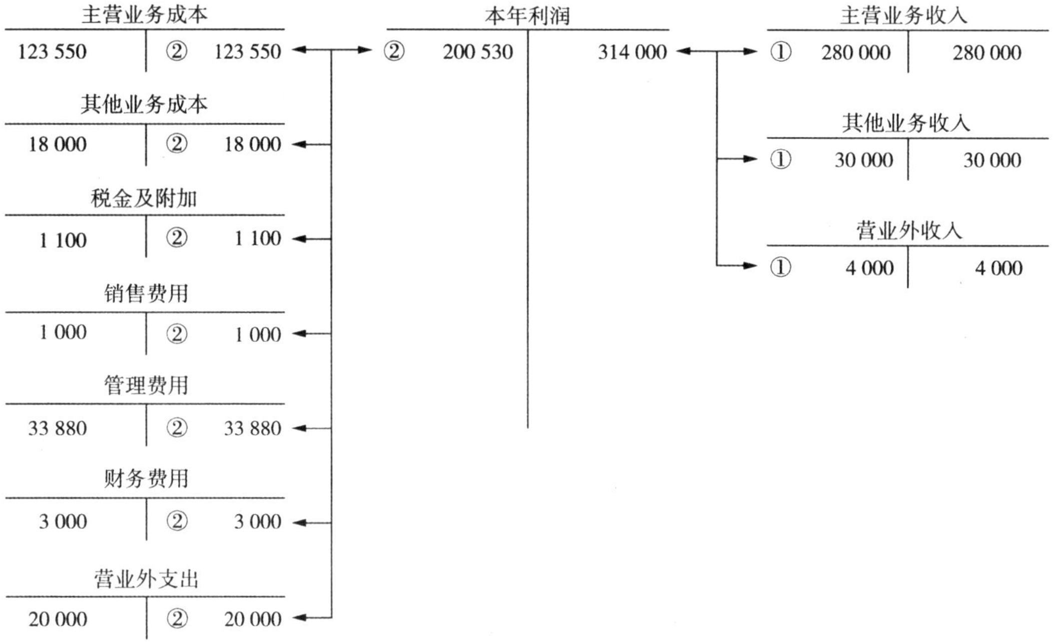

图 3—41

通过结转，将本期发生的全部收入与全部费用(未含所得税费用)汇集于“本年利润”账户，即可计算出本期实现的利润总额为 113 470 元。

[例 3—33] 3 月 31 日，安宇公司按照本期实现的利润总额计算所得税费用为 28 367.50 元，并将所得税费用转入“本年利润”账户(企业所得税的适用税率为 25%)。

(1)计算本期所得税费用时，引起企业的所得税费用和应交税费同时增加 28 367.50 元，应记入“所得税费用”账户的借方和“应交税费”账户的贷方。根据“所得税费用计算表”原始凭证，编制记账凭证。会计分录如下：

①借：所得税费用　　　　　　　　　　28 367.50

　　贷：应交税费——应交所得税　　　　　28 367.50

(2)结转所得税费用时，将“所得税费用”从贷方转入“本年利润”账户的借方。会计分录如下：

②借：本年利润　　　　　　　　　　28 367.50

　　贷：所得税费用　　　　　　　　　　28 367.50

以上安宇公司所得税业务核算结果见图 3—42。

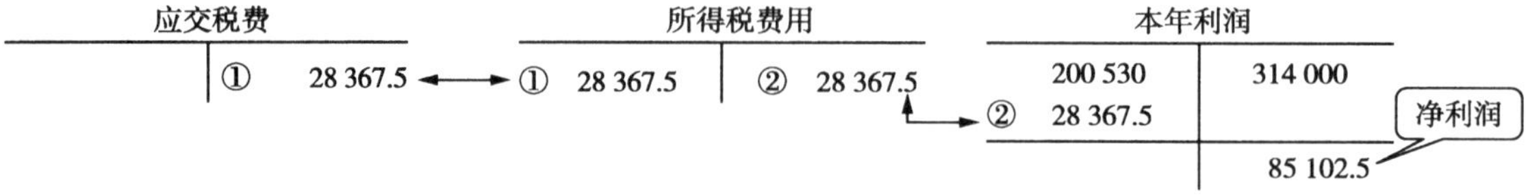

图 3—42

二、利润分配的核算

(一)利润分配核算内容

利润分配,是将企业实现的净利润,按照国家财务制度规定的分配形式和分配顺序,在企业和投资者之间进行的分配。利润分配的过程与结果,是关系到所有者的合法权益能否得到保护,企业能否长期、稳定发展的重要问题,因此企业应重视利润分配的管理和核算。企业利润分配的主体是投资者和企业,利润分配的对象是企业实现的净利润。

企业利润分配的程序如下:

(1)按《公司法》的规定,企业每年实现的净利润按10%提取法定盈余公积。法定盈余公积金已达注册资本的50%时可不再提取。提取的法定盈余公积金用于弥补以前年度亏损或转增资本金。但转增资本金后留存的法定盈余公积金不得低于注册资本的25%。

(2)按照公司章程的规定,企业每年实现的净利润按一定比例提取任意盈余公积金。任意盈余公积金计提标准由股东大会确定。

(3)按照股东会(股东大会)决议,企业将净利润分配给投资者(或股东)。企业以前年度未分配的利润,可以并入本年度分配。

(二)账户设置

企业应设置"利润分配""盈余公积""应付股利"等账户,对利润分配过程进行核算和监督。

1."利润分配"账户

"利润分配"账户是所有者权益类账户,用来核算企业一定时期内净利润的分配或亏损的弥补以及历年累积的未分配利润(或未弥补亏损)。该账户借方登记实际分配的利润,包括提取的盈余公积金和分配给投资人的利润以及年末从"本年利润"账户转入的全年累计亏损,贷方登记用盈余公积金弥补的亏损等其他转入金额以及年末从"本年利润"账户转入的全年实现的净利润;该账户余额如果在借方,表示未弥补的亏损,如果在贷方,表示未分配利润。该账户应设置"提取法定盈余公积""提取任意盈余公积""应付现金股利或利润""未分配利润"等明细账户,进行明细核算(见图3—43)。

借方　　　　　利润分配	贷方
年末从"本年利润"账户转入的全年累计亏损 本期提取的盈余公积 本期分配的股利或利润	年末从"本年利润"账户转入的全年净利润 用盈余公积金弥补的亏损
历年累积的未弥补亏损	历年累积的未分配利润

图3—43

2."盈余公积"账户

"盈余公积"账户是所有者权益类账户,用来核算企业盈余公积的增减变动和结余情况。该账户贷方登记从净利润中提取的盈余公积金,借方登记盈余公积金的使用,如转增资本、弥补亏损等;期末余额在贷方,反映盈余公积的结余数。该账户应设置"法定盈余公积""任意盈余公积”等明细账，进行明细核算（见图 3—44）。

借方	盈余公积	贷方
盈余公积弥补亏损 盈余公积转增资本	提取的盈余公积	
	盈余公积结余数	

图 3—44

3．“应付股利”账户

“应付股利”账户是负债类账户，用来核算企业按照公司章程或决议分配给投资人现金股利（或利润）的结算情况。该账户贷方登记应付给投资人现金股利（或利润），借方登记实际支付给投资人的现金股利（或利润）；期末余额在贷方，反映尚未支付的现金股利（或利润）。企业应按股东设置明细账，进行明细核算（见图 3—45）。

借方	应付股利	贷方
实际支付的现金股利（或利润）	应付投资人的现金股利（或利润）	
	尚未支付的现金股利（或利润）	

图 3—45

（三）利润分配业务的会计处理

[例 3—34] 12 月 31 日，安宇公司将全年实现的净利润 536 000 从“本年利润”账户转入“利润分配”账户。

年末，企业将净利润从“本年利润”账户的借方，转入“利润分配——未分配利润”明细账户的贷方。根据账簿记录编制记账凭证。会计分录如下：

①借：本年利润　　　　　　　　　　　　　536 000

　　贷：利润分配——未分配利润　　　　　　　536 000

[例 3—35] 12 月 31 日，安宇公司按全年净利润的 10%提取法定盈余公积 53 600 元。

企业计提盈余公积时，应记入“利润分配——提取法定盈余公积”账户的借方；盈余公积增加 53 600 元，应记入“盈余公积”账户的贷方。根据“盈余公积计算表”原始凭证，编制记账凭证。会计分录如下：

②借：利润分配——提取法定盈余公积　　　　53 600

　　贷：盈余公积——法定盈余公积　　　　　　　53 600

[例 3—36] 12 月 31 日，按照股东会决议，安宇公司宣告将全年净利润的 30%分配给投资者。

企业应分配给投资者利润为 160 800 元，应记入“利润分配——应付利润”账户的借方；应付股利增加 160 800 元，记入“应付股利”账户的贷方。根据“股东会决议”等原始凭证，编制记账凭证。会计分录如下：

③借：利润分配——应付利润　　160 800

　贷：应付股利　　160 800

［例 3—37］ 12 月 31 日，安宇公司利润分配结束后，将“利润分配”账户下其他明细账户的期末余额转入“利润分配——未分配利润”明细账户。

④借：利润分配——未分配利润　　214 400

　贷：利润分配——提取法定盈余公积　　53 600

　　　　　　——应付利润　　160 800

以上安宇公司利润分配业务核算结果见图 3—46。

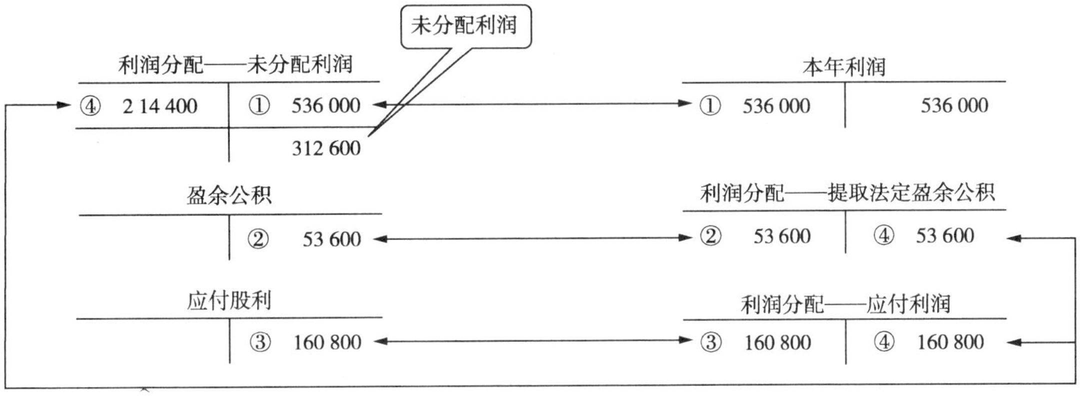

图 3—46

第七节　资金退出业务的核算

企业在经营过程中，经常发生资金退出的经济业务，例如归还银行借款、退还投资者出资、上交税费等。

［例 3—38］ 安宇公司以银行存款支付投资者股利 160 800 元。

该项经济业务的发生，引起应付股利和银行存款同时减少 160 800 元，应记入“应付股利”账户的借方和“银行存款”账户的贷方。根据银行存款“付款通知”编制记账凭证。会计分录如下：

借：应付股利　　160 800

　贷：银行存款　　160 800

［例 3—39］ 安宇公司用银行存款上缴企业所得税 28 367.50 元。

该项经济业务的发生，引起银行存款和应交税费同时减少 28 367.50 元，应记入“应交税费”账户借方和“银行存款”账户贷方。根据“交税凭证”银行存款“付款凭证”等原始凭证，编制记账凭证。会计分录如下：

借：应交税费——应交所得税　　28 367.50

　贷：银行存款　　28 367.50

复习思考题

1. 工业企业主要有哪些经济业务?
2. 资金筹集业务核算应设置哪些主要账户? 试述账户的结构。
3. 生产准备业务核算应设置哪些主要账户? 试述账户的结构。
4. 核算产品生产业务应设置哪些主要账户? 试述账户的结构。
5. 核算产品销售业务应设置哪些主要账户? 试述账户的结构。
6. 核算财务成果业务应设置哪些主要账户? 试述账户的结构。
7. 阐述材料采购成本的构成内容。
8. 阐述利润分配程序。

自测题

一、单项选择题

1. 企业收到投资者按协议认缴的货币资金投资,并将其存入银行后,引起( )。

A. 银行存款增加,应收账款减少　　B. 银行存款和实收资本同时增加

C. 银行存款和实收资本同时减少　　D. 银行存款增加,实收资本减少

2. 企业发生的短期借款利息一般应计入( )。

A. 销售费用　　B. 财务费用　　C. 营业外支出　　D. 管理费用

3. 企业购入需要安装的设备一台,买价 20 000 元,增值税 2 600 元,运输费 500 元,安装费 1 000 元,现已安装完工并交付使用,其转入"固定资产"账户的原始价值应为( )元。

A. 20 000　　B. 22 600　　C. 21 500　　D. 24 100

4. 某企业为增值税一般纳税人,企业本月购进原材料 400 千克,货款为 24 000 元,增值税为 3 120 元,发生的保险费为 1 400 元,入库前发生的挑选整理费用为 520 元,验收入库时发现数量短缺 10%,经查属于运输途中的合理损耗,企业确定的该批原材料的实际单位成本为( )。

A. 62.80 元/千克　　B. 66 元/千克　　C. 10.56 元/千克　　D. 72 元/千克

5. 下列内容中,不属于企业营业外支出的是( )。

A. 非常损失　　B. 坏账损失

C. 捐赠支出　　D. 固定资产盘亏损失

6. 企业赊购原材料一批,会计处理时,会计分录的借方科目有( )。

A. 在途物资　　B. 在途物资和应交税费

C. 应付账款　　D. 应交税费

7. 下列各项支出中,应在"管理费用"中列支的是( )。

A. 生产车间管理人员工资　　B. 短期借款利息支出

C. 管理部门人员的工资　　D. 推销产品的广告费

8. 下列各项收入中，属于工业企业其他业务收入的是(　　)。
A. 违约金收入　B. 产品销售收入　C. 出售原材料收入　D. 保险赔偿收入
9. 企业的净利润是(　　)。
A. 利润总额减所得税费用后的差额　B. 利润总额减已分配利润后的差额
C. 利润总额减应付投资者利润后的差额　D. 利润总额减法定盈余公积后的差额
10. 计提生产车间固定资产折旧时，应贷记“累计折旧”账户，借记(　　)账户。
A. “管理费用”　B. “财务费用”　C. “制造费用”　D. “销售费用”
11. “实收资本”账户的性质属于(　　)。
A. 所有者权益　B. 收入　C. 负债　D. 资产
12. 在下列材料采购支出项目中，不能构成材料采购成本的项目是(　　)。
A. 买价　B. 运费　C. 增值税　D. 保险费
13. 利润的确认与计量依赖于(　　)。
A. 收入、费用和资产的确认与计量　B. 收入的确认与计量
C. 费用的确认与计量　D. 收入与费用的确认与计量
14. 以应收应付为标准确定本期收入和费用的方法是(　　)。
A. 权责发生制的要求　B. 收付实现制的要求
C. 永续盘存制的要求　D. 实地盘存制的要求
15. 按照权责发生制的要求，本期支付的生产费用可能(　　)。
A. 全部计入成本费用　B. 全部不计入成本费用
C. 部分计入成本费用　D. 不一定全部计入成本费用
16. 工业企业设置“库存商品”账户的目的是核算和监督(　　)。
A. 完工产品生产成本　B. 库存商品收、发、存情况
C. 已销产品生产成本　D. 存货的收、发、存情况
17. “税金及附加”账户中不包括企业应缴纳的(　　)。
A. 增值税　B. 消费税　C. 教育费附加　D. 城市建设维护税
18. 企业用银行存款支付产品广告费时，应当贷记“银行存款”账户，借记(　　)。
A. “管理费用”账户　B. “制造费用”账户
C. “销售费用”账户　D. “财务费用”账户

二、多项选择题

1. “所得税费用”账户的对应账户一般有(　　)账户。
A. “本年利润”　B. “银行存款”　C. “应交税费”　D. “利润分配”
2. 企业的财务成果通常是指(　　)。
A. 营业收入　B. 营业利润　C. 利润总额　D. 净利润
3. 企业购入材料实际采购成本的构成内容包括(　　)。
A. 材料买价　B. 增值税进项税额　C. 采购费用　D. 采购人员差旅费

4. 在“税金及附加”账户借方登记的内容有(　　)。

A. 增值税　　B. 城市维护建设税　　C. 消费税　　D. 房产税

5. 下列项目中,应在“管理费用”账户中核算的有(　　)。

A. 印花税　　B. 采购人员差旅费

C. 业务招待费　　D. 车间管理人员工资

6. 企业的资本金按其投资主体不同可以分为(　　)。

A. 个人资本　　B. 国家资本　　C. 法人资本　　D. 外商资本

7. 下列各项中,属于“利润分配”明细账户的有(　　)。

A. 应付利润　　B. 提取法定盈余公积

C. 未分配利润　　D. 提取任意盈余公积

8. 关于“本年利润”账户,下列说法中正确的有(　　)。

A. 借方登记期末转入的各项费用　　B. 贷方登记期末转入的各项收入

C. 贷方余额为实现的累计净利润　　D. 借方余额为发生的累计亏损额

9. 下列项目中,应计入企业销售费用的有(　　)。

A. 专设销售机构人员的工资　　B. 专设销售机构设备折旧费

C. 销售产品的广告费　　D. 代买方垫付的运杂费

10. 根据权责发生制的要求,下列项目应计入本期收入的有(　　)。

A. 上期赊销,本期收款　　B. 上期赊销,下期收款

C. 上期预收账款,本期交付商品　　D. 本期销售,本期收款

11. 根据权责发生制的要求,下列项目应计入本期成本、费用的有(　　)。

A. 以库存现金支付办公费　　B. 本期摊销和预提的费用

C. 计提的固定资产折旧费用　　D. 支付上期预提的修理费

12. 下列成本、费用账户中,月末一般无余额的有(　　)账户。

A.“主营业务成本”　　B.“销售费用”　　C.“管理费用”　　D.“制造费用”

13. 工业企业的经济业务主要包括(　　)。

A. 生产准备业务　　B. 产品生产业务　　C. 资金筹集业务　　D. 产品销售业务

14. 从“生产成本”账户的结构看(　　)。

A. 借方登记本期为生产产品所发生的生产费用

B. 贷方登记本期调整减少的生产费用

C. 贷方登记本期完工入库的产品成本

D. 期末如有借方余额,表示尚未完工的在产品成本

15. 下列账户中,与“原材料”账户有对应关系的是(　　)。

A. 在途物资　　B. 生产成本　　C. 主营业务收入　　D. 所得税费用

16. 下列成本费用中,应记入工业企业“其他业务成本”账户的有(　　)。

A. 固定资产报废清理支出　　B. 对外运输业务支出

C. 材料销售成本　　D. 违约金支出

17. 下列各项中,应记入工业企业“其他业务收入”账户的是(   )。

A. 出租房屋的租金收入

B. 罚款收入

C. 销售一批不用的材料取得的收入

D. 销售产品取得的收入

18. 下列账户中,可能与“实收资本”账户发生对应关系的有(   )账户。

A. “固定资产” B. “无形资产” C. “银行存款” D. “盈余公积”

19. 下列项目中,属于产品生产成本构成内容的有(   )。

A. 制造产品耗用的材料费 B. 生产工人的各种薪酬

C. 生产车间的固定资产折旧费 D. 生产车间的管理人员工资

三、判断题

1. 企业用支票支付购货款时,应通过“应付票据”账户进行核算。 (   )

2. “固定资产”账户登记企业所有的固定资产的原价增减变动和结余情况,不仅包括企业购入、自建的固定资产,同时也包括融资租入的固定资产。 (   )

3. 我国《公司法》规定,公司应按照税后利润的5%提取法定盈余公积金。 (   )

4. 对于预收货款业务不多的企业,可以不单独设置“预收账款”账户,其发生的预收货款通过“应收账款”账户核算。 (   )

5. 企业按税后利润的一定比例提取的盈余公积金可以用来弥补亏损。 (   )

6. 企业从税后利润中提取盈余公积金不属于利润分配的内容。 (   )

7. 如果成本不能可靠地计量,即使其他条件均已满足,相关的收入也不能确认。 (   )

8. 按照权责发生制的要求,企业收到货币资金,必定意味着本月收入增加。 (   )

9. 企业年末的未分配利润金额等于企业当年实现的净利润加上期初的未分配利润。 (   )

10. 在我国任何企业外购固定资产的取得成本中不包括购入固定资产时所支付的增值税额。 (   )

单项业务处理题

晋安公司202×年4月发生下列各类经济业务,要求编制会计分录。

一、筹资业务

(1)收到投资者投入原材料一批,价值300 000元,材料验收入库。

(2)根据股东会决议,将资本公积60 000元转增资本。

(3)向银行借入4个月的短期借款500 000元,年利率6%,到期还本付息。借款本金收到,存入银行。

(4)月末计提短期借款利息2 500元。

(5)8 月份偿还到期的短期借款本金 500 000 元,并偿还 4 个月的借款利息 10 000 元。

二、生产准备业务

(1)购入不需安装的设备一台,价款 300 000 元,增值税税率 13%,增值税额 39 000 元,设备包装费 6 000 元,运杂费 1 000 元,已用银行存款付讫。

(2)购入需要安装的生产设备一台,价格为 80 000 元,增值税税率 13%,增值税额 10 400 元,已用银行存款支付上述款项。

(3)安装设备领用原材料 25 000 元,应付本企业安装工人工资为 35 000 元。

(4)设备安装完成,验收合格并投入使用。

(5)购入 A 材料 3 000 千克,每千克 20 元,计 60 000,增值税税率 13%,增值税额 7 800 元,款项以存款支付,材料尚未验收入库。

(6)购入 B 材料 1 000 千克,每千克 30 元,增值税税率 13%,增值税额 3 900 元,运杂费 300 元,款项尚未支付,材料验收入库。

(7)购入 A 材料 2 000 千克,每千克 25 元,B 材料 2000 千克,每千克 30 元,增值税税率为 13%,增值税额 14 300 元,共发生运杂费 5 000 元(运杂费按材料重量分配),款项用银行存款支付,材料尚未验收入库。

(8)以银行存款 50 000 元预付给胜佳公司购买 C 材料。

(9)收到 C 材料并验收入库,增值税专用发票上载明 C 材料买价 45 000 元,进项税额 5 850 元;运费发票载明运杂费 3 400 元(由供货方代垫),抵销预付账款并补付货款。

三、产品生产业务的核算

(1)生产甲产品领用 A 材料 15 000 元,生产乙产品领用 B 材料 37 000 元,管理部门领用 C 材料 4 000 元。

(2)以现金支付办公费 650 元,其中生产车间 300 元,管理部门 350 元。

(3)以现金支付车间固定资产修理费 5 000 元。

(4)用银行存款支付下半年报纸杂志订阅费 2 400 元,其中生产车间 800 元,行政管理部门 800 元,销售部门 800 元。

(5)用银行存款支付本月水电费 30 000 元,其中生产车间耗用 15 000 元,行政管理部门耗用 9 000 元,销售部门耗用 6 000 元。

(6)计算本月应付职工薪酬,其中甲产品工人工资 35 000 元,乙产品工人工资 42 000 元,车间管理人员工资 21 000 元,行政管理部门人员工资 10 000 元,销售部门人员工资 10 000 元。

(7)计提本月固定资产折旧费,其中生产车间 6 100 元,行政管理部门 3 400 元,销售部门 2 000 元。

(8)按甲、乙产品生产工人工资比例分配并结转本月制造费用,编制制造费用分配表。

(9)本月生产甲产品 400 件,生产乙产品 500 件,均已全部完工并验收入库,编制产品成本计算表(甲、乙产品均无期初在产品)。

制造费用分配表

202×年 3 月 31 日　　　　单位：元

产品品种	工资金额	分配率	分配金额
甲产品			
乙产品			
合　计			

产品成本计算表

202×年 3 月 31 日　　　　单位：元

项　目	甲产品（　件）		乙产品（　件）		合　计
	总成本	单位成本	总成本	单位成本	
直接材料					
直接人工					
制造费用					
合　计					

四、产品销售业务

(1)销售甲产品 200 件，单价 800 元/件，计 160 000 元，增值税税率 13%，增值税额 20 800 元，款项已收存银行。

(2)用银行存款支付销售甲产品发生的运杂费 1 000 元。

(3)向美华商场销售乙产品 250 件，单价 900 元/件，货款计 225 000 元，增值税税率 13%，增值税额 29 250 元，用银行存款为对方代垫运杂费 1 500 元，尚未收到货款和代垫的运费。

(4)销售 A 材料 1 000 千克，每千克 25 元，计 25 000 元，增值税税率 13%，增值税额 3 250 元，货款已收存银行，该材料成本为 15 000 元。

(5)用银行存款支付广告费 1 000 元。

(6)收到美华商场所欠款项，存入银行。

(7)月末，结转本月销售甲产品 200 件和乙产品 250 件的生产成本，甲产品单位成本为 350 元，乙产品单位成本为 400 元。

(8)月末，按本月应交增值税 20 000 元的 7%和 3%，计算本月应缴纳的城市维护建设税和教育费附加。

五、财务成果的计算和分配业务

(1)出售产品一批，售价 70 000 元，增值税税率为 13%，款项已收到，并存入银行。

(2)以现金支付产品销售过程中的运杂费、包装费 1 000 元。

(3)以银行存款支付行政部门办公费 1 500 元。

(4)以银行存款支付银行借款利息 3 000 元，前两个月已经计提借款利息 2 000 元。

(5)以银行存款支付违约金 800 元。

(6)取得罚款收入 1 000 元，存入银行。

(7)结转已销产品的生产成本 35 000 元。

(8)结转各项费用和收入到“本年利润”账户，并计算利润总额。

(9)按照利润总额的 25%计算应纳企业所得税，并结转所得税费用。

(10)将“本年利润”账户余额结转至“利润分配”账户。

(11)按净利润的 10%计提盈余公积，按剩余利润的 50%计算应付给投资者的利润。

综合业务处理题

东胜公司 12 月份发生如下经济业务：

(1)12 月 1 日，从银行取得短期借款 500 000 元，存入银行。

(2)12 月 2 日，接受投资人投入设备一台，投资协议价 80 000 元，原值 95 000 元，设备已验收并投入使用。

(3)12 月 3 日，用银行存款 6 500 元上交上月企业所得税。

(4)12 月 7 日，收回某单位所欠本企业货款 8 000 元，存入银行。

(5)12 月 9 日，用银行存款 120 000 元预付下季度仓库租金。

(6)12 月 10 日，企业销售 A 产品价款 250 000，增值税税率 13%，已收到货款并存入银行。

(7)12 月 11 日，购入甲材料 38 000 元，增值税进项税额为 4 940 元，货款尚未支付，材料已验收入库。

(8)12 月 13 日，生产 A 产品领用甲材料 3 600 元、乙材料 2 400 元，生产 B 产品领用甲材料 5 000 元，车间一般性消耗领用乙材料 1 200 元。

(9)12 月 13 日，车间发生设备修理费 800 元，用现金支付。

(10)12 月 14 日，从银行提取现金 36 000 元，直接发放工资。

(11)12 月 15 日，用银行存款 1 000 元支付销售产品的广告费。

(12)12 月 15 日，企业销售 B 产品价款 50 000 元，增值税销项税额为 6 500 元，款项暂未收到。

(13)12 月 16 日，以现金购买车间办公用品 780 元。

(14)12 月 19 日，用银行存款 34 000 元支付应付给投资人的利润。

(15)12 月 21 日，用银行存款 2 400 元支付罚款支出。

(16)12 月 25 日，用现金 1 300 元购买行政管理部门办公用品。

(17)12 月 28 日，经批准将资本公积金 60 000 元转增资本。

(18)12 月 30 日，计提本月银行借款利息 980 元。

(19)12 月 30 日，提取本月固定资产折旧，其中，车间折旧费 8 100 元，管理部门折旧费 3 200 元。

(20)12 月 31 日，分配本月工资费用，其中，A 产品工人工资 12 000 元，B 产品工人工资 10 000 元，车间管理人员工资 8 000 元，行政管理部门人员工资 6 000 元。

(21)12 月 31 日，将本月发生的制造费用按生产工时分配给 A 产品和 B 产品(A 产品 6 000 工时、B 产品 4 000 工时)。

(22)12 月 31 日，本月生产的 A 产品 200 件已完工，验收入库，结转成本。

(23)12 月 31 日，B 产品为应税消费品，按 B 产品销售收入的 5%计算应交纳的消费税。

(24)12 月 31 日，结转本期已销产品的销售成本 230 000 元。

(25)12 月 31 日，将各损益类账户余额转入“本年利润”账户。

(26)12 月 31 日，根据利润总额的 25%计算并结转企业所得税(不考虑其他因素)。

(27)东胜公司 1—11 月份“本年利润”账户贷方余额 3 000 000 元，12 月 31 日，将净利润从“本年利润”账户转入“利润分配——未分配利润”明细账户。

(28)12 月 31 日，按净利润的 10%计提法定盈余公积。

(29)12 月 31 日，按净利润的 40%向投资者分配利润。

(30)12 月 31 日，将“利润分配”各明细账户发生额转入“利润分配——未分配利润”明细账户。

要求：根据上述经济业务编制会计分录。

第四章

账户的分类

学习目标

本章从经济业务内容、用途与结构两方面介绍会计账户的分类，说明各类账户在提供会计信息方面的特点。通过本章学习，要求了解会计账户的共性及内在联系，理解账户的经济业务内容和账户的结构与用途的含义；掌握账户按用途和结构的分类；对每一类账户，要能正确地用以登记企业经济业务。

关键概念

盘存账户　调整账户　成本计算账户　结算账户　损益计算账户　财务成果账户　资本账户　集合分配账户

第一节　账户按经济内容的分类

账户按照经济业务内容分类，是账户最基本的分类方法。所谓账户的经济内容，就是账户所核算与监督的会计对象的具体内容。如前所述，会计对象的具体内容包括资产、负债、所有者权益、收入、费用和利润六项，为了在会计上对每一类会计要素的增减变动及其结果进行核算，需要按照会计要素的组成内容，分别为每一类会计要素设置若干账户。因此，账户按照经济内容就可以分为资产类、负债类、所有者权益、成本类和损益类五类。这样分类便于明确每个账户的核算内容，从账户中取得需要的核算指标以了解资金运动过程。

一、资产类账户

资产类账户是反映企业拥有或控制的，能以货币计量的经济资源的账户。资产类账户按其所反映资产的流动性，又分为反映流动资产的账户和反映非流动资产的账户两类。反映流动资产的账户有“库存现金”“银行存款”“应收账款”“预付账款”“其他应收款”“在途物资”“原材料”“库存商品”“坏账准备”等账户，反映非流动资产的账户有“固定资产”“累计折旧”“长期股权投资”“无形资产”等账户。

二、负债类账户

负债类账户是用来反映企业所承担的、能以货币计量、需以资产或劳务偿付债务的账户。负债类账户按负债的偿还期限长短，一般分为反映流动负债的账户和反映长期负债的账户两类。反映流动负债的账户有“短期借款”“应付账款”“预收账款”“应付职工薪酬”“应交税费”“应付股利”“其他应付款”等账户，反映长期负债的账户主要有“长期借款”“应付债券”“长期应付款”等账户。

三、所有者权益类账户

所有者权益类账户是反映企业投资人对企业净资产所有权的账户。所有者权益类账户按其经济性质可分为：反映投入资本的账户，即“实收资本”账户；反映公积金的账户，包括“资本公积”“盈余公积”账户；反映未分配利润的账户，包括“本年利润”和“利润分配”账户。

四、成本类账户

成本类账户是用来反映与生产产品相关的直接材料费用、直接人工费用和制造费用的账户，包括“生产成本”“制造费用”账户。其中，“生产成本”账户是用来核算产品在生产过程中发生的全部生产费用，计算产品成本的账户，期末余额在借方，表示在产品的成本，所以它也是一个资产类账户。“制造费用”账户专门归集和分配为生产产品而发生的间接费用。

五、损益类账户

损益类账户是反映影响某一会计期间的一切经营活动和非经营活动损益的账户，它反映企业主要经营活动收支、其他经营活动收支以及本期发生的各项营业外收支。一般来说，按其所反映的具体内容，又可分为收入类账户和费用类账户。收入类账户包括“主营业务收入”“其他业务收入”“营业外收入”“投资收益”等账户，费用类账户包括“主营业务成本”“税金及附加”“销售费用”“财务费用”“管理费用”“其他业务成本”“营业外支出”“所得税费用”等账户。

第二节　账户按用途、结构的分类

账户按用途和结构的分类，是在账户按经济内容分类的基础上，对用途和结构基本相同的账户进行的适当归类。账户的用途是指设置和运用账户的目的，通过账户的记录能够提供什么核算资料。例如，设置“固定资产”“原材料”等账户的目的是利用这些账户提供相应实物资产的增减变动及其结果等方面的资料。账户的结构是指在账户中如何提供核算资料，借方登记什么，贷方登记什么，怎样进行登记，其余额反映什么内容。

按账户的用途和结构分类，可以明确各个账户不同的使用方法和具体作用，以便正确地使用不同的账户，为企业的经营管理提供准确有用的资料，为会计信息的使用者提供预测、决策的依据。账户按用途和结构划分，可以分为基本账户、调整账户、业务账户三大类。其中，基本账户又可分为盘存账户、结算账户和资本账户三类；调整账户可以分为备抵账户、附加账户和备抵附加账户三种；业务账户可分为集合分配账户、成本计算账户、损益计算账户和财务成果计算账户四类。

一、基本账户

基本账户是用来核算和监督资产、负债和所有者权益的增减变动和实有数的账户。由于这类账户所反映的内容都是经济活动的基本内容，因而称其为基本账户。基本账户一般有余额，期末应分别列入资产负债表的资产、负债和所有者权益的各项目。基本账户可分为盘存账户、结算账户和资本账户三类。

(一)盘存账户

盘存账户是用来核算和监督各种财产物资和货币资金的增减变动及其结存情况的账户。这类账户是所有会计主体必须设置的账户。这类账户包括企业主要的资产账户，例如“库存现金”“银行存款”“原材料”“库存商品”“固定资产”等账户。盘存账户结构的特点是：借方登记各项财产物资和货币资金的增加数(收入数)，贷方登记减少数(支用数)，余额在借方，表示各项财产物资和货币资金的结存数。

盘存账户可以通过财产清查(实地盘点)的方法确定各项财产物资、货币资金的实存数，并查明实存与账存是否相符，检查结存的财产物资在经营管理上是否存在问题。这类账户除反映货币资金的账户外，都可设置数量金额式明细账，进行数量和金额两方面的核算。盘存账户的基本结构如图 4—1 所示。

借方　　　　盘存账户	贷方
期初余额：期初财产物资或货币资金结存数 发生额：本期财产物资或货币资金的增加数	发生额：本期财产物资或货币资金的减少数
期末余额：期末财产物资或货币资金的结存数	

图 4—1　盘存账户结构

(二)结算账户

结算账户是用来核算和监督企业同其他单位或个人之间债权(应收款项)、债务(应付款项)结算情况的账户。结算账户按其具体用途和结构，可分为资产结算账户、负债结算账户、资产负债结算账户三类。

1. 资产结算账户

资产结算账户亦称债权结算账户，是专门核算和监督企业同各债务单位和个人之间的债权结算业务的账户,如“应收账款”“预付账款”“其他应收款”账户。这类账户结构的特点是:借方登记债权的增加数;贷方登记债权的减少数;余额在借方,表示债权的实有数。资产结算账户的基本结构如图 4—2 所示。

借方	资产结算账户　　　　　　　　贷方
期初余额:期初债权实有数 发生额:本期债权增加额	发生额:本期债权减少额
期末余额:期末债权实有数	

图 4—2　资产结算账户结构

2. 负债结算账户

负债结算账户亦称债务结算账户,是专门核算和监督企业同各债权单位或个人之间债务结算业务的账户,如“短期借款”“应付账款”“应付职工薪酬”“应付股利”“应交税费”“其他应付款”“预收账款”“长期借款”等账户。这类账户的特点是:贷方登记债务的增加(应付款或借入款),借方登记债务的减少数(归还数);余额在贷方,表示期末债务的实有数。负债结算账户的基本结构如图 4—3 所示。

借方	负债结算账户　　　　　　　　贷方
发生额:本期债务减少额	期初余额:期初债务实有数 发生额:本期债务增加额
	期末余额:期末债务实有数

图 4—3　负债结算账户结构

3. 资产负债结算账户

资产负债结算账户亦称债权债务结算账户,是用来集中核算和监督企业与某一单位或个人之间发生债权债务结算业务的账户。由于往来结算业务的性质经常发生变动,有时企业处于债权人的地位,有时则处于债务人的地位,为了能在同一账户中集中反映企业与某单位或个人的债权债务增减变化,应设置资产负债结算账户。例如,预付账款不多的企业,可以不设置“预付账款”账户,将预付账款直接记入“应付账款”账户,这样“应付账款”账户同时核算和监督企业应付账款和预付账款的增减变动情况;同样,预收账款不多的企业也可将预收账款直接记入“应收账款”账户。有的企业为了简化手续,设置“其他往来”等资产负债双重性质的账户,通过该账户反映企业的其他应收款和其他应付款的增减变动和结存情况。

这类账户的特点是:借方登记债权的增加、债务的减少,贷方登记债务的增加、债权的减少;余额如在借方,表示尚未收回的债权净额(尚未收回的债权大于尚未偿付的债务的差额);余额如在贷方,表示尚未偿付的债务净额(尚未偿付的债务大于尚未收回的债权的差额)。资产负债结算账户所属明细分类账户的借方余额之和与贷方余额之和的差额应当与总分类账户的余额相等。资产负债结算账户的结构如图 4—4 所示。

借方　　资产负债结算账户	贷方
期初余额：期初债权大于债务的差额 发生额：本期债权的增加 　　　　本期债务的减少	期初余额：期初债务大于债权的差额 发生额：本期债务的增加 　　　　本期债权的减少
期末余额：尚未收回的债权	期末余额：尚未支付的债务

图 4—4　资产负债结算账户结构

(三)资本账户

资本账户是用来核算和监督企业资本金的所有者权益类账户，如“实收资本”“资本公积”“盈余公积”和“利润分配”等账户。资本账户结构的特点是：贷方登记各项资本金的增加额；借方登记各项资本金的减少额；余额在贷方，表示各项资本金的实有数。资本账户的结构如图 4—5 所示。

借方　　资本账户	贷方
发生额：本期资本金的减少	期初余额：期初结存的各项资本金实存数 发生额：本期资本金的增加
	期末余额：资本金期末的结存数

图 4—5　资本账户结构

二、调整账户

调整账户是用来调整计算有关账户的实际余额而设置的账户。在会计核算中，对资产和权益(负债和所有者权益)的某一项目往往需要用两种不同的数字来记录和反映，一个账户用来记录和反映资产或权益的原始数字，另一个账户记录和反映对原始数字的调整数字，前者称为被调整账户，后者称为调整账户。将原始数字同调整数字相加或相减，就可以求得某项指标的实际余额。调整账户和被调整账户相互配合，既能全面、完整地反映同一个会计对象，又能满足管理上对不同指标的需要。调整账户按其调整方式的不同，可以分为备抵账户、附加账户和备抵附加账户。

(一)备抵账户

备抵账户亦称抵减账户，是用来抵减被调整账户的余额，以求得被调整账户实际余额的账户。备抵账户的特点是：被调整账户的余额与备抵账户的余额一定在相反的方向；如果被调整账户的余额在借方(或贷方)，则备抵账户的余额一定在贷方(或借方)。其调整方式可用下列公式表示：

被调整账户的余额－备抵账户的余额＝被调整账户的实际余额

例如，“固定资产”账户的期末借方余额表示固定资产的原始价值，“累计折旧”账户期末贷方余额则表示固定资产因使用而发生的价值减少，两者相抵即可得出固定资产的账面净值。

(二)附加账户

附加账户是用来增加被调整账户的余额，以求得被调整账户实际余额的账户。被调整账户的余额与附加账户的余额一定在相同的方向。如果被调整账户的余额在借方(或贷方),则附加账户的余额一定在借方(或贷方)。在我国目前的会计核算中,基本没有设置附加账户的实例。附加账户调整方式可用下列公式表示:

被调整账户的余额+附加账户的余额=被调整账户实际余额

(三)备抵附加账户

备抵附加账户又称抵减附加账户,是兼有备抵账户和附加账户用途的账户。当调整账户余额与被调整账户余额在相反方向时,其调整方式与备抵账户相同,因而起备抵账户的作用;当其余额与被调整账户余额在相同方向时,其调整方式与附加账户相同,因而起附加账户的作用。例如,企业材料按计划成本进行核算时,设置"原材料"(按计划成本计价)账户和"材料成本差异"(核算材料的差异额)账户,"材料成本差异"账户调整原材料的计划成本,但"材料成本差异"账户的余额方向不确定。如为借方余额,表示材料实际成本大于计划成本的超支数,超支数加上"原材料"账户的借方余额,就是库存材料的实际成本;反之,如"材料成本差异"账户为贷方余额,则表示实际成本小于计划成本节约数,节约数抵减"原材料"账户的借方余额后的差额,就是库存材料的实际成本。

三、业务账户

业务账户是用来核算和监督企业的供应业务、生产业务和销售业务的账户。其特点是能及时考核企业成本计划的完成情况,对企业经济效益做全面评价。业务账户可分为集合分配账户、成本计算账户、损益计算账户和财务成果计算账户四类。

(一)集合分配账户

集合分配账户是用来归集和分配企业生产经营过程中某个阶段所发生某种费用的账户,借以核算与监督有关生产费用计划的执行及分配情况的账户。企业在经营过程中各个阶段所发生的需由多个成本计算对象共同负担的间接费用,一般先通过集合分配账户来归集,然后再选择一定的标准将其分配计入各个成本计算对象。例如,"制造费用"账户先归集企业在生产经营过程中应由各个成本计算对象共同负担的间接费用,然后再按照一定标准分配计入各个成本计算对象。

集合分配账户的特点是:借方登记费用的发生数,贷方登记费用的分配数,借方归集的费用一般于期末全部分配到各成本计算对象中去,所以集合分配账户一般没有期末余额。其账户结构如图4—6所示。

借方　　　　集合分配账户	贷方
发生额:本期某种费用的发生数	发生额:本期某种费用的分配数

图4—6　集合分配账户结构

(二)成本计算账户

成本计算账户是用来归集经营过程中某一阶段所发生的全部费用,并据以计算、确定各个成本计算对象的实际成本的账户，如“生产成本”“在建工程”“在途物资”等账户。这类账户结构的特点是：借方登记应计入成本的全部费用，贷方登记结转已完工的在产品、工程项目或已入库材料的实际成本，期末余额一般在借方，表示尚未完工的在产品、工程项目或尚未入库材料的实际成本。成本计算账户的结构如图 4—7 所示。

借方	成本计算账户　　贷方
期初余额：期初尚未完成某阶段的成本计算对象的实际成本 发生额：本期发生的应计入成本的全部费用	发生额：结转已完成该阶段的成本计算对象的成本
期末余额：期末尚未完成该阶段的成本计算对象的实际成本	

图 4—7　成本计算账户结构

(三)损益计算账户

损益计算账户是用来汇集经营过程中所取得的收入和发生的成本、费用以及营业外收入和营业外支出，借以在期末进行配比，计算确定经营期内的财务成果的账户。属于收入账户的有“主营业务收入”“投资收益”“其他业务收入”“营业外收入”。这类账户结构的特点是：贷方登记收入的增加数，借方登记收入的减少数或期末结转“本年利润”账户贷方的数额。属于费用账户的有“主营业务成本”“税金及附加”“其他业务成本”“财务费用”“管理费用”“销售费用”“营业外支出”等。这类账户结构的特点是：借方登记费用、支出的增加数，贷方登记费用、支出的减少数或期末结转“本年利润”账户借方的数额。所有企业的收入和费用账户余额都在期末结转“本年利润”账户，结转后没有余额。

这两类账户的基本结构如图 4—8 和图 4—9 所示。

借方	收入类账户　　贷方
发生额：收入或收益的减少数 期末结转到“本年利润”账户的收入或收益数	发生额：本期收入或收益的增加数

图 4—8　收入类账户结构

借方	费用类账户　　贷方
发生额： 本期费用、成本、支出的增加额	发生额： 本期费用、成本、支出的减少数 期末结转到“本年利润”账户的数额

图 4—9　费用类账户结构

(四)财务成果计算账户

财务成果计算账户是用来核算和监督企业在一定时期内全部生产经营活动最终成果的账户，如“本年利润”。这类账户的贷方登记期末从各收入和收益账户转入的营业收入、营业外收入和投资收益；借方登记期末从各成本费用账户转入的营业成本、税金及附加、销售费用、管理费用、财务费用和营业外支出等;期末贷方余额表示企业实现的利润净额,若余额在借方则表示企业发生的亏损总额。财务成果计算账户的基本结构如图4—10所示。

借方	财务成果计算账户 贷方
发生额:应计入本期损益的各项费用、成本、支出	发生额:本期实现的各项收入和收益
期末余额:发生的亏损总额	期末余额:实现的净利润总额

图4—10 财务成果计算账户结构

综上所述,对账户进行分类时还应注意以下两点:

(1)账户按用途和结构分类不是绝对的,有些账户有双重性质,如“生产成本”“在建工程”“在途物资”等账户,既有盘存账户性质,又是成本计算账户。

(2)财产清查中会用到“待处理财产损溢”账户,用来核算企业在账产清查中盘盈、盘亏及处理情况的账户。企业在财产盘盈、盘亏未处理前应先暂记入此账户,待批准后再转入各有关账户。“待处理财产损溢”是一个过渡账户,会计制度规定在期末结账前必须处理完毕,结清余额,故未列入账户分类内容。

复习思考题

1. 账户按经济内容可分为哪几类?
2. 账户按用途和结构可分为哪几类?
3. 什么是备抵附加账户?举例说明该类账户的特点。
4. 什么是集合分配账户?举例说明该类账户的特点。
5. 什么是损益计算账户?举例说明该类账户的特点。
6. 什么是财务成果计算账户?举例说明该类账户的特点。

自测题

一、单项选择题

1. 按用途结构分类,“库存现金”账户属于( )。

A. 资本账户　B. 结算账户　C. 盘存账户　D. 财务成果账户

2. 按用途和结构分类,“预付账款”账户属于( )。

A. 资产结算账户　B. 负债结算账户　C. 资产负债结算账户　D. 附加调整账户

3. “原材料”账户按会计要素分类属于( )。

A. 损益类账户　B. 资产类账户　C. 盘存账户　D. 总分类账户

4. “本年利润”账户属于( )。

A. 集合分配账户　B. 财务成果账户　C. 成本计算账户　D. 盘存账户

5. “财务费用”账户按用途结构分类属于( )。

A. 集合分配账户　B. 财务成果账户　C. 资产结算账户　D. 损益计算账户

6. “生产成本”账户，按其用途结构分类属于(　　)。

A. 成本计算账户　B. 资本账户　C. 抵减账户　D. 财务成果账户

7. 账户按经济内容(会计要素)分类，“累计折旧”账户属于(　　)。

A. 资产账户　B. 负债账户　C. 费用账户　D. 备抵调整账户

8. “制造费用”账户按其用途结构分类，属于(　　)。

A. 财务成果账户　B. 负债账户　C. 集合分配账户　D. 成本计算账户

9. 按账户的统驭与被统驭关系分类，“应付账款——甲公司”应是(　　)的被统驭账户。

A. 应付账款——乙公司　B. 应付账款——丙公司

C. 应付账款　D. A 和 B

10. 下列各项中，不属于抵减账户的是(　　)。

A. 应付利息　B. 坏账准备　C. 累计折旧　D. 存货跌价准备

二、多项选择题

1. 下列账户中，期末如有余额在借方的有(　　)。

A. 债权结算账户　B. 资本账户　C. 盘存账户　D. 成本计算账户

2. 下列账户中期末一般没有余额的有(　　)。

A. 收入类账户　B. 费用类账户　C. 盘存类账户　D. 集合分配类账户

3. 所谓账户的结构，是指账户如何提供核算指标，即(　　)。

A. 账户期末余额的方向　B. 账户余额表示的内容

C. 账户借方核算的内容　D. 账户贷方核算的内容

4. 下列账户中，反映流动资产的账户有(　　)。

A. 应收账款　B. 应付利息　C. 库存商品　D. 原材料

5. 下列账户中，属于债权结算账户的有(　　)。

A. 预付账款　B. 应付账款　C. 应收账款　D. 应收票据

6. 在生产过程中，用来归集制造产品的生产费用，并据以计算产品生产成本的账户有(　　)。

A. 制造费用　B. 库存商品　C. 在途物资　D. 生产成本

7. 关于“本年利润”账户，下列说法中正确的有(　　)。

A. 期末如为贷方余额，表示累计实现的净利润

B. 期末如为贷方余额，表示本期实现的利润总额

C. 期末如为借方余额，表示本年累计发生的亏损额

D. 年末如为贷方余额，表示未分配利润额

8. 下列盘存账户中，通过设置和运用明细账可以提供数量和金额两种指标的有(　　)账户。

A. “银行存款”　B. “库存现金”　C. “库存商品”　D. “原材料”

三、判断题

1. 按账户用途结构的分类，实质上是按会计对象的具体内容进行的分类。 （ ）
2. “累计折旧”账户按其经济内容分类属于抵减类账户。 （ ）
3. “资本公积”账户按其经济内容分类属于所有者权益类账户。 （ ）
4. 账户的用途是指在账户中如何记录经济业务。 （ ）
5. 一般而言，账户的用途和结构都直接或间接地依附于账户的经济内容。 （ ）
6. “应收账款”账户的被调整账户是“坏账准备”账户。 （ ）
7. “制造费用”账户按其用途结构分类属于费用类账户。 （ ）
8. 收入类账户除了能提供货币指标外，还可以提供实物指标。 （ ）

第五章

会计凭证

学习目标

本章主要介绍会计凭证的概念、种类与填制要求。通过本章学习，要求了解会计凭证的作用及会计凭证传递和保管的有关规定，熟悉各类会计凭证，掌握各类会计凭证填制的步骤、方法和要求，明确会计凭证的审核要点，提高会计实务操作能力。

关键概念

会计凭证　原始凭证　记账凭证　收款凭证　付款凭证　转账凭证

第一节　会计凭证概述

一、会计凭证的概念

会计凭证是记录经济业务、明确经济责任的书面证明，也是登记账簿的依据。填制或审核会计凭证，是会计核算的基本方法，也是会计工作的起点。

各单位在进行会计核算时，应当以实际发生的经济业务为依据，这是会计核算应遵循的基本原则。因此，每个单位在处理各项经济业务时，都必须由具体经办该项经济业务的有关人员，从外部取得或自行填制有关凭证，以书面形式记录和证明所发生经济业务的性质、内容、数量、金额等，并在凭证上签名或盖章，以对经济业务的合法性和凭证的真实性、可靠性负责。例如，企业从外部购买材料，必须由业务经办人员取得购货发票，并签名或盖章；企业在生产中领用材料，应填制领料单。各种发票、领料单等都属于会计凭证。任何会计凭证都必须经过有关人员的严格审核、确认无误后，才能作为记账的依据。

二、会计凭证的作用

填制和审核会计凭证是会计核算的重要方法，是会计核算的初始阶段和基本环节，是一项重要的基础性会计工作。做好这一工作，对于实现会计的职能，保证会计资料的真实、准确，提高会计核算的质量，加强财产物资的管理等，都具有十分重要的作用。会计凭证的作用主要体现在以下三个方面：

1. 记录经济业务，提供记账依据

由于企业对发生的每一项经济业务都要由经办人员按照规定的程序和要求，及时填制或取得会计凭证，如实写明经济业务的内容及发生或完成的时间，确认应记入的账户名称、方向和金额，使各种经济业务的发生或完成情况通过会计凭证的记录真实地反映出来。因此，通过会计凭证的填制和审核，可以如实反映各项经济业务的具体情况。但是，会计凭证只是对经济业务所做出的初步归类记录。要全面反映经济活动情况，还必须对经济业务在账户中做出进一步归类和系统化的记录。任何单位都不能凭空记账，登记账簿必须以经过审核无误的会计凭证为依据。会计凭证所记录的有关信息是否真实、可靠、及时，对于能否保证会计信息质量具有至关重要的影响。

2. 明确经济责任，强化内部控制

企业对于发生的每一项经济业务，都要填制或取得会计凭证，并由有关部门和人员签章，从而明确了有关部门和人员的责任，这必然增强经办人员以及其他有关人员的责任感，促使其严格按照有关法律法规和制度的规定办事，在其职权范围内各负其责，相互控制，同时有利于今后发现问题时查明责任归属。通过凭证审核，还可以及时发现经营管理上的薄弱环节，总结经验教训，以便采取措施，改进工作。

3. 监督经济活动，控制经济运行

通过会计凭证的填制和审核，可以检查企业的每一项经济业务，是否符合国家有关政策、法律法规和制度规定，是否执行了企业的计划和预算，是否有违法乱纪、铺张浪费等行为，监督经济活动的真实性、合法性、合理性，及时对经济活动进行事中控制和事后控制，保证经济活动健康运行，从而严肃财经纪律，有效地发挥会计的监督作用。

三、会计凭证的种类

会计凭证有多种多样，按其填制的程序和用途的不同来划分，可以分为原始凭证和记账凭证两类。

原始凭证和记账凭证统称为会计凭证，但就其性质来讲却截然不同。原始凭证的主要作用在于记录经济业务、明确经济责任，它是编制记账凭证的依据，是会计核算的基础。而记账凭证的主要作用在于确定会计分录，并以此作为登账的依据，它是会计核算的起点。

第二节　原始凭证

一、原始凭证的概念

原始凭证又称单据，是在经济业务发生或完成时取得或填制的，用以记录或证明经济业务的发生或完成情况的原始凭据。它是会计核算的原始资料和重要依据。原始凭证的质量决定了会计信息的真实性和可靠性。会计人员对不真实、不合法的原始凭证，不予受理；对记载不准确、不完整的原始凭证，应予以退回，要求对其补充。

二、原始凭证的基本内容

由于经济业务的种类和内容不同、经营管理的要求不同，原始凭证的格式和内容也千差万别。但无论何种原始凭证，都必须做到所载明的经济业务清晰，经济责任明确。原始凭证一般具备以下基本内容：

(1)原始凭证的名称和编号；

(2)填制原始凭证的日期；

(3)接受原始凭证单位名称；

(4)经济业务内容(含数量、单价、金额等)；

(5)填制单位签章；

(6)有关人员签章；

(7)凭证附件。

在实际工作中，根据经营管理和特殊业务的需要，除上述基本内容外，也可以增加其他必要的内容。对于不同单位经常发生的共同性经济业务，有关部门可以指定统一的凭证格式。

三、原始凭证的种类

(一)原始凭证按其来源的不同，可以分为外来原始凭证和自制原始凭证

1. 外来原始凭证

外来原始凭证是指在经济业务发生或完成时，从其他单位或个人取得的原始凭证，如火车票、飞机票、购买材料时取得的供货单位开出的增值税专用发票等，如表 5－1 所示。

表 5—1 **电子发票(增值税专用发票)** 发票号码:00505015

动态二维码 开票日期:2023 年 8 月 10 日

购买方信息	名称:太原晋汾煤业有限公司 统一社会信用代码/纳税人识别号:1401081234	销售方信息	名称:山西安特风机制造有限公司 统一社会信用代码/纳税人识别号:1401066123

项目名称	规格型号	单位	数量	单价	金额	税率/征收率	税额
*机械器具*高压鼓风机	4-73NO8D	台	18	12 000	216 000.00	13%	28 080.00
合　计					¥216 000.00		¥28 080.00
价税合计(大写)	⊗贰拾捌万肆仟零捌拾元整						(小写)¥284 080.00
备注	购买方地址、电话:河西路 8 号 0351-5540890 购买方开户银行及账号:晋商银行河西路支行 855522800						

开票从:曹晓阳

2. 自制原始凭证

自制原始凭证是指由本单位内部经办业务的部门或个人,在执行或完成某项经济业务时自行填制的,仅供本单位内部使用的原始凭证,如入库单、领料单等,如表 5—2、表 5—3 所示。

表 5—2 **入　库　单**

送货单位________　　年　月　日　　第　号

品　名	规　格	单　位	原送数量	实收数量	单　价	金　额								
						百	十	万	千	百	十	元	角	分
合　计														

第二联　会计存

保管员　　　送货单位负责人　　　送货人

表 5—3　　　　　　　　　　　　**领 料 单**

领料单位________　　　　　　　　年　月　日　　　　　　　　第　号

编　号	品　名	规　格	单　位	请领数量	实发数量	单　价	金　额	备　注
领料用途						合　计		

第三联　会计凭证

供应部门负责人　　　　发料　　　　领料　　　　制单　　　　领料部门负责人

（二）原始凭证按其填制方法不同，可分为一次凭证、累计凭证和汇总凭证

1. 一次凭证

一次凭证是指一次填制完成、只记载一项经济业务或同时记载若干项同类性质经济业务的原始凭证。所有的外来原始凭证和大部分的自制原始凭证都属于一次凭证，如领料单、收料单、收据等。一次凭证是一次有效的凭证。

2. 累计凭证

累计凭证是指需要在一定时期内多次记载发生的同类型经济业务的原始凭证。使用累计凭证，可减少原始凭证数量，简化会计核算工作。累计凭证是多次有效的原始凭证。这类凭证的填制手续是多次进行才能完成的，它一般为自制原始凭证，最具有代表性的累计凭证是“限额领料单”，如表 5—4 所示。

表 5—4　　　　　　　　　　　　**限额领料单**

领料单位：　　　　　　　　　　　　　　　　　　　　凭证编号：

用　　途：　　　　　　　　　　　　　　　　　　　　发料仓库：

<table>
<tr><td rowspan="2">材料类别</td><td rowspan="2">材料编号</td><td rowspan="2">材料名称</td><td rowspan="2">规　格</td><td rowspan="2">计量单位</td><td rowspan="2" colspan="2">全月领用限额</td><td colspan="3">全月实领</td></tr>
<tr><td>数　量</td><td>单　价</td><td>金　额</td></tr>
<tr><td></td><td></td><td></td><td></td><td></td><td colspan="2"></td><td></td><td></td><td></td></tr>
<tr><td rowspan="2">领料日期</td><td colspan="3">请　领</td><td colspan="3">实　发</td><td colspan="2">退　库</td><td rowspan="2">限额结余</td></tr>
<tr><td>数　量</td><td colspan="2">领料部门负责人签章</td><td>数　量</td><td>领料人签章</td><td>发料人签章</td><td>数　量</td><td>退库单编号</td></tr>
<tr><td></td><td></td><td colspan="2"></td><td></td><td></td><td></td><td></td><td></td><td></td></tr>
<tr><td></td><td></td><td colspan="2"></td><td></td><td></td><td></td><td></td><td></td><td></td></tr>
<tr><td></td><td></td><td colspan="2"></td><td></td><td></td><td></td><td></td><td></td><td></td></tr>
<tr><td>合　计</td><td></td><td colspan="2"></td><td></td><td></td><td></td><td></td><td></td><td></td></tr>
</table>

供应部门负责人：　　　　　　生产计划部门负责人：　　　　　　仓库负责人：

3. 汇总凭证

汇总凭证也称原始凭证汇总表，是指对一定时期内反映经济业务内容相同的若干张原始凭证，按照一定标准汇总填制的原始凭证。它合并了同类型经济业务，简化了记账工作量。

常见的汇总原始凭证有：发出材料汇总表、工资结算汇总表、差旅费报销单等。汇总凭证如表5—5所示。

表5—5　发出材料汇总表

年　月　日

用途	领料单位	原料及主要材料		燃料		修理用备件		合计
		数量	金额	数量	金额	数量	金额	
生产耗用	A产品							
	B产品							
车间耗用	一车间							
	二车间							
管理部门								
合计								

会计主管：　　　　制表：　　　　审核：

四、原始凭证的填制要求

(一)记录真实

经济业务发生时，依据真实情况，如实填写原始凭证。原始凭证上填制的日期、业务内容、数量和金额等必须真实可靠，与实际情况完全符合。

(二)内容完整

原始凭证必须按规定的格式和内容逐项填写齐全。年、月、日要按照填制原始凭证的实际日期填写；名称要齐全，不能简化；品名或用途要填写明确，不能含糊不清；同时必须由经办业务的部门和人员签字盖章，对凭证的真实性和完整性负责。

(三)手续完备

单位自制的原始凭证必须由经办单位领导人或者其他指定人员签名盖章；对外开出的原始凭证必须加盖本单位公章；从外部取得的原始凭证，必须盖有填制单位的公章；从个人取得的原始凭证，必须有填制人员的签名盖章。以明确经济责任，确保原始凭证的合法性、真实性。

(四)书写规范

原始凭证要按规定填写，文字要简要，字迹要清楚，易于辨认，不得使用未经国务院公布的简化汉字。大小写金额必须相符且填写规范，小写金额用阿拉伯数字逐个书写，不得写连笔字，在金额前要填写人民币符号“￥”，人民币符号“￥”与阿拉伯数字之间不得留有空格，金额数字一律填写到角分；无角分的，写“00”或符号“—”；有角分的，分位写“0”，不得使用符号“—”。

大写金额用汉字壹、贰、叁、肆、伍、陆、柒、捌、玖、拾、佰、仟、万、亿、元、角、分、零、整等，一律用正楷或行书字书写。大写金额前未印有“人民币”三个字，应加写“人民币”三个字，“人民币”字样和大写金额之间不得留有空格。大写金额到元或角为止的，后面要写“整”或“正”字；有“分”的，不写“整”或“正”字。如小写金额为￥1 050.00，大写金额应写成“人民币壹仟零伍拾元整”。

（五）编号要连续

各种凭证要连续编号，以便查阅。如果凭证已预先印定编号，如发票、支票等重要凭证，在写坏作废时，应加盖“作废”戳记，妥善保管，不得撕毁。

（六）不得任意涂改、刮擦或挖补

原始凭证有错误时应当由出具单位重开或更正，更正处应加盖出具单位印章。原始凭证金额有错误的，应当由出具单位重开，不得在原始凭证上更正。例如，有关现金、银行存款收支业务的凭证，如果填写错误，不能在凭证上更正，应加盖“作废”戳记，重新填写，以免错收错付。

（七）填制及时

各种原始凭证一定要及时填写，并按规定的程序及时送交会计机构、会计人员进行审核，以便及时反映经济业务情况，便于进行日常核算工作。

五、原始凭证的审核

为了如实反映经济业务的发生和完成情况，充分发挥会计监督职能，保证会计信息的真实性、可靠性和正确性，会计机构、会计人员必须对原始凭证进行严格审核。具体包括：

1. 审核原始凭证的真实性

原始凭证作为会计信息的基本信息源，其真实性对会计信息的质量具有至关重要的影响。原始凭证真实性的审核是对凭证日期、业务内容、数据等是否真实进行审查。对外来原始凭证，必须有填制单位公章和填制人的签章；对自制原始凭证，必须有经办部门和经办人员的签名或盖章。此外，对通用原始凭证，还应审核凭证本身的真实性，以防假冒。

2. 审核原始凭证的合法性

审核原始凭证所记录经济业务是否有违反国家法律法规的情况，是否履行了规定的凭证传递和审核程序，是否有贪污腐化等行为。

3. 审核原始凭证的合理性

审核原始凭证所记录经济业务是否符合企业生产经营活动的需要，是否符合有关的计划和预算等。

4. 审核原始凭证的完整性

审核原始凭证各项基本要素是否齐全，是否有漏项情况，日期是否完整，数字是否清晰，文字是否工整，有关人员签章是否齐全，凭证联次是否正确等。

5. 审核原始凭证的正确性

审核原始凭证各项金额的计算及填写是否正确，包括：阿拉伯数字分位填写，不得连写；小写金额前要标明“￥”字样，中间不能留有空位；大写金额前要加“人民币”字样，大写金额与小写金额要相符;凭证中有书写错误的,应采用正确的方法更正,不能采用涂改、刮擦、挖补等不正确的方法。

6. 审核原始凭证的及时性

原始凭证的及时性是保证会计信息及时性的基础。为此,要求在经济业务发生或完成时及时填制有关原始凭证,及时进行凭证的传递。审核时应注意审查凭证的填制日期,尤其是支票、银行汇票、银行本票等时效性较强的原始凭证,更应仔细验证其签发日期。

经审核的原始凭证应根据不同情况处理:

(1)对于审核无误的原始凭证,应及时据以编制记账凭证入账。

(2)对于真实、合法、合理但内容不够完整、填写有错误的原始凭证,应退回有关经办人员,由其负责将有关凭证补充完整、更正错误或重开后,再办理正式会计手续。

(3)对于不真实、不合法的原始凭证,会计机构、会计人员有权不予接受,并向单位负责人报告。

第三节 记账凭证

一、记账凭证的概念

记账凭证又称记账凭单,是会计人员根据审核无误的原始凭证,按照经济业务事项的内容加以归类,并据以确定会计分录后所填制的会计凭证。它是登记账簿的直接依据。

由于原始凭证只表明经济业务的具体内容,不能反映其归类的会计科目和记账方向,再加上原始凭证多种多样,其格式、大小也不尽一致,直接据以记账容易发生差错,因此,要根据原始凭证编制记账凭证,事先确定好应记账户和金额,再据以记账,可避免许多差错,提高会计工作的质量。

记账凭证根据复式记账法的基本原理,确定应借、应贷的会计科目及其金额,将原始凭证中的一般数据转化为会计语言。因此,记账凭证是介于原始凭证与账簿之间的中间环节,是登记明细分类账户和总分类账户的依据。

记账凭证和原始凭证同属于会计凭证,但两者之间存在以下差别:

(1)原始凭证由经办人员或会计人员填制,而记账凭证一律由会计人员填制;

(2)原始凭证是根据发生或完成的经济业务填制的,而记账凭证则是根据审核后的原始凭证填制的;

(3)原始凭证仅用以记录、证明经济业务已经发生或完成情况,而记账凭证则要依据会计科目对已经发生或完成的经济业务进行归类、整理编制;

(4)原始凭证是记账凭证的附件和填制记账凭证的依据,而记账凭证则是登记账簿的依据。

二、记账凭证的基本内容

为了保证登账工作的正确和方便,作为登记账簿依据的记账凭证必须具备以下基本内容:

(1)记账凭证的名称；
(2)记账凭证的编制日期；
(3)记账凭证的编号；
(4)经济业务内容摘要；
(5)会计分录的内容，即应借应贷的账户名称及其金额；
(6)有关人员的签章；
(7)所附原始凭证的张数。

三、记账凭证的种类

(一)记账凭证按照其反映的经济业务内容不同，分为专用记账凭证和通用记账凭证

专用记账凭证是指专门记录某一类经济业务的记账凭证。专用记账凭证按其所记录的经济业务是否与货币资金的收付有关，又可分为收款凭证、付款凭证和转账凭证。

1. 收款凭证

收款凭证是指用于记录现金和银行存款收款业务的会计凭证。其格式见表5—6。

表5—6 **收款凭证**

借方科目________ 年 月 日 字 第 号

摘要	贷方科目		金额	记账符号
	总账科目	明细科目		
合计				

附件 张

会计主管： 记账： 审核： 出纳： 制单：

2. 付款凭证

付款凭证是指用于记录现金和银行存款付款业务的会计凭证。付款凭证的格式见表5—7。

表 5—7 付款凭证

贷方科目__________ 年 月 日 字 第 号

摘 要	借方科目		金 额	记账符号
	总账科目	明细科目		
合 计				

附件 张

会计主管： 记账： 审核： 出纳： 制单：

3. 转账凭证

转账凭证是指用于记录不涉及现金和银行存款业务的会计凭证。其格式见表 5—8。

表 5—8 转账凭证

年 月 日 字 第 号

摘 要	会计科目		借方金额	贷方金额	记账符号
	总账科目	明细科目			
合 计					

附件 张

会计主管： 记账： 审核： 制单：

通用记账凭证是指格式统一、用来记录所有经济业务的记账凭证。某些中、小型企业的经济业务简单，为了简化手续，对于收款业务、付款业务和转账业务均使用统一格式的记账凭证。其格式见表 5—9。

表 5—9 记账凭证

年 月 日 字 第 号

摘 要	会计科目		借方金额	贷方金额	记账符号
	总账科目	明细科目			
合 计					

附件 张

会计主管： 记账： 审核： 出纳： 制单：

(二)记账凭证按照填列科目的数目不同,通常分为复式记账凭证和单式记账凭证

1. 复式记账凭证

复式记账凭证,是指将每一笔经济业务事项所涉及的全部会计科目及其发生额在同一张记账凭证中反映的一种凭证。它是实际工作中应用最普遍的记账凭证。上述收款凭证、付款凭证和转账凭证以及通用记账凭证均为复式记账凭证。

2. 单式记账凭证

单式记账凭证,是指每一张记账凭证只填列经济业务事项所涉及的一个会计科目及其金额的记账凭证。填列借方科目的称为借项凭证,填列贷方科目的称为贷项凭证。

由于单式凭证的使用范围较窄,不再专门介绍。

四、记账凭证的填制要求

(一)记账凭证填制的基本要求

(1)记账凭证各项内容必须完整。

(2)记账凭证应连续编号。

一笔经济业务需要填制两张以上记账凭证的,可以采用分数编号法编号。例如一笔经济业务需要填制三张记账凭证,该记账凭证的顺序号为第 6 号,则这笔业务可编制记字第 6 1/3 号、第 6 2/3 号、第 6 3/3 号三张凭证。每月最后一张记账凭证的编号旁边可加注“全”字,以防凭证发生散失。

(3)记账凭证的书写应清楚、规范,相关要求同原始凭证。

(4)记账凭证可以根据每一张原始凭证填制,或根据多张原始凭证编制。也可以根据原始凭证汇总表填制,但不得将不同内容和类别的原始凭证汇总填制在一张记账凭证上。

(5)除结账和更正错误的记账凭证可以不附原始凭证外,其他记账凭证必须附有原始凭证,将其登记在记账凭证的附单据栏内,并注明所附原始凭证的张数。

(6)填制记账凭证时若发生错误,应当重新填制。

(7)记账凭证填制完后,如有空行,应当自金额栏最后一笔金额数字下的空行处至合计数上的空行处画线注销。

(8)记账凭证应由有关人员签名盖章。

(二)专用记账凭证的填制要求

1. 收款凭证的填制

收款凭证是根据有关现金和银行存款收入业务的原始凭证填制的。左上角的“借方科目”栏按收款的性质填写“库存现金”或“银行存款”;日期填写的是编制本凭证的日期;右上角填写收款凭证的顺序号,如“收字第××号”等;“摘要”栏填写对所记录的经济业务的简要说明;“贷方科目”栏填写与收入现金或银行存款相对应的会计科目;“记账符号”是指该凭证已登记账簿的标记,防止经济业务事项重记或漏记;“金额”栏填写该项经济业务事项的发生额;“合计金额”栏则填写各发生额合计数;该凭证右边“附件 张”是本记账凭证所附原始凭证的张数;最下边分别由有关人员签章,以明确经济责任。

［例5—1］ 安宇公司202×年6月3日向银行借款50 000元存入银行。填制的收款凭证见表5—10。

表5—10 **收款凭证**

借方科目：银行存款　　　202×年6月3日　　　收字第1号

摘　要	贷方科目		金　额	记账符号
	总账科目	明细科目		
向银行借款	短期借款		50 000	
合　计			50 000	

附件1张

会计主管：　记账：　审核：　出纳：　制单：李娟

2. 付款凭证的填制

付款凭证是根据有关现金和银行存款的付款业务的原始凭证填制的。付款凭证的编制方法与收款凭证基本相同，只是左上角由“借方科目”换为“贷方科目”，凭证中间的“贷方科目”换为“借方科目”。

出纳人员对于已经收讫和已经付讫的收付款凭证及其所附的各种原始凭证，都要加盖“收讫”和“付讫”的戳记，以免重收重付。

对于现金和银行存款之间的划转业务，一律填制付款凭证。例如，从银行提取现金，只填写银行存款付款凭证；将现金存入银行，只填写现金付款凭证，以避免重复记账。

［例5—2］ 202×年6月10日，职工王强出差预借差旅费3 000元，以现金支付。编制的付款凭证见表5—11。

表5—11 **付款凭证**

贷方科目：库存现金　　　202×年6月10日　　　付字第8号

摘　要	借方科目		金　额	记账符号
	总账科目	明细科目		
职工借款	其他应收款	王强	3 000	
合　计			3 000	

附件1张

会计主管：　记账：　审核：　出纳：　制单：李娟

3. 转账凭证的填制

转账凭证一般是根据转账业务（不涉及现金和银行存款收支的业务）的原始凭证编制的。转账凭证将经济业务事项中所涉及全部会计科目，按照先借后贷的顺序记入“会计科目”栏中的“一级科目”和“二级及明细科目”，并按应借、应贷方向分别记入“借方金额”或“贷方金额”

栏。其他项目的填列与收、付款凭证相同。

[例 5—3] 202×年 6 月 23 日,购入甲材料一批,价值 6 000 元,增值税额 780 元,材料已验收入库,货款尚未支付。编制的转账凭证见表 5—12。

表 5—12 **转账凭证**

202×年 6 月 23 日 转字第 10 号

摘　要	会计科目		借方金额	贷方金额	记账符号	
	总账科目	明细科目				
购料	原材料	甲材料	6 000			附件1张
	应交税费	应交增值税	780			
	应付账款	×公司		6 780		
合　计			6 780	6 780		

会计主管: 记账: 制单:李娟

(三)通用记账凭证的填制

在业务量少、规模小的单位,可以只使用一种统一格式的通用记账凭证。通用记账凭证的格式和填制方法与转账凭证基本一致。

[例 5—4] 202×年 6 月 28 日,向永乐公司购入乙材料一批,货款 30 000 元,增值税额 3 900 元,以银行存款支付,材料已验收入库。编制的记账凭证见表 5—13。

表 5—13 **记账凭证**

202×年 6 月 28 日 字第 6 号

摘　要	会计科目		借方金额	贷方金额	记账符号	
	总账科目	明细科目				
购料	原材料	乙材料	30 000			附件3张
	应交税费	应交增值税	3 900			
	银行存款			33 900		
合　计			33 900	33 900		

会计主管: 记账: 审核: 出纳: 制单:李娟

五、记账凭证的审核

记账凭证是登记账簿的直接依据。为了保证账簿记录的正确性以及会计信息的质量,必须由有关稽核人员对记账凭证进行认真审核。审核的主要内容包括以下几个方面:

1. 内容是否真实

审核记账凭证是否以原始凭证为依据,所附原始凭证的内容与记账凭证的内容是否一致,经济业务是否合理合法。

2. 项目是否齐全

审核记账凭证各项目的填写是否齐全，如日期、凭证编号、摘要、会计科目、金额、所附原始凭证张数及有关人员签章等。

3. 科目是否正确

审核记账凭证的应借、应贷科目是否正确，是否有明确的账户对应关系，所使用的会计科目是否符合国家统一的会计制度的规定等。

4. 金额是否正确

审核记账凭证所记录的金额与原始凭证的有关金额是否一致、计算是否正确、借贷是否相等。

5. 书写是否正确

审核记账凭证中记录是否文字工整、数字清晰，是否按规定进行更正等。此外，出纳人员在办理收款或付款业务后，在凭证上加盖"收讫"或"付讫"的戳记，以避免重收重付。

第四节 会计凭证的传递与保管

一、会计凭证的传递

会计凭证的传递是指会计凭证从取得或填制时起，经过审核、记账、装订，到最后归档保管时止的整个过程中，在单位内部有关部门和人员之间的传递程序和传递时间。

正确地组织会计凭证的传递，为经济业务的及时处理提供便利和保障，对于及时反映各项经济业务的发生和完成情况，充分发挥会计监督职能的作用，明确经济责任，加强经济管理责任制，合理组织经济活动，都具有重要意义。

由于各种会计凭证所记录的经济业务不尽相同，据以办理的业务手续和所需的时间也不一样。因此，科学地组织会计凭证的传递，应该制定合理的传递程序和传递时间。

（一）会计凭证的传递程序

会计凭证的传递程序因各单位经济业务特点、内部机构的设置以及人员分工情况的不同而异。因此，各单位应根据实际情况，明确规定会计凭证的传递程序。如对各种会计凭证的联次和所流经的必要环节都应该做出合理规定，做到既让有关部门和人员通过会计凭证了解经济活动情况，按规定手续处理经济业务，又要尽量避免会计凭证传递程序中经过的不必要环节，影响传递速度。

（二）会计凭证的传递时间

会计凭证的传递时间是指会计凭证从取得或填制到归档保管的各个环节所经历的时间。会计凭证传递时间的长短因经济业务的内容、性质及办理手续的繁简程度而不同。一般来讲，重要的经济事项有严格的内控制度、较多的控制环节，会计凭证的传递时间相对长些。确定会计凭证的传递时间时，既要保证办理业务手续的必要时间，又要防止不必要的耽搁，如拖延处理和积压凭证，保证会计凭证的及时传递，提高工作效率。

二、会计凭证的保管

会计凭证的保管是指会计凭证登记入账后的整理、装订、归档和存查工作。会计凭证作为记账的依据，是重要的会计档案和历史资料，各单位应予妥善保管，不得丢失、随意抽取或任意销毁，以便日后查阅。会计凭证的保管方法和要求如下：

1. 会计凭证应定期装订成册，防止散失。会计部门在依据会计凭证记账以后，应定期(每天、每旬或每月)对各种会计凭证进行分类整理，将各种记账凭证按照编号顺序，连同所附的原始凭证一起加具封面、封底，装订成册，并在装订线上加贴封签，由装订人员在装订线封签处签名或盖章。

从外单位取得的原始凭证遗失时，应取得原签发单位盖有公章的证明，并注明原始凭证的号码、金额、内容等，由经办单位会计机构负责人、会计主管人员和单位负责人批准后，才能代作原始凭证。若确实无法取得证明的，如车票丢失，则应由当事人写明详细情况，由经办单位会计机构负责人、会计主管人员和单位负责人批准后，代作原始凭证。

2. 会计凭证封面应注明单位名称、凭证种类、凭证张数、起止号数、年度、月份、会计主管人员、装订人员等有关事项，会计主管人员和保管人员应在封面上签章。

3. 会计凭证应加贴封条，防止抽换凭证。原始凭证不得外借，其他单位如有特殊原因确实需要使用时，经本单位会计机构负责人、会计主管人员批准，可以复制。向外单位提供的原始凭证复制件，应在专设的登记簿上登记，并由提供人员和收取人员共同签名、盖章。

4. 原始凭证较多时，可单独装订，但应在凭证封面注明所属记账凭证的日期、编号和种类，同时在所属的记账凭证上应标明“附件另订”及原始凭证的名称和编号，以便查阅。对各种重要的原始凭证，如押金收据、提货单等，以及各种需要随时查阅和退回的单据，应另编目录，单独保管，并在有关的记账凭证和原始凭证上分别注明日期和编号。

每年装订成册的会计凭证，在年度终了时可暂由单位会计机构保管一年，期满后应当移交本单位档案机构统一保管，保管期限 30 年；未设立档案机构的，应当在会计机构内部指定专人保管。出纳人员不得监管会计档案。

5. 严格遵守会计凭证的保管期限要求，期满前不得任意销毁。

复习思考题

1. 什么是会计凭证？会计凭证如何分类？
2. 会计凭证的作用有哪些？
3. 会计凭证整理、保管和查阅的一般要求有哪些？
4. 阐述原始凭证的填制要求。
5. 阐述原始凭证和记账凭证的审核要求。

自测题

一、单项选择题

1. 在一定时期内连续记录若干同类经济业务的会计凭证是(　　)。

A. 原始凭证　　B. 记账凭证　　C. 累计凭证　　D. 一次凭证

2. 外来原始凭证一般是(　　)。

A. 一次凭证　　B. 汇总凭证　　C. 累计凭证　　D. 记账凭证

3. 对于不真实、不合法的原始凭证,应按规定(　　)。

A. 拒绝办理会计手续并上报　　B. 退回重新填制

C. 办理会计手续　　D. 不做反映

4. “限额领料单”属于(　　)。

A. 自制一次凭证　　B. 累计凭证　　C. 外来一次凭证　　D. 原始凭证汇总表

5. 收款凭证的贷方科目可能是(　　)。

A. 库存现金　　B. 银行存款　　C. 管理费用　　D. 其他应收款

6. 非货币资金业务(　　)。

A. 不是会计所反映的内容　　B. 直接引起现金或银行存款的减少

C. 直接引起现金或银行存款的增加　　D. 又称转账业务

7. 下列各项中,属于外来原始凭证的是(　　)。

A. 入库单　　B. 出库单　　C. 银行收款通知单　　D. 发出材料汇总表

8. 会计凭证的传递是指(　　)。

A. 从取得到编制记账凭证到登记账簿过程中的传递

B. 从会计凭证填制到归档保管过程中的传递

C. 从取得原始凭证到登记账簿过程中的传递

D. 从填制记账凭证到编制报表过程的传递

9. 原始凭证的基本内容中,不包括(　　)。

A. 日期及编号　　B. 内容摘要

C. 实物数量及金额　　D. 会计科目

10. 原始凭证和记账凭证的相同点是(　　)。

A. 反映经济业务的内容相同　　B. 编制时间相同

C. 所起作用相同　　D. 经济责任的当事人相同

11. 下列业务中,编制转账凭证的是(　　)。

A. 支付购买材料价款　　B. 支付材料运杂费

C. 收回出售材料款　　D. 车间领用材料

12. 企业现金存入银行,应编制(　　)。

A. 银行存款付款凭证　　B. 现金付款凭证

C. 银行存款收款凭证　　D. 现金收款凭证

二、多项选择题

1. 以下能作为原始凭证的是(　　)。

A. 领料单　　B. 入库单　　C. 购货合同　　D. 购货发票

2. 记账凭证的审核内容主要有(　　)。

A. 与所附原始凭证的内容是否一致　　B. 有关项目是否填列齐全

C. 会计科目与账户对应关系是否正确

D. 所记金额是否同所附原始凭证的合计数相一致

E. 有关人员是否签字或盖章

3. 企业的领料单、入库单是(　　)。

A. 原始凭证　　B. 一次凭证　　C. 自制凭证　　D. 累计凭证

4. 填制记账凭证应根据(　　)。

A. 原始凭证　　B. 原始凭证汇总表　　C. 自制原始凭证　　D. 外来原始凭证

5. 企业购入原材料一批,已验收入库,货款已付,根据这项经济业务所填制的会计凭证是(　　)。

A. 收款凭证　　B. 付款凭证　　C. 收料单　　D. 累计凭证

6. 在填制付款凭证中,借方科目可能涉及(　　)账户。

A. 库存现金　　B. 银行存款　　C. 应付账款

D. 应交税费　　E. 销售费用

7. 一次凭证是(　　)。

A. 原始凭证的一种

B. 经济业务填制的手续一次完成,已填列的凭证不能重复使用

C. 由会计人员根据原始凭证填制的会计凭证

D. 用于记录一项或若干项同类经济业务的原始凭证

8. 转账凭证属于(　　)。

A. 记账凭证　　B. 原始凭证　　C. 专用记账凭证　　D. 通用记账凭证

9. 正确地组织会计凭证传递的意义在于(　　)。

A. 可以及时地反映和监督经济业务的发生和完成情况

B. 合理有效地组织经济活动

C. 有利于原始凭证的编制

D. 可以强化经济管理责任制

10. 填制原始凭证时应做到(　　)。

A. 遵纪守法　　B. 记录真实　　C. 填写认真　　D. 内容完整

11. 会计凭证的保管应做到(　　)。

A. 定期归档以便查阅　　B. 查阅会计凭证要有手续

C. 办理相关手续后方可销毁　　D. 保证会计凭证的安全完整

12. 记账凭证应该(　　)。

A. 由经办业务人员填制　　B. 由会计人员填制

C. 是登记账簿的直接依据　　D. 根据审核无误的原始凭证填制

三、判断题

1. 企业财会部门取得原始凭证后,就可以据以编制记账凭证。(　　)
2. 自制原始凭证是由企业财会部门自行编制的原始凭证。(　　)
3. 一次凭证只能反映一项经济业务,累计凭证可以反映若干项经济业务。(　　)
4. 填制和审核会计凭证是会计实务工作的第一步。(　　)
5. 记账凭证和原始凭证的填制要求是相同的。(　　)
6. 销售商品一批,货款金额共计伍万零玖元肆角整,在填写发票小写金额时,应为￥50 009.4 元。(　　)
7. 记账凭证按其填制方式不同,分为一次凭证和累计凭证。(　　)
8. 对于涉及现金和银行存款之间收、付款业务,一般应编制收款凭证。(　　)
9. 会计凭证登账后,应及时进行整理、装订,归档保管 2 年后可销毁。(　　)
10. 将记账凭证分为收款凭证、付款凭证、转账凭证的依据是凭证填制的手续和凭证的来源。(　　)

业务处理题

晋华公司 202×年 5 月份发生以下经济业务:

(1)5 月 1 日,通过银行向华兴公司预付材料款 2 000 元。

(2)5 月 2 日,收到投资者追加投资 50 000 元,存入银行。

(3)5 月 6 日,销售甲产品 180 000 元,增值税 23 400 元,价税款收到,存入银行。

(4)5 月 8 日,行政管理部门计提固定资产折旧费 1 600 元。

(5)5 月 15 日,采购员王丽预借差旅费 500 元,以现金支付。

(6)5 月 18 日,销售部门发生广告费 12 000 元,以银行存款支付。

(7)5 月 28 日,购买甲材料 10 000 元,增值税 1 300 元,货款未付。

(8)5 月 28 日,结转本月完工产品成本 20 000 元。

(9)5 月 29 日,结转已售产品生产成本 12 000 元。

(10)5 月 30 日,将本月产品销售收入 180 000 元,转入“本年利润”账户的贷方。

要求:根据以上经济业务,分别填制收款凭证、付款凭证和转账凭证。

第六章

会计账簿

学习目标

本章主要介绍账簿的分类、记账规则、错账更正、对账、结账等相关内容。通过本章学习，要求了解账簿的作用，熟悉对账的内容和结账的方法，掌握账簿的分类、记账规则、错账更正方法，重视会计基础工作，培养会计操作技能。

关键概念

会计账簿　日记账　明细分类账　总分类账　对账　结账

第一节　会计账簿概述

一、会计账簿的概念和意义

会计账簿简称为账簿，是指由具有一定格式而又相互联系的账页组成的，以审核无误的会计凭证为依据，据以全面、系统、连续、分类记录和核算各项经济业务的簿籍。

在会计核算工作中，需要设置会计账簿，把分散在会计凭证中的大量零散核算资料加以集中和归类整理，分门别类地记录在账簿中。设置和登记账簿，是编制会计报表的基础，是连续会计凭证与会计报表的中间环节，在会计核算中具有重要的意义。

1. 通过账簿的设置和登记，可以记载、储存会计信息

将会计凭证所记录的经济业务逐笔逐项记入有关账簿，可以全面反映一定时期发生的各项经济活动，及时储存所需要的各项会计信息。

2. 通过账簿的设置和登记，可以分类、汇总会计信息

通过账簿记录，可以将分散在会计凭证上大量的核算资料，按其不同性质加以归类、整理和汇总，以便全面、系统、连续和分类地提供企业资产、负债、所有者权益、收入、费用和利润等会计要素的增减变化情况，及时提供各方面所需要的总括会计信息，为管理决策提供信息。

3. 通过账簿的设置和登记，可以检查、校正会计信息

账簿记录是对会计凭证的进一步整理，也是会计分析、会计检查的重要依据。如账簿中记录的财产物资的账面数可以通过实地盘点的方法，与实存数进行核对，来检查财产物资是否妥善保管，账实是否相符。

4. 通过账簿的设置和登记，可以编报、输出会计信息

会计账簿是对会计凭证的系统化，提供的是全面、系统、分类的会计信息，因而账簿记录是编制会计报表的主要资料来源，账簿所提供的资料是编制会计报表的主要依据。

二、会计账簿与账户的关系

账簿与账户有着十分密切的关系。账户是根据会计科目开设的，账户存在于账簿之中。账簿中的每一账页就是账户的存在形式和载体，没有账簿，账户就无法存在；账簿序时、分类地记载经济业务，是在个别账户中完成的。因此，账簿只是一个外在形式，账户才是它的真实内容。账簿是由若干账页组成的一个整体，而开设于账页上的账户则是这个整体中的个别部分，因而账簿与账户是形式和内容的关系。

三、会计账簿的分类

在会计核算中，账簿的种类是多种多样的，为了便于了解和使用，必须对账簿进行分类。账簿一般可以按其用途、外表形式和账页格式进行划分。

(一)按用途分类

账簿按其用途不同，可分为序时账簿、分类账簿和备查账簿三种。

1. 序时账簿

序时账簿又称日记账，是指按照经济业务发生的时间先后顺序，逐日逐笔登记经济业务的簿籍。日记账的特点是序时登记和逐笔登记。序时账簿通常有两种：一种是用来登记全部经济业务的发生情况的账簿，称为普通日记账；另一种是用来登记某一类经济业务发生情况的账簿，称为特种日记账。在实际工作中，因经济业务的复杂性，一般很少采用普通日记账，应用较为广泛的是特种日记账。为了加强对货币资金的监督和管理，各单位应当设置专门记录和反映现金收付业务及其结存情况的现金日记账以及专门记录和反映银行存款收付业务及其结存情况的银行存款日记账。在我国，大多数单位一般只设现金日记账和银行存款日记账，而不设置转账日记账。

2. 分类账簿

分类账簿又称分类账，是指对各项经济业务按照会计要素的具体类别而设置的分类账簿。分类账簿按其反映内容详细程度的不同，又可以分为总分类账(简称总账)和明细分类账(简称

明细账)。总分类账簿是根据一级会计科目开设账户,用来分类登记全部经济业务,提供各种资产、负债、所有者权益、收入、费用和利润总括核算资料的分类账簿。明细分类账簿通常是根据一级科目所属的二级科目或明细科目开设账户,用来分类登记某一类经济业务,提供明细核算资料的分类账簿。明细分类账是对总分类账的补充和具体化,并受总分类账的控制和统驭。分类账簿提供的核算信息是编制会计报表的主要依据。

分类账簿和序时账簿的作用不同。序时账簿能提供连续系统的信息,反映企业资金运动的全貌;分类账簿则是按照经营与决策的需要而设置的账户,归集并汇总各类信息,反映资金运动的各种状态、形式及其构成。在账簿组织中,分类账簿占有特别重要的地位。因为只有通过分类账簿,才能把数据按账户生成不同信息,满足编制会计报表的需要。

3. 备查账簿

备查账簿简称备查账,是指对某些在序时账簿和分类账簿等主要账簿中都不予登记或登记不够详细的经济业务事项进行补充登记时使用的账簿。备查账簿可以为某项经济业务的内容提供必要的参考资料,加强企业对使用和保管属于他人的财产物资的监督,例如租入固定资产登记簿、受托加工材料登记簿、代销商品登记簿等。备查账簿可以由各单位根据需要进行设置。

备查账簿与序时账簿、分类账簿相比,存在两点不同之处:一是登记依据可能不需要记账凭证,甚至不需要一般意义上的原始凭证;二是账簿的格式和登记方法不同,备查账簿的主要栏目不记录金额,它更注重用文字来表达某项经济业务的发生情况。备查账簿只是对账簿记录的一种补充,它与其他账簿之间不存在严密的依存和钩稽关系。

(二)按外表形式分类

账簿按其外表形式分类,可以分为订本式账簿、活页式账簿和卡片式账簿三种。

1. 订本式账簿

订本式账簿简称订本账,是在启用之前就已将账页装订在一起,并对账页进行了连续编号的账簿。订本账的优点是能避免账页散失和防止抽换账页;其缺点是不能准确地为各账户预留账页,同一本账簿在同一时间内只能由一人登记,不能分工记账。这种账簿一般适用于总分类账、现金日记账、银行存款日记账。

2. 活页式账簿

活页式账簿简称活页账,是由许多分散账页所组成的账簿,使用前可活动地装订在一起,可以随时增页和减页,在一个会计年度结束后才将账页予以装订,加具封面,并给各账页连续编号。其优点是便于分工记账,可以根据记账的需要随时增减账页,比较方便灵活。其缺点是账页容易散失和被抽换。活页账一般适用于明细分类账,如往来款项明细账、费用明细账、材料明细账等。

3. 卡片式账簿

卡片式账簿简称为卡片账,是由许多零散的、存放在卡片箱中的卡片所组成的账簿。使用时按类别排列,按顺序编号,并加盖有关人员的印章。卡片账簿应有专人保管,以保证其安全。卡片账的优缺点与活页账大体相同。在我国,一般只对固定资产明细账采用卡片账,也有少数企业在材料核算中使用材料卡片账。

(三)按账页格式分类

账簿按账页格式的不同,可以分为三栏式账簿、多栏式账簿、数量金额式账簿三种。

1. 三栏式账簿

三栏式账簿是设有借方、贷方和余额三个基本栏目的账簿。各种日记账、总分类账以及资产、债权、债务明细账都可以采用三栏式账簿。三栏式账簿又分为设对应科目和不设对应科目两种。区别是在摘要栏和借方科目栏之间是否有一栏"对应科目",见表6—1。

表6—1　　现金日记账

年		凭证		摘要	对应科目	借方	贷方	余额
月	日	种类	号码					

2. 多栏式账簿

多栏式账簿是在账簿的两个基本栏目借方和贷方按需要分设若干专栏的账簿。其专栏设置在借方还是在贷方,或是两方同时设专栏,以及专栏的数量等,均应根据需要确定。收入、费用明细账一般采用这种格式的账簿,见表6—2。

表6—2　　＿＿＿＿明细分类账

明细科目:

年		凭证号	摘要	(　　)方							
月	日										

3. 数量金额式账簿

数量金额式账簿的借方、贷方和余额三个栏目内,都分设数量、单价和金额三小栏,借以反映财产物资的实物数量和价值量。如原材料、库存商品、产成品等明细账一般采用数量金额式账簿,见表6—3。

表 6—3 ________明细分类账

类别： 最高储备：

品名或规格： 最低储备：

存放地点： 计量单位：

年		凭证号	摘　要	收　入			发　出			结　存		
月	日			数　量	单　价	金　额	数　量	单　价	金　额	数　量	单　价	金　额

第二节　会计账簿的内容、启用和记账规则

一、会计账簿的基本内容

在实际工作中，由于各种会计账簿所记录的经济业务不同，账簿的格式也多种多样，但各种账簿都应具备以下基本内容：

1. 封面

封面主要用来表明账簿的名称，如总分类账、明细分类账、现金日记账、银行存款日记账等。

2. 扉页

扉页主要列明科目索引、账簿启用和经营人员一览表(活页账、卡片账在装订成册后，填列账簿启用和经管人员一览表，格式见表 6—4)。

表 6—4 账簿启用和经管人员一览表

账簿名称： 单位名称：

账簿编号： 账簿册数：

账簿页数： 启用日期：

会计主管： 记账人员：

移交日期			移交人		接管日期			接管人		会计主管	
年	月	日	姓　名	签　章	年	月	日	姓　名	签　章	姓　名	签　章

3. 账页

账页是账簿用来记录经济业务事项的载体，包括账户的名称、登记账户的日期栏、凭证种类和号数栏（记录经济业务内容的简要说明）、金额栏（记录经济业务的金额增减变动情况）、总页次和分户页次等基本内容。

二、会计账簿的启用

账簿是重要的会计档案。为了确保账簿记录的合法性和完整性，明确记账责任，在启用会计账簿时，应当在账簿封面上写明单位名称和账簿名称，并在账簿扉页上附启用表，表内详细载明：单位名称、账簿名称、账簿编号、账簿页数、启用日期、记账人员和会计主管人员姓名，并加盖有关人员的签章和单位公章。更换记账人员时，应办理交接手续，在交接记录内填写交接日期和交接人员姓名并签章，具体格式见表6－4。启用订本式账簿，应当从第一页到最后一页顺序编定页数，不得跳页、缺号。使用活页账页，应当按账户顺序编号，并须定期装订成册；装订后再按实际使用的账页顺序编定页码，另加目录，记录每个账户的名称和页次。

三、会计账簿的记账规则

1. 为了保证账簿记录的准确、整洁，应当根据审核无误的会计凭证登记会计账簿。登记会计账簿时，应当将会计凭证日期、编号、业务内容摘要、金额和其他有关资料逐项记入账内，做到数字准确、摘要清楚、登记及时、字迹工整。每一项会计事项，一方面要记入有关总账，另一方面要记入该总账的所属明细账。账簿记录中的日期，应该填写记账凭证上的日期；以自制原始凭证（如收料单、领料单等）作为记账依据的，账簿记录中的日期应按有关自制凭证上的日期填列。

2. 账簿登记完毕后，要在记账凭证上签名或者盖章，并在记账凭证的“过账”栏内注明账簿页数或画对勾，注明已经登账的符号，表示已经记账完毕，避免重记、漏记。

3. 账簿中书写的文字和数字上面要留有适当的空格，不要写满格，一般应占格距的1/2。这样，在一旦发生登记错误时，能比较容易地进行更正，同时也方便查账工作。

4. 为了保持账簿记录的持久性，防止涂改，登记账簿必须使用蓝黑色墨水或碳素墨水并用钢笔书写，不得使用圆珠笔（银行的复写账簿除外）或者铅笔书写。

5. 在下列情况下，可以用红色墨水记账：

(1)按照红字冲账的记账凭证，冲销错误记录；

(2)在不设借贷等栏的多栏式账页中，登记减少数；

(3)根据国家统一的会计制度的规定可以用红字登记的其他会计记录。

由于会计中的红字表示负数，因而除上述情况外，不得用红色墨水登记账簿。

6. 在登记各种账簿时，应按页次顺序连续登记，不得隔页、跳行。如无意发生隔页、跳行现象，应在空页、空行处用红色墨水画对角线注销，或者注明“此页空白”或“此行空白”字样，并由记账人员签名或者签章。

7. 凡需要结出余额的账户，结出余额后应当在“借或贷”栏目内注明“借”或“贷”字样，以示余额的方向；对于没有余额的账户，应在“借或贷”栏内写“平”字，并在“余额”栏用“0”表示。现金日记账和银行存款日记账必须逐日结出余额。

8. 每一账页登记完毕结转下页时，应当结出本页合计数及余额，写在本页最后一行和下页第一行有关栏内，并在摘要栏内注明“过次页”和“承前页”字样；也可以将本页合计数及金额只写在下页第一行有关栏内，并在摘要栏内注明“承前页”字样，以保持账簿记录的连续性，便于对账和结账。

对需要结计本月发生额的账户，结计“过次页”的本页合计数应当为自本月初起至本页末止的发生额合计数；对需要结计本年累计发生额的账户，结计“过次页”的本页合计数应当为自年初起至本页末止的累计数；对既不需要结计本月发生额也不需要结计本年累计发生额的账户，可以只将每页末的金额结转次页。

第三节　会计账簿的格式和登记方法

一、日记账的格式和登记方法

日记账是按照经济业务发生或完成的时间先后顺序逐笔进行登记的账簿。设置日记账的目的是使经济业务的时间顺序清晰地反映在账簿记录中。

为了加强对货币资金的管理，企事业等单位都应设置现金日记账和银行存款日记账，用以逐日逐笔登记核算并监督现金和银行存款的收入、支出和结存情况。日记账按其所核算和监督经济业务的范围，可分为特种日记账和普通日记账。

普通日记账是按业务发生的时间逐笔登记各项经济业务账簿，核算和监督全部经济业务的发生和完成情况。普通日记账的格式与登记见表6—5。

表6—5　　普通日记账

202×年		凭证		会计科目	摘　要	借　方	贷　方	过　账
月	日	字	号					
5	1	记	1	原材料	购入材料	10 000		
5	3	记	5	应收账款	赊销	5 000		
5	3	记	6	应付账款	赊购		6 000	

特种日记账是用来核算和监督某一类型经济业务的发生和完成情况的账簿。各单位一般应设置特种日记账。常见的特种日记账有现金日记账和银行存款日记账。

(一)现金日记账的格式和登记方法

现金日记账是用来核算和监督库存现金每天的收入、支出和结存情况的账簿，其格式主要采用三栏式。从外表形式看，则采用订本式。现金日记账设借方、贷方和余额三个基本栏目，由出纳人员根据审核后的与现金收付有关的记账凭证，按时间的先后顺序逐日逐笔进行登记，并根据“上日余额＋本日收入－本日支出＝本日余额”的公式，逐日结出现金余额，与库存现金实存数核对，以检查每日现金收付是否有误。

现金日记账的具体登记方法如下：

(1)在日期栏，按照经济业务顺序，根据审核无误的现金收付款凭证，登记实际收付款时间。

(2)在“凭证”栏，登记所根据的收、付款凭证的种类和编号。

(3)“借方”栏根据现金收款凭证登记。

(4)“贷方”栏根据现金付款凭证和引起库存现金增加的银行存款付款凭证登记(从银行提取现金，编制银行存款付款凭证)。

(5)“借或贷”栏登记余额的方向。

(6)“余额”栏，每日终了时，结出余额，出纳人员应将现金日记账账面余额与库存现金实存金额相核对，以检查每日现金收付是否有误，做到日清月结，账实相符。如发现账实不符，应及时查明原因，及时处理。

现金日记账的格式及登记见表 6－6。

表 6－6　　**现金日记账**

202×年		凭证		摘　要	对应科目	借　方	贷　方	借或贷	余　额
月	日	种类	号码						
5	1			月初余额					820
5	3	现付	1	支付电话费	管理费用		500		320
5	8	银付	2	提取现金	银行存款	3 000			3 320
5	10	现付	2	购办公用品	管理费用		280		3 040

(二)银行存款日记账的格式和登记方法

银行存款日记账是用来核算和监督银行存款每日的收入、支出和结余情况的账簿。银行存款日记账应按单位在银行开立的账户和币种分别设置。由出纳人员根据银行存款收款凭证、银行存款付款凭证和现金付款凭证，按经济业务发生时间的先后顺序，逐日逐笔进行登记。

银行存款日记账的格式与现金日记账相同，为三栏式账页，设借方、贷方和余额三个基本栏目。银行存款日记账的登记方法如下：

(1)银行存款日记账中的“年、月、日”“凭证字号”“摘要”等栏，根据有关记账凭证登记。

(2)“结算凭证——种类、号码”栏填写银行存款收支的凭据名称和编号。

(3)“借方”栏根据银行存款收款凭证和引起银行存款增加的现金付款凭证登记(将现金存入银行，只编制现金付款凭证)。

(4)“贷方”栏根据银行存款付款凭证登记。

(5)“借或贷”栏登记余额的方向。

(6)“余额”栏，每日终了时，应分别计算银行存款收入、支出的合计数和本日余额，做到日清日结，以便于检查监督银行存款的收支情况，避免签发空头支票，同时也便于每月末与银行对账单进行核对。

银行存款日记账的具体格式及登记见表6—7。

表6—7　　银行存款日记账

202×年		凭证		摘　要	对应科目	借　方	贷　方	借或贷	余　额
月	日	种类	号码						
5	1			月初余额					65 000
5	2	银收	1	收回货款	应收账款	12 000			77 000
5	5	银付	1	支付广告费	销售费用		6 000		71 000
5	8	银付	2	提取现金	库存现金		3 000		68 000

二、总分类账的格式和登记方法

总分类账能全面、总括地反映和记录经济业务引起的资金运动和财务收支情况，并为编制财务报表提供数据。因此，任何单位都必须设置总分类账。

总分类账采用订本式账簿形式，按照会计科目的编码顺序分别开设账户，并为每个账户预留若干账页。由于总分类账只进行货币量度的核算，通常采用借方、贷方、余额三栏式账簿格式。根据实际需要，总分类账可以设置也可以不设置对方账户(对方科目)栏目。另外，总分类账设置“借或贷”栏，以指明账户的余额在借方还是在贷方。

总分类账可以根据记账凭证逐笔登记，也可以将一定时间内编制的记账凭证进行汇总编制“汇总记账凭证”或“科目汇总表”，然后据以登记。总分类账登记的依据和方法，取决于单位采用何种账务处理程序。总分类账的具体格式及登记见表6—8。

表6—8　　总分类账(三栏式)

会计科目：原材料

202×年		凭证号	摘要	借方	贷方	借或贷	余额
月	日						
5	1		月初余额			借	45 000
5	3	转1	购进	16 000		借	61 000
5	10	银付3	购进	28 000		借	89 000
5	12	转2	领用		14 000	借	75 000
5	20	转10	领用		32 000	借	43 000
5	31		本月合计	44 000	46 000	借	43 000

三、明细分类账的格式与登记方法

各单位应根据经营管理的实际需要，在设置总分类账的基础上，设置相应的明细分类账。明细分类账一般采用活页式账簿形式。各种明细分类账分别按二级科目或明细科目开设账户，用来分类、连续记录有关资产、负债、所有者权益、收入、费用、利润等详细资料。

（一）三栏式明细分类账

三栏式明细分类账是由会计人员根据审核无误的会计凭证，按经济业务发生的先后顺序逐笔登记的。

(1)明细账中的“年、月、日”“凭证字号”“摘要”等栏，根据有关记账凭证登记。

(2)“借方”“贷方”金额栏登记经济业务发生后增加或减少的金额。

(3)“借或贷”栏登记余额的方向。

(4)“余额”栏登记该账户的结余。

三栏式明细分类账的格式及登记见表6—9。

表6—9 应付账款明细分类账

明细科目：华美公司

202×年		凭证号	摘要	借方	贷方	借或贷	余额
月	日						
5	1		月初余额			贷	38 000
5	12	银付6	支付欠款	16 000		贷	22 000
5	25	银付20	支付欠款	22 000		平	0
5	31		本月合计	38 000		平	0

（二）数量金额式明细账

数量金额式明细账，一般是由会计人员和业务人员（如仓库保管员）根据审核无误的会计凭证，按照经济业务发生时间的先后顺序逐笔进行登记。

(1)明细账中的“年、月、日”“凭证字号”“摘要”等栏，根据有关记账凭证登记。

(2)“收入”“发出”栏中的“数量”栏，应根据原始凭证填写实际收入、发出和结存的财产物资的实际数量。

(3)“收入”栏中的“金额”“单价”栏，应根据审核无误的记账凭证和原始凭证登记收入财产物资的金额和单位成本；“发出”栏和“结存”栏中的“单价”栏和“金额”栏，登记时间及登记金额取决于企业所采用的存货发出计价方法和存货的盘存制度。如在采用月末一次加权平均法下，“发出”和“结存”的“单价”栏和“金额”栏一个月只在月末登记一次。

数量金额式明细账的格式及登记见表6—10。

表 6—10 原材料明细分类账

类别:原料及主要材料　　最高储备:

品名或规格:N 材料　　最低储备:

存放地点:　　计量单位:件

202×年		凭证号码	摘　要	收　入			发　出			结　存		
月	日			数量	单价	金额	数量	单价	金额	数量	单价	金额
5	1		月初余额							100	60	6 000
5	3	转 1	购进	80	60	4 800				180	60	10 800
5	10	银付 3	购进	120	60	7 200				300	60	18 000
5	12	转 2	生产领用				100	60	6 000	200	60	12 000
5	20	转 10	生产领用				150	60	9 000	50	60	3 000
5	31		本月合计	200	60	12 000	250	60	15 000	50	60	3 000

(三)多栏式明细分类账

多栏式明细分类账是将属于同一总账科目的各个明细科目合并在一张账页上进行登记,即在这种格式账页的借方或贷方金额栏内按照明细项目设若干专栏。多栏式明细分类账适用于收入、成本费用类科目的明细核算。

在实际工作中,成本费用类科目的明细账,可以只按借方发生额设置专栏,贷方发生额由于每月发生的笔数很少,可以在借方直接用红字冲销。这类明细账也可以将三栏式和多栏式相结合。多栏式明细账的格式见表 6—11。

表 6—11 制造费用明细分类账

二级科目:基本生产车间

202×年		凭证号码	摘　要	借　方					
月	日			办公费	水电费	职工薪酬	折旧费	其　他	合　计
5	10	银付 4	购办公用品	1 000					1 000
5	13	银付 5	电费		3 500				3 500
5	18	银付 8	修理费					460	460
5	31	转 25	分配工资费用			14 400			14 400
5	31	转 26	计提折旧				2 000		2 000
5	31		本月合计	1 000	3 500	14 400	2 000	460	21 360
5	31	转 30	结转制造费用	1 000	3 500	14 400	2 000	460	21 360
5	31		月末余额	0	0	0	0	0	0

四、错账更正

(一)错账的查找方法

一般来说,记账错误会导致账户本期借方发生额与贷方发生额不平衡。总分类账借方余额与贷方余额不平衡、总分类账与所属明细账金额不相等等情况。因此,在发现记账错误时,应首先复查试算平衡表,检查表内金额和方向是否与账户一致;其次,复查总分类账与所属明细分类账本期发生额和余额对照表,如果都无误,则可以采用以下方法进行错账的查找:

1. 顺查法

顺查法,是指按照会计核算程序正常步骤,从原始凭证到记账凭证再到会计账簿最后到试算表,进行查找的方法。

2. 逆查法

逆查法,是指按照与会计核算程序相反的步骤,从试算表到会计账簿再到记账凭证最后到原始凭证,逐步缩小错误的范围,直到找出错误为止的方法。

3. 抽查法

抽查法,是指从全部账簿中,抽查其中部分进行查找错账的方法。

4. 技术查错法

(1)差数法,就是直接从借方发生额合计与贷方发生额合计之间的差额数字来查找错误的方法。

(2)除 2 法,是将账簿记录的借方、贷方之间的差数除以 2,然后在账簿中查找是否有符合商数金额的账户记录,从而发现记账错误的方法。

(3)除 9 法,是指用差数除以 9 来查找错账的方法。此法适用于查找数字位数错位和相邻数字位置颠倒所引起的差错。

(二)错账的更正方法

1. 划线更正法

(1)适用范围

划线更正法适用于结账前发现的,记账凭证正确无误,只是在过账时发生的文字或数字错误,包括数字抄写与计算错误和文字书写方面的错误,比如过账记错方向、金额写错、错写摘要或者过错账户等。

(2)更正的方法与要求

更正时,先在错误的文字或数字正中划一条单红线,表示注销。划线时必须使原有字迹仍可辨认,以备审查。然后将正确的文字或数字用蓝字写在划线处的上方,并由记账人员在更正处盖章,以示负责。使用这一方法应该注意的是:

第一,文字错误可以只划掉错误的文字,数字错误则需划掉整笔数字,不能只划掉其中一个或几个写错的数字。例如,把 6 398.00 元误记为 6 938.00 元,不能只划去其中的“93”,改为“39”,而是应把“6 938.00”全部用单红线划去,并在其上方写上“6 398.00”。

第二,被划掉的文字或数字仍应清晰可辨,不得涂成模糊一片。

2. 红字更正法

红字更正法是指用红字冲销原有错误账户或数字，以更正或调整账簿记录的一种方法。通常有两种情况：

(1)记账后在当年内发现记账凭证所记的会计科目错误或记账方向发生错误，可以采用红字更正法。更正的方法及要求是：

第一步，用红字金额编制一张与原错误记账凭证内容一致(账户名称、记账方向和金额均一致)的记账凭证，在摘要栏中注明"冲销×日×号错误凭证"，填制日期为错账的更正日期，凭证编号按本日已编凭证顺序编号；

第二步，根据上述红字冲销凭证登记有关账户，以冲销原来的错误记录；

第三步，用蓝字编制一张正确的记账凭证，在摘要栏中注明"更正×日×号错误凭证"，作为更正错账的依据；

第四步，根据上述更正凭证以蓝字登记有关账户，以达到正确记录的目的。

[例 6—1] 生产车间领用消耗用材料 4 500 元。

填制记账凭证时，误记为"管理费用"(并已登记入账)

借：管理费用　　　　　　4 500

　贷：原材料　　　　　　　4 500

更正方法如下：

借：管理费用　　　　　　[4 500]

　贷：原材料　　　　　　　[4 500]

然后用蓝字金额填制一张正确的记账凭证，记账凭证如下(用分录表示)：

借：制造费用　　　　　　4 500

　贷：原材料　　　　　　　4 500

(2)会计科目无误而所记金额大于应记金额，从而引起记账错误，可以采用红字更正法。更正的方法与要求是：

第一步，填制一张红字金额为正确金额与错误金额差额的记账凭证(账户及对应关系均与原记账凭证相同)，在摘要栏中注明"冲销×日×号凭证多记金额"；

第二步，根据上述红字凭证，据以用红字金额登记有关账户，冲销多记金额。

[例 6—2] 生产车间领用一般消耗用材料 4 500 元。

填制记账凭证时，将借方账户"制造费用"和贷方账户"原材料"的金额误记为 5 400 元，并已登记入账。

借：制造费用　　　　　　[900]

　贷：原材料　　　　　　　[900]

3. 补充登记法

(1)适用范围

补充登记法适用于记账凭证中应借、应贷的会计科目正确，但所记金额小于应记金额，并已登记入账，而造成的账簿记录金额少记的错账。

(2)更正的方法与要求

第一步，将少记的金额用蓝字填制一张与原记账凭证账户对应关系相同的记账凭证，在摘要栏中注明“补充登记××号凭证少记金额”；

第二步，根据上述凭证用蓝字据以登记有关账户，补记少记金额。

[例 6-3] 生产车间领用一般消耗用材料 5 400 元。

原错误的记账凭证为：

借：制造费用 4 500

  贷：原材料 4 500

更正方法如下：

借：制造费用 900

  贷：原材料 900

五、总分类账和明细分类账的平行登记

(一)平行登记的概念

为了使总分类账与其所属的明细分类账之间能起到统驭与补充的作用，便于账户核对，并确保核算资料的正确、完整，必须采用平行登记的方法，在总分类账及其所属的明细分类账中进行记录。所谓平行登记，就是对发生的每项经济业务，都要以会计凭证为依据，一方面记入有关总分类账户，另一方面记入有关总分类账户所属明细分类账户的方法。

(二)平行登记的要点

(1)同时期；

(2)同方向；

(3)同金额。

(三)平行登记的作用

平行登记意味着把相同的原始会计数据，通过两个相互联系又相互制约的总分类核算系统和明细分类核算系统进行处理，最后使有关指标相符，起着账账核对作用。平行登记记账之后，总分类账与明细分类账之间产生了如下数量关系：

(1)总分类账户期初余额与其所属各明细分类账户期初余额之和相等；

(2)总分类账户本期发生额与其所属各明细分类账户本期发生额总额合计相等；

(3)总分类账户期末余额与其所属各明细分类账户期末余额之和相等。

在实际工作中，可以有效利用这种关系，检查账簿记录的正确性，保证账簿登记工作的顺利进行。

第四节 对账和结账

一、对账

对账就是核对账目。为了保证账簿记录的真实可靠、正确完整，对账簿所记录的有关数据加以检查和核对，这种检查和核对工作在会计上叫对账。对账一般可以分为账证核对、账账核对和账实核对，通常在期末结账前进行。

（一）账证核对

账证核对，是指将会计账簿记录与会计凭证（包括记账凭证和原始凭证）有关内容进行核对。保证账证相符，是会计核算的基本要求之一，也是账账相符、账实相符和账表相符的基础。

（二）账账核对

账账核对，是指将各种会计账簿之间相对应的记录进行核对。账账核对的内容主要包括：

(1)总分类账各账户借方余额合计数与贷方余额合计数核对相符。

(2)总分类账各账户余额与其所属明细分类账各账户余额之和核对相符。

(3)现金日记账和银行存款日记账的余额与总分类账中“库存现金”和“银行存款”账户余额核对相符。

(4)会计部门有关财产物资的明细分类账余额与财产物资保管或使用部门登记的明细账核对相符。

（三）账实核对

账实核对，是在账账核对的基础上，将各种财产物资的账面余额与实存数额进行核对。账实核对的主要内容包括：

(1)现金日记账账面余额与现金实际库存数核对相符。

(2)银行存款日记账账面余额与开户银行对账单核对相符。

(3)各种材料、物资明细分类账账面余额与实存数核对相符。

(4)各种债权债务明细账账面余额与有关债权、债务单位或个人的账面记录核对相符。

二、结账

结账是一项将账簿记录定期结算清楚的账务工作。在一定时期结束时（如月末、季末或年末），为了编制会计报表，需要进行结账。结账的内容通常包括两个方面：一是结清各种损益类账户，并据以计算确定本期利润；二是结清各资产、负债和所有者权益账户，分别结出本期发生额合计和余额。

（一）结账的程序

(1)结账前，必须将本期发生的经济业务事项全部登记入账，并保证其正确性。不得把将要发生的经济业务提前入账，也不得把已经在本期发生的经济业务延期入账。在此基础上，才可保证结账的顺利进行，确保财务报表的正确性。

(2)在本期经济业务全面入账的基础上，根据权责发生制的要求，调整有关账项，合理确定本期应计的收入和应计的费用。

(3)编制结账分录，即将各损益类账户余额全部转入"本年利润"科目，结平所有损益类账户。

(4)结算出资产、负债和所有者权益账户的本期发生额和余额，并结转下期。

完成上述工作后，就可以根据总分类账和明细分类账的本期发生额和期末余额的记录，分别进行试算平衡。

(二)结账的方法

会计期间一般按日历时间划分为月、季、年，结账于各会计期末进行，所以分为月结、季结、年结。现行的结账方法是划线结账法。

1. 月结

月结应在月末进行，是计算账户该月发生额合计并结计月终余额的结账工作。月结时，先在应结账的账户最后一笔记录下画一条通栏红线；然后，在红线下边空行的"摘要"栏内注明"月结"或"本月合计"字样，并于有关栏反映发生额的合计数和月末余额数，在"本月合计"记录行下，再画一条通栏红线，表示月结完成。本月没有发生额的账户，一般不必进行月结。

2. 季结

季结应在每季末进行，是计算账户该季度发生额合计并结计季终余额的结账工作。季度结账一般还用于总账。由于总账在年终结账时要将所有总账结出全年发生额和年末余额，以便于总括反映本年全年各项资金运动情况的全貌并核对账目，而总账在各月只结余额而不结计发生额，因而为减少年终结账的工作量而把工作做在平时，对于总账就要进行季结。即在每季度结束时，应在季末月份月结后，分别结算出本季度借方、贷方本期发生额合计数和期末余额，在"摘要"栏内注明"本季累计"字样，并在该行下面再画一条通栏单红线，以便与下季发生额划分清楚。

3. 年结

年结应在每年末进行，是计算账户该年发生额合计并结计年终余额的结账工作。年度结账时，应在第四季度季结"本季累计"行下一行的"摘要"栏内注明"本年合计"字样，加计全年四个季度的"本季累计"，并计算出年末余额，填入该行的相关金额栏，然后在"本年合计"行下画通栏双红线(称为"封账线")，表示年末封账。

第五节　会计账簿的更换与保管

一、会计账簿的更换

会计账簿的更换是指在会计年度终了，将上年旧账更换为次年新账。更换新账的程序是：年度终了，在本年有余额的账户"摘要"栏内注明"结转下年"字样。在更换新账时，注明各账户的年份，在第一行"日期"栏内写明1月1日；"凭证种类号数"栏空置不填；在新账"摘要"栏内注明"上年结转"字样，将各账户的年末余额直接抄写入新账余额栏内，并注明余额的借贷方向。过入新账的有关账簿余额的结转事项，不需要编制记账凭证。

在新的会计年度建账并不是所有账簿都更换为新的。一般来说，现金日记账、银行存款日记账、总分类账、大多数明细分类账应每年更换一次。但有些财产物资明细账和债权债务明细账，由于材料品种、规格和往来单位较多，更换新账，重抄一遍，工作量较大，因此，可以跨年度使用，不必每年更换一次。第二年使用时，可直接在上年度终了的双红线下面记账。固定资产明细账由于一年内变化不大可以连续使用，各种备查账簿也可以连续使用。

二、会计账簿的保管

会计账簿是会计工作的重要历史资料，也是重要的经济档案，对于企业经营管理及财务分析具有重要的作用。因此，各单位应该按照《会计法》《会计档案管理办法》《会计基础工作规范》等国家会计制度的规定，加强对会计账簿的管理，妥善保管各类账簿，以供日后检查、分析和审计。

账簿的保管应由专人负责，以明确责任，保证账簿的安全和会计资料的完整。账簿的日常保管应由各自分管的记账人员专门保管，未经单位负责人和会计机构负责人(会计主管人员)批准，不许非经营人员翻阅、查看、摘抄和复制，会计账簿除非特殊需要或司法介入，一般不允许携带外出。年终，会计人员应对更换下来的活页账、卡片账装订成册，顺序编号，加具封面封底，登记存档保管。采用电子计算机进行会计核算的单位，应当保存打印出的纸质会计档案。当年形成的会计档案，在会计年度终了后，可暂由会计机构保管一年，期满之后应当由会计机构编制移交清册，移交本单位档案机构统一保管；未设立档案机构的，应当在会计机构内部指定专人保管。

账簿应当按照国家统一规定的保管期限保管，不得在保管期限未满时销毁账簿。各账簿的保管期限为：总分类账、明细分类账、日记账、备查账簿保管期限为30年，固定资产卡片在固定资产报废清理后应继续保存5年。保管期满、需要销毁时，由本单位档案部门提出销毁意见，会同会计部门共同鉴定，严格审查，编造会计档案销毁清册，报经单位负责人批准后由专人监销，并由其在销毁清册上签章并向单位负责人报告。

复习思考题

1. 什么是账簿？账簿的作用是什么？
2. 登记账簿的规则有哪些？
3. 错账更正的方法有哪些？每种方法适用于哪些错误的更正？
4. 对账的内容有哪些？结账的方法有哪些？

自测题

一、单项选择题

1. 按照用途分类，银行存款日记账属于（　　）。

A. 序时账簿　　B. 分类账簿　　C. 活页式账簿　　D. 备查账簿

2. 总账必须采用（　　）。

A. 订本式　　B. 数量金额式　　C. 活页式　　D. 卡片式

3. 记账凭证没有错误，登记账簿时金额多记，采用（　　）最佳。

A. 红字冲销法　　B. 补充登记法　　C. 划线更正法　　D. 其他方法

4. 库存商品明细账一般采用（　　）。

A. 订本式　　B. 三栏式　　C. 多栏式　　D. 数量金额式

5. 从银行提取现金，登记现金日记账的依据是（　　）。

A. 银行存款收款凭证　　B. 银行存款付款凭证

C. 库存现金收款凭证　　D. 库存现金付款凭证

6. 下列账簿中，不需要每年更新的是（　　）。

A. 库存现金日记账　　B. 银行存款日记账　　C. 总账　　D. 卡片账

7. 不可以采用三栏式账页的是（　　）。

A. 总账　　B. 应付账款明细账

C. 现金日记账　　D. 原材料明细账

8. 记账后，如果发现记账错误是由于记账凭证所列示的会计科目有错误引起的，可采用的更正错账方法是（　　）。

A. 红字冲销法　　B. 划线更正法　　C. 补充登记法　　D. A、B均可

9. 总账和明细账之间进行平行登记，原因是总账与明细账的（　　）。

A. 格式相同　　B. 提供指标详细程度相同

C. 反映经济业务的内容相同　　D. 登记时间相同

10. 将账簿划分为序时账簿、分类账簿、备查账簿的依据是（　　）。

A. 账簿的登记方式　　B. 账簿的用途　　C. 账簿登记的内容　　D. 账簿的外表形式

二、多项选择题

1. 按照账簿外表形式的不同，可以分为（　　）。

A. 总分类账簿　　B. 订本式账簿　　C. 活页式账簿　　D. 卡片式账簿

2. 下列各项中，符合账簿登记规则的是（　　）。

A. 使用圆珠笔登记

B. 按页逐行登记，不得隔行跳页

C. 开账之前需要登记“账簿经管人员一览表”

D. 日记账应该逐日逐笔顺序登记

3. 下列账簿中可以采用数量金额式明细账的是(　　)。

A. 应付账款　　B. 库存商品　　C. 原材料　　D. 短期借款

4. 下列明细账中,可以采用多栏式账簿的是(　　)。

A. 制造费用　　B. 管理费用　　C. 销售费用　　D. 库存材料

5. 下列各项中,可以登记银行存款日记账的是(　　)。

A. 银行存款收款凭证　　B. 银行存款付款凭证

C. 现金收款凭证　　D. 现金付款凭证　　E. 转账凭证

6. 企业到银行提取现金500元,此项业务应登记(　　)。

A. 现金日记账　　B. 银行存款日记账　　C. 总账　　D. 明细账

7. 可以作为现金日记账登记依据的有(　　)。

A. 现金收款凭证　　B. 现金付款凭证

C. 银行存款收款凭证　　D. 银行存款付款凭证

8. 登记账簿的要求有(　　)。

A. 账簿书写的文字和数字上面要留适当空距,一般应占格宽的1/2

B. 登记账簿要用圆珠笔、蓝黑或黑色墨水书写

C. 不得用铅笔书写

D. 各种账簿按页次顺序连续登记,不得跳行、隔页

E. 登账后,要在记账凭证上签名或盖章,并注明过账符号

9. 在会计工作中红色墨水可用于(　　)。

A. 记账　　B. 结账　　C. 对账　　D. 冲账

10. 对账的内容包括(　　)。

A. 账证核对　　B. 账表核对　　C. 账账核对　　D. 账实核对

11. 记账后发现记账凭证中应借、应贷会计科目正确,只是金额发生错误,可以用的更正方法有(　　)。

A. 划线更正法　　B. 红字更正法　　C. 补充登记法　　D. 金额更正法

12. 下列账簿中,应当每年更换一次而不能跨年度连续使用的有(　　)。

A. 财产物资明细账　　B. 现金日记账　　C. 总账　　D. 债权债务明细账

E. 固定资产卡片账

三、判断题

1. 备查账簿必须根据审核无误的记账凭证登记。　　(　　)

2. 总账必须每年更换。　　(　　)

3. 总账和明细账采用平行登记法。　　(　　)

4. 银行存款日记账一般需保管15年。　　(　　)

5. 账簿记录文字发生错误,不准涂改、挖补、刮擦或者使用药水消除字迹。　　(　　)

6. 在整个账簿体系中，日记账簿和分类账簿是主要账簿，备查账簿为辅助账簿。 （ ）
7. 账簿即会计账户。 （ ）
8. 总分类账、现金及银行存款日记账一般采用活页式账簿。 （ ）
9. 订本式账簿是指在记完账后，把记过账的账页装订成册的账簿。 （ ）
10. 平行登记要求总账与其相应的明细账必须同一时刻登记。 （ ）

业务处理题

一、晋华公司202×年6月份对账，发现有关经济业务的账簿记录如下：

(1)以现金800元支付企业管理部门日常零星开支。原编记账凭证的会计分录如下：

借：管理费用 800
　贷：库存现金 800

(2)签发转账支票1 800元，支付办公用房租金。原编记账凭证的会计分录如下：

借：销售费用 1 800
　贷：银行存款 1 800

(3)结转本月完工产品成本49 000元。原编记账凭证的会计分录如下：

借：库存商品 94 000
　贷：生产成本 94 000

(4)计提本月生产用固定资产折旧费4 100元。原编记账凭证的会计分录如下：

借：管理费用 1 400
　贷：累计折旧 1 400

(5)用银行存款支付所欠供货单位贷款7 650元，记账凭证无误，过账时误记为6 750元。

要求：

(1)判断上述经济业务的记录是否有误；

(2)分别以适当的更正错账方法予以更正。

二、依据第五章课后业务处理题所编制的收、付款凭证，练习登记现金日记账和银行存款日记账。

第七章

财产清查

学习目标

本章主要介绍财产清查的种类、存货盘存制度、财产清查方法及财产清查结果的财务处理等相关内容。通过本章学习，了解财产清查的意义及财产清查的准备工作，熟悉财产清查的主要方法，掌握存货盘存制度和财产清查结果的财务处理。

关键概念

财产清查　实地盘存制　永续盘存制　未达账项

第一节　财产清查概述

一、财产清查的概念

财产清查是指通过对货币资金、财产物资和往来款项的盘点或核对，确定其实存数，查明账存数与实存数是否相符的一种专门方法。

在实际工作中，由于各种主观与客观因素的影响，往往造成各项财产物资的账面数与实际结存数之间发生差异，从而造成账实不符。一般来说，造成账实不符的原因有以下几种：

(1)在财产物资管理和核算过程中，有关凭证不齐全，或计算、登记上发生错误，如在编制凭证或登记账簿中出现漏记、重记或错记等；

(2)在财产物资收发过程中，由于计量或检验不准确，造成品种、数量或质量上的差错；

(3)由于管理不善或责任者的过失，造成财产物资毁损或短缺；

(4)在财产物资保管、运输过程中,在数量上发生的自然损耗或溢余;

(5)由于遭受自然灾害或意外事件造成财产物资的损失;

(6)由于贪污盗窃、营私舞弊而发生财产物资损失。

二、财产清查的作用

加强财产清查工作,对于加强企业管理、充分发挥会计的监督作用具有重要的意义:

(1)通过财产清查,做到账实相符,保证会计信息的真实性、可靠性,保护各项财产的安全完整。

(2)通过财产清查,可以查明财产物资盘盈、盘亏的原因,落实经济责任,从而完善企业管理制度,挖掘财产物资潜力,提高资金的使用效率,加强资金周转。

(3)通过财产清查,可以发现企业在财产管理方面存在的问题,及时采取措施弥补经营管理中的漏洞,建立健全各项规章制度,提高企业的管理水平。

由此可见,财产清查既是会计核算与监督的一种专门方法,又是企业管理中的一项重要管理制度。

三、财产清查的种类

(一)财产清查按清查对象和范围不同,分为全面清查和局部清查

1. 全面清查

全面清查,是指对全部财产进行盘点和核对。全面清查范围大、内容多、时间长、参与人员多。需要进行全面清查的情况通常主要有:

(1)年终决算之前;

(2)单位撤销、合并或改变隶属关系前;

(3)中外合资、国内合资前;

(4)企业股份制改制前;

(5)开展全面的资产评估、清查核资前;

(6)单位主要领导调离工作前等。

2. 局部清查

局部清查,是指根据需要对部分财产进行盘点和核对,主要是对货币资金、存货等流动性较大的财产的清查。局部清查范围小、内容少、时间短、参与人员少,但专业性较强。需要进行局部清查的主要有:

(1)现金应每日清点一次;

(2)银行存款每月至少同银行核对一次;

(3)债权债务每年至少核对一至两次;

(4)各项存货应有计划、有重点地抽查,贵重物品每月清查一次等。

(二)财产清查按清查的时间不同,分为定期清查和不定期清查

1. 定期清查

定期清查，是指根据计划安排的时间对财产物资进行的清查。定期清查一般在年末、季末或月末结账时进行。清查方式可以是全面清查(年末)，也可以是局部清查(季末、月末)。

2. 不定期清查

不定期清查，是指根据实际需要对财产物资所进行的临时性清查。不定期清查，一般是局部清查。需要进行不定期清查的情况有：

(1)更换财产保管人员时，要对其所保管财产进行清查，以明确经济责任；

(2)发生自然灾害或意外损失时，为了查明损失情况，要对受灾、受损财产进行清查；

(3)上级主管部门及财政、审计部门对本单位进行财会检查；

(4)进行临时性清产核资，对某些要求清查的资产进行清查；

(5)单位撤销、合并或改变隶属关系时，应进行清查。

(三)财产清查按执行单位不同，分为内部清查和外部清查

1. 内部清查

内部清查，是指由企业内部有关领导和人员组成清查小组，对企业的财产物资和往来款项所进行的清查。企业年终进行的全部清查和正常进行的多数不定期清查皆属于内部清查。内部清查可以是全面清查，也可以是局部清查。

2. 外部清查

外部清查，是指由企业外部人员，如上级主管部门、审计机关、财税部门等部门的人员组成清查小组，根据国家有关规定或企业的特殊需要，对企业所进行的清查。例如，企业进行股份制改造时，聘请评估机构所进行的资产评估属于外部清查。外部清查可以是全面清查，也可以是局部清查。

四、财产清查的一般程序

财产清查是一项细致而又复杂的工作，政策性强、涉及面广和工作量大，一般包括准备工作、清查工作和报告工作三个过程。

(一)准备工作

1. 组织准备

为了使财产清查工作顺利进行，会计、财产保管和相关部门应密切配合，做好清查前的各方面准备工作，并抽调有关专业人员组成清查小组。清查人员应学习有关政策规定，掌握有关法律、法规和相关业务知识，以提高财产清查工作的质量。确定清查对象范围，明确清查任务，制定实施方案，具体安排清查内容、时间、步骤、方法和必要的清查前准备，以便有组织、有计划、有步骤地进行财产清查。

2. 业务准备

会计部门在清查之前将所有经济业务全部入账，并核对总账和所属明细账，保证账证相符、账账相符。财产保管部门将截至清查日的所有经济业务，登记实物账，结出实存数；财产规范存放，整齐排列，表明品种、规格和结存数量。相关部门要准备好计量衡器具，并准备好有关清查用的登记表册。

（二）清查工作

清查工作中要注意核对各种实物、货币资金和往来款项的账实是否相符以及有关财产的质量，并填制盘存单。

（三）报告工作

清查工作完毕，整理盘存单，填制清查报告表，将账实核对的结果及其处理意见，书面报告有关部门审批，财务部门根据清查结果和审批情况进行账务处理。

第二节 存货的盘存制度

存货的清查是财产清查工作的重要组成部分。为保证企业存货核算合理性和财产清查工作的顺利进行，企业应采用科学适用的存货盘存制度。存货盘存制度是指通过对存货的盘点、核对，确定存货的实际结存数量的一种制度。在实际工作中，存货的盘存制度有两种：永续盘存制和实地盘存制。

一、永续盘存制

（一）永续盘存制的概念

永续盘存制又称账面盘存制，是通过设置存货明细账，逐笔登记存货的增加数和减少数，并在账簿中随时结算出结存数的一种盘存制度。采用这种盘存制度，会计部门要设置存货总分类账和存货大类二级账，下面按存货品种规格设置明细账，在明细账中对各种存货进行数量、金额双重核算；仓储部门要将存货按品种有序堆放，在显眼处放置标签，并按存货品种规格设置保管账，由保管人员根据收、发货单逐笔登记存货收、发数量，以控制存货的实存数。在永续盘存制下，能够随时了解各种存货的库存情况，便于加强存货的日常管理。

（二）本期发出存货的计价方法和期末存货成本的计算

在实际工作中，同一种存货由于在采购方式、地点及时间的不同而造成单位成本各异，这样就产生了不同的存货计价方法。我国企业会计准则规定，企业在确定发出存货的成本时，可以采用先进先出法、加权平均法和个别计价法。存货计价方法选定后，前后各期应保持一致。

1. 先进先出法

先进先出法是以先购入的存货先发出（销售或耗用）假设为前提，对发出的存货进行计价的一种方法。采用这种方法，按照存货入库顺序，先购入的存货成本先转出，据此确定发出存货成本和期末存货成本。

［例 7—1］ 安宇公司 202×年 6 月份 A 材料的收、发、结存资料如下：

6 月 1 日	期初结存	150 件	单价 20 元	计 3 000 元
6 月 5 日	购进	250 件	单价 24 元	计 6 000 元
6 月 10 日	发出	300 件		
6 月 18 日	购进	400 件	单价 25 元	计 10 000 元
6 月 25 日	发出	420 件		

根据上例，采用先进先出法计算A材料本期发出成本和期末结存成本如下：

本期发出存货成本＝150×20＋150×24＋100×24＋320×25 ＝17 000(元)

期末存货成本＝3 000＋6 000＋10 000－17 000＝2 000(元)

或　期末存货成本＝80×25＝2 000(元)

先进先出法下A材料明细分类账的登记结果见表7－1。

表7－1　　**原材料明细分类账**

品名或规格：A材料　　计量单位：件　　金额单位：元

202×年		摘要	收入			发出			结存		
月	日		数量	单价	金额	数量	单价	金额	数量	单价	金额
6	1	期初结存							150	20	3 000
6	5	购进	250	24	6 000				150 250	20 24	9 000
6	10	发出				150 150	20 24	3 000 3 600	100	24	2 400
6	18	购进	400	25	10 000				100 400	24 25	12 400
6	25	发出				100 320	24 25	2 400 8 000	80	25	2 000
6	30	本月合计	650		16 000	720		17 000	80	25	2 000

采用先进先出法，可以随时确定发出、结存存货成本，保证了成本计算的及时性，并且期末结存存货成本是按最近一批购货成本确定，比较接近市场价值。在物价上涨时期，会高估当期利润和存货价值。

2. 加权平均法

加权平均法包括一次加权平均法和移动加权平均法。

(1)一次加权平均法

一次加权平均法是以本月全部进货成本加月初存货成本，除以本月全部进货数量加月初存货数量，计算出当月存货的加权单位成本，以此为基础计算当月发出存货的成本和期末存货成本的一种方法。其计算公式为：

$$\text{加权平均单价}=\frac{\text{期初存货成本}+\text{本期收入存货成本}}{\text{期初存货数量}+\text{本期收入存货数量}}$$

本期发出存货成本＝本期发出存货数量×加权平均单价

期末存货成本＝期初存货成本＋本期收入存货成本－本期发出存货成本

以例7－1为例，采用一次加权平均法计算A材料本期发出成本和期末结存成本如下：

$$\text{加权平均单价}=\frac{3\ 000+6\ 000+10\ 000}{150+250+400}=23.75(\text{元})$$

本期发出存货实际成本＝(300＋420)×23.75＝17 100(元)

期末存货成本＝3 000＋6 000＋10 000－17 100＝1 900(元)

或 期末存货成本＝80×23.75＝1 900(元)

一次加权平均法下 A 材料明细分类账的登记结果见表 7—2。

表 7—2 原材料明细分类账

品名或规格:A 材料 计量单位:件 金额单位:元

202×年		摘要	收入			发出			结存		
月	日		数量	单价	金额	数量	单价	金额	数量	单价	金额
6	1	期初结存							150	20	3 000
6	5	购进	250	24	6 000				400		
6	10	发出				300			100		
6	18	购进	400	25	10 000				500		
6	25	发出				420			80	23.75	1 900
6	30	本月合计	650		16 000	720	23.75	17 100	80	23.75	1 900

采用一次加权平均法,对于本期发出和结存存货,平时只登记数量,不登记单价和金额,有利于简化成本计算工作,但平时从账簿中看不到存货发出和结存金额,不利于存货成本的日常管理和控制。

(2)移动加权平均法

移动加权平均法是指在每次进货后,立即为存货计算出新的平均单位成本,作为下次发货计价基础的一种方法。其计算公式为:

$$\text{加权平均单价}=\frac{\text{收入存货前结存存货成本}+\text{本期收入存货成本}}{\text{收入存货前结存存货数量}+\text{本期收入存货数量}}$$

$$\text{本期发出存货成本}=\text{本期发出存货数量}\times\text{加权平均单价}$$

以例 7—1 为例,采用移动加权平均法计算 A 材料本期发出成本和期末结存成本如下:

第一批 A 材料购入后:

$$\text{移动加权平均单价}=\frac{3\ 000+6\ 000}{150+250}=22.50(\text{元})$$

第二批 A 材料购入后:

$$\text{移动加权平均单价}=\frac{2\ 250+10\ 000}{100+400}=24.50(\text{元})$$

本期发出存货实际成本＝(300×22.50)＋(420×24.50)＝17 040(元)

期末存货成本＝3 000＋6 000＋10 000－17 040＝1 960(元)

或 期末存货成本＝80×24.50＝1 960(元)

移动加权平均法下 A 材料明细分类账的登记结果见表 7—3。

表 7—3 **原材料明细分类账**

品名或规格:A 材料　　计量单位:件　　金额单位:元

202×年		摘　要	收　入			发　出			结　存		
月	日		数量	单价	金额	数量	单价	金额	数量	单价	金额
6	1	期初结存							150	20	3 000
6	5	购进	250	24	6 000				400	22.5	9 000
6	10	发出				300	22.50	6 750	100	22.5	2 250
6	18	购进	400	25	10 000				500	24.50	12 250
6	25	发出				420	24.50	10 290	80	24.50	1 960
6	30	本月合计	650		16 000	720		17 040	80	24.50	1 960

采用移动加权平均法能及时了解存货的发出和结存情况,有利于存货的日常控制。虽然每次收货都要计算平均单价,计算工作量较大,但由于企业实现财务的信息化管理,所以也不会加重会计人员的工作量。

3. 个别计价法

个别计价法又称个别认定法,是指每次发出存货的实际成本按其购入时的实际成本分别计价的方法。由于采用个别计价法对发出存货必须逐一辨别所属的购进、生产批次,要求核算时对每一存货的品种规格、批次、入账时间、单位成本、存放地点等进行详细记录。

仍以例 7—1 为例。经辨认:6 月 10 日发出 A 材料 300 件中,有 6 月 5 日购进的 250 件和上月购进的 50 件;6 月 25 日发出 A 材料 420 件中,有 6 月 18 日购进的 400 件和上月购进的 20 件。

采用个别计价法计算 A 材料本期发出成本和期末结存成本如下:

本期发出存货实际成本=250×24+50×20+400×25+20×20=17 400(元)

期末存货成本=3 000+6 000+10 000−17 400=1 600(元)

或　期末存货成本=80×23.75=1 900(元)

个别计价法下 A 材料明细分类账的登记结果见表 7—4。

表 7—4 **原材料明细分类账**

品名或规格:A 材料　　计量单位:件　　金额单位:元

202×年		摘　要	收　入			发　出			结　存		
月	日		数量	单价	金额	数量	单价	金额	数量	单价	金额
6	1	期初结存							150	20	3 000
6	5	购进	250	24	6 000				150 250	20 24	9 000
6	10	发出				50 250	20 24	1 000 6 000	100	20	2 000

续表

202×年		摘 要	收 入			发 出			结 存		
月	日		数量	单价	金额	数量	单价	金额	数量	单价	金额
6	18	购进	400	25	10 000				100 400	20 25	12 000
6	25	发出				20 400	20 25	400 10 000	80	20	1 600
6	30	本月合计	650		16 000	720		17 400	80	20	1 600

个别计价法的成本计算比较准确，符合实际情况，但在存货收发频繁情况下，其发出成本分辨的工作量较大。

（三）永续盘存制的优、缺点

永续盘存制的优点是手续严密，通过账簿连续记录，随时掌握存货的收入、发出及结存情况，加强存货的日常管理；通过定期或不定期对各项存货进行实地盘点，并与账面结存数进行核对，能及时发现账存与实存的差异，查明原因并纠正，保证存货的安全完整，加强企业财产物资的监控与管理。永续盘存制的缺点是存货明细核算的工作量较大，耗用的人力、物力也较多。

与实地盘存制相比，永续盘存制在财产物资的管理和控制方面优势明显，因此在实际工作中被大多数企业所采用。

二、实地盘存制

（一）实地盘存制的概念及一般程序

实地盘存制又称以存计耗（销）制，是指平时在有关账簿中只登记存货的增加数，不登记减少数，期末通过实地盘点，确定实存数，然后再倒挤出本期发出数的一种存货盘存制度。

实地盘存制的一般程序为：

（1）按存货品种规格设置明细账，平时在明细账中对各种存货只登记收入的数量、金额。

（2）确定期末存货结存数量。月末，结合企业实际情况，通过实地盘点各类存货，确定存货实际结存数量。

（3）计算期末存货成本。用该种存货期末结存数量乘以该种存货的单价，计算出期末存货成本。存货的单价可采用先进先出法、加权平均法和个别计价法确定。其计算公式为：

期末存货成本＝该种存货期末结存数量×单价

（4）计算本期发出存货成本。计算公式为：

本期发出存货成本＝期初存货成本＋本期收入存货成本－期末结存存货成本

（二）期末存货成本和本期发出存货成本的计算

［例7—2］ 安宇公司对价值较小、收发频繁的材料采用实地盘存制。202×年6月份M材料的月初结存和本月购进资料如下：

6月1日　　期初结存　　1 000件　　单价1.30元　计1 300元

6 月 8 日	购进	2 000 件	单价 1.60 元	计 3 200 元
6 月 20 日	购进	3 000 件	单价 1.20 元	计 3 600 元

月末实地盘点，M 材料库存数量为 220 件。

1. 若按先进先出法计算：

期末存货成本＝220×1.20＝264(元)

本期发出存货成本＝1 300＋3 200＋3 600－264＝7 836(元)

2. 若按加权平均法计算：

$$加权平均单价=\frac{1\ 300+3\ 200+3\ 600}{1\ 000+2\ 000+3\ 000}=1.35(元)$$

期末存货成本＝220×1.35＝297(元)

本期发出存货成本＝1 300＋3 200＋3 600－297＝7 803(元)

3. 若按个别计价法计算(月末结存 M 材料 220 件全部为 6 月 8 日购进)：

期末存货成本＝220×1.60＝352(元)

本期发出存货成本＝1 300＋3 200＋3 600－352＝7 748(元)

(三)实地盘存制的优、缺点

实地盘存制的优点是平时不记录存货的发出数和结存数，简化了存货的明细核算工作；其缺点是不能随时反映存货的收入、发出和结存的动态，不利于对存货的日常监督和管理，不能及时和正确地反映耗用成本，影响成本结转的及时性。此外，实地盘存制将存货的非正常短缺、毁损及被盗等原因产生的损失，也作为正常减少数，不利于存货的管理。实地盘存制一般适用于品种较多、价值较低的存货的核算，或损耗较大的鲜活商品的核算。

第三节　财产清查的方法

由于货币资金、实物资产和往来款项等各有不同的特点，在进行财产清查时，应采用不同的方法。

一、货币资金的清查方法

(一)现金的清查方法

对现金清查采用的方法是实地盘点法。通过盘点库存现金的实存数，然后再与现金日记账的账面余额相核对，确定账实是否相符。清查时，出纳人员必须在场，现金由出纳人员经手盘点，清查人员从旁监督，并填写“现金盘点报告表”(见表 7－5)，并由盘点人员和出纳员签章。同时，清查人员还应认真审核现金收付凭证和现金日记账，检查账务处理是否合理合法，账簿记录有无错误，以确定账存与实存是否相符。

表 7—5

库存现金盘点报告表

年 月 日

库存金额	账存金额	对比结果		备 注
		溢 余	短 缺	

负责人签章： 盘点人签章： 出纳员签章：

(二)银行存款的清查方法

1. 银行存款的清查方法

银行存款的清查是采用与开户银行核对账目的方法进行的，即将本单位银行款日记账的账簿记录与开户银行转来的对账单进行核对，来查明银行存款的实有数额。清查时，要将企业的银行存款日记账与银行定期送来的对账单进行逐笔核对，以查明账实是否相符。银行存款日记账与开户银行转来的对账单不一致的原因有两个方面：一是双方或一方记账有错误；二是存在未达账项。

2. 未达账项

所谓未达账项，是指企业与银行之间，由于凭证传递上的时间差，一方已登记入账，而另一方因尚未接到凭证因而未登记入账的款项。具体地说，未达账项大致有下列四种情况：

(1)企业已记收款，银行未记收款；

(2)企业已记付款，银行未记付款；

(3)银行已记收款，企业未记收款；

(4)银行已记付款，企业未记付款。

上述任何一种未达账项的存在，都会使企业银行存款日记账余额与银行对账单余额不相符。其中，在(1)(4)两种情况下，会使企业账面的存款余额大于银行对账单的余额；在(2)(3)两种情况下，又会使企业账面余额小于银行对账单的余额。因此，在清查银行存款时，如出现未达账项，应通过编制银行存款余额调节表进行调整。

3. 银行存款余额调节表的编制

[例 7—3] 安宇公司 202×年 6 月 30 日银行存款日记账余额为 413 280 元，银行对账单余额为 418 900 元。经逐笔核对，双方记账均无差错，但发现有下列未达账项：

(1)6 月 28 日，企业收到转账支票一张，计 46 800 元，企业已作存款收入登记入账，银行尚未入账。

(2)6 月 29 日，企业开出转账支票一张，计 70 200 元，用以支付供货单位货款，企业已作存款付出登记入账，银行尚未入账。

(3)6 月 30 日，银行已付给企业存款利息 800 元，银行已登记入账，而企业未收到收款通知，尚未入账。

(4)6 月 30 日，银行代企业付水电费 18 580 元，银行已登记入账，而企业尚未收到付款通知，尚未入账。

根据以上未达账项，编制银行存款余额调节表，如表 7—6 所示。

表 7—6 银行存款余额调节表

202×年 6 月 30 日 单位：元

项　目	金　额	项　目	金　额
企业银行存款日记账余额	413 280	银行对账单余额	418 900
加：银行已收，企业未收	800	加：企业已收，银行未收	46 800
减：银行已付，企业未付	18 580	减：企业已付，银行未付	70 200
调节后余额	395 500	调节后余额	395 500

银行存款余额调节表的编制方法，是双方在账面余额的基础上各自补记对方已记账、本单位未记账的金额(包括增加金额和减少金额)，经过调整以后的双方账面余额应该相等，说明双方记账均无错误。根据双方账面余额和未达账项调整后的余额，是企业实际可使用的存款数额。

需要说明的是，银行存款双方余额调节相符后，对未达账项一般暂不作账务处理。对银行已入账而企业未入账的各项经济业务，不能根据银行存款余额调节表来编制会计分录，而必须在收到银行转来的有关原始凭证后方可编制记账凭证登记入账。因此，银行存款余额调节表只是为核对银行存款余额而编制的一个工作底稿，不能作为实际记账的凭证，它只是及时查明本企业和银行双方账目记载有无差错的一种清查方法。企业应对长期存在的未达账项，查明原因，及时处理。

二、实物资产的清查方法

实物资产包括原材料、在产品、库存商品等存货以及固定资产等。由于实物的形态、体积、重量、码放方式等不同，采用的清查方法也不同。主要有以下几种：

(1)实地盘点法，是指在财产物资堆放现场进行逐一清点数量或用计量仪器确定实存数的一种方法。该方法数字准确可靠，但工作量较大。

(2)技术推算盘点法，是指利用技术方法推算财产物资实存数的方法，适用于煤炭、砂石等大宗物资的清查。此方法盘点数字不够准确，但工作量较小。

(3)抽样盘存法，是指对于数量多、重量均匀的实物资产，可以采用抽样盘点的方法，确定财产的实有数额。

对各项财产物资的盘点结果，应逐一填制“盘存单”，并同账面余额记录核对，确认盘盈、盘亏情况。填制“实存账存对比表”，作为调整账面记录的原始凭证。“盘存单”及“实存账存对比表”的格式见表 7—7、表 7—8。

表 7—7

盘存单

单位名称： 存放地点： 编号：

财产类别： 盘点时间：

序号	名称	规格	计量单位	盘点数量	单价	金额	备注

盘点人签章： 保管人签章：

表 7—8

实存账存对比表

单位名称： 年 月 日

序号	名称	规格	计量单位	实存		账存		盘盈		盘亏		备注
				数量	金额	数量	单价	数量	金额	数量	金额	

盘点人签章： 会计签章：

三、往来款项的清查方法

往来款项主要包括应收款、应付款、暂收款等款项。往来款项一般采用函证核对方法(见表 7—9)进行清查。具体步骤为：

表 7—9

函证信

××单位：

本公司与贵单位的业务往来款项有下列各项目。为了核对账目，特函请查证是否相符，请在回执联中注明后盖章寄回。

往来结算款项对账单

单位：	地址：	编号：	
会计科目名称	截止日期	经济事项摘要	账面余额

第一，将本单位的往来款项核对清楚，确认总分类账与明细分类账的余额相等，各明细分类账的余额准确无误。

第二，在保证往来账户记录完整正确的基础上，编制“往来款项清查表”(见表 7—10)，寄往各有关单位。“往来款项清查表”的格式一般为一式两联，其中一联作为回单，对方单位核对后退回，盖章表示核对相符，如不相符由对方单位另外说明。

表 7—10　　往来款项清查表

总分类账户名称：　　年　月　日

明细分类账户		清查结果		核对不符原因分析			备　注
名　称	账面余额	核对相符金额	核对不符金额	未达账项金额	有争议款项金额	其　他	

第三，收到上述回单后，应据此编制“往来款项清查表”（见表 7—10）。注明核对相符与不相符的款项，对不符的款项按有争议、未达账项、无法收回等情况归类合并，针对具体情况及时采取措施予以解决。

第四节　财产清查结果的账务处理

一、财产清查结果处理的程序

（一）财产清查结果处理的要求

为发挥财产清查的积极作用，各单位应做好财产清查结果的处理工作，具体要求包括以下方面：

(1)分析产生差异的原因和性质，提出处理建议；

(2)积极处理多余积压财产，清理往来款项；

(3)总结经验教训，建立健全各项管理制度；

(4)及时调整账簿记录，保证账实相符。

（二）财产清查结果处理的步骤

财产清查的结果有三种情况：第一种情况是实存数等于账存数，即账实相符；第二种情况是实存数大于账存数，即盘盈；第三种情况是实存数小于账存数，即盘亏。对于第一种情况，不需要作会计处理，但对第二、第三种情况就要进行账务处理，一般分两个步骤进行：

1. 审批之前的处理

对于财产清查中发现的盘盈、盘亏，在报经有关领导审批之前，应基于客观性原则，根据“账存实存对比表”“盘点报告表”等已经查实的数据资料，编制记账凭证，记入有关账簿，使账簿记录与实际盘存数相符，同时根据企业的管理权限，将处理建议报股东大会或董事会或经理（厂长）会议或类似机构批准。

2. 审批之后的处理

当有关领导部门对所呈报的财产清查结果提出处理意见后，应严格按批复意见进行账务处理,编制记账凭证,登记有关账簿,并追回由于责任者个人原因造成的损失。

二、账户设置

为了反映和监督企业在财产清查过程中所发现的各项财产物资的盘盈、盘亏和毁损情况,需要设置和运用“待处理财产损溢”账户进行核算。

“待处理财产损溢”账户为资产类账户,用以反映在财产清查中发生的、不作为前期差错的流动资产、固定资产盘盈、盘亏及处理情况。其贷方登记待处理财产物资的盘盈数及经批准后转销的盘亏数,借方登记待处理财产物资的盘亏和毁损数及经批准后转销的盘盈数。期末结转后该账户应无余额。为了便于对固定资产损溢和流动资产损溢的处理,该账户设置“待处理固定资产损溢”和“待处理流动资产损溢”两个明细账户。

经批准后根据差异发生的原因和批准处理意见,将处理结果编制会计分录,并据以登记有关账簿,进行差异处理,调整账项。

三、财产清查结果的账务处理

针对在财产清查过程中出现的盘盈、盘亏、财产毁损、坏账等情况,为保证会计信息真实可靠,需要对上述账实不符的情况进行相应的账务处理。

(一)库存现金清查结果的账务处理

库存现金清查中发现库存现金短缺或溢余时,应按具体情况进行处理:

1. 库存现金溢余时,首先借记“库存现金”科目,贷记“待处理财产损溢”账户;待批准后,如果属于多收或少付其他单位或个人的部分,借记“待处理财产损溢”账户,贷记“其他应付款”账户;无法查明原因的部分,借记“待处理财产损溢”账户,贷记“营业外收入”账户。

2. 库存现金短缺时,首先借记“待处理财产损溢”账户,贷记“库存现金”账户;待批准后,分别不同情况对“待处理财产损溢”进行相应的结转处理。

(1)属于出纳等管理人员过失造成的损失部分,应由其个人承担,借记“其他应收款——某责任人”账户,贷记“待处理财产损溢”账户;

(2)不明原因造成的损失部分,一般转作管理费用,即借记“管理费用”账户,贷记“待处理财产损溢”账户。

[例 7—4] 安宇公司在现金清查中发现现金溢余 800 元。

根据“库存现金盘点报告表”,编制记账凭证.会计分录如下:

借:库存现金 800

　贷:待处理财产损溢——待处理流动资产损溢 800

若查明原因,属于应支付给有关人员或单位的现金。会计分录如下:

借:待处理财产损溢——待处理流动资产损溢 800

　贷:其他应付款——××个人或单位 800

若经核查,确实无法查明原因,报经批准转作营业外收入。

[例 7—5] 安宇公司在现金清查中发现现金短缺 500 元。

根据“库存现金盘点报告表”，编制记账凭证。会计分录如下：

借：待处理财产损溢——待处理流动资产损溢　　500

　贷：库存现金　　500

若查明原因，短缺现金属出纳员王×的责任造成，由其负责赔偿。会计分录如下：

借：其他应收款——王×　　500

　贷：待处理财产损溢——待处理流动资产损溢　　500

（二）实物资产清查结果的账务处理

1. 存货清查结果的账务处理

存货盘盈时，批准前，应借记有关存货账户，贷记“待处理财产损溢”账户；由于存货出现盘盈情况，多属于收发计算及核算错误等原因造成的，批准后，应冲减管理费用，即借记“待处理财产损溢”账户，贷记“管理费用”账户。

存货盘亏时，批准前，应借记“待处理财产损溢”账户，贷记有关存货账户；待批准后，分别不同情况对“待处理财产损溢”进行相应的结转处理。

属于自然损耗产生的定额内损失，经批准可列作管理费用；属于超定额的短缺和损失，能确定过失人的，应由过失人负责赔偿；属于保险理赔责任范围的，应由保险公司赔偿。将扣除过失人、保险赔款以及残料价值后的损失计入管理费用；属于自然灾害造成的非常损失，在扣除保险赔款以及残料价值后，余额应作为当期损失，记入“营业外支出”账户。

［例7—6］ 安宇公司在财产清查中发现甲材料盘盈100千克，每千克10元，计1 000元。

审批前，根据“实存账存对比表”编制记账凭证，调整账面记录。会计分录如下：

借：原材料——甲材料　　1 000

　贷：待处理财产损溢——待处理流动资产损溢　　1 000

经查明，甲材料盘盈是因计量不准造成，经批准冲减本月管理费用。会计分录如下：

借：待处理财产损溢——待处理流动资产损溢　　1 000

　贷：管理费用　　1 000

［例7—7］ 安宇公司在财产清查过程中，盘亏乙材料100千克，单价12元，经查明属于定额内损耗。

审批前，根据“实存账存对比表”编制记账凭证，调整账面记录，会计分录如下：

借：待处理财产损溢——待处理流动资产损溢　　1 200

　贷：原材料——乙材料　　1 200

审批后，记入“管理费用”账户，会计分录如下：

借：管理费用　　1 200

　贷：待处理财产损溢——待处理流动资产损溢　　1 200

［例7—8］ 安宇公司在财产清查过程中，发现毁损丙材料500件，单价8元。经查明由于管理人员张×工作失职造成，应由责任人赔偿1 000元，毁损丙材料残值作价200元。

审批前，根据“实存账存对比表”编制记账凭证，调整账面记录。由于纳税人购进的货物发生非正常损失，已经抵扣的进项税额必须转出，编制会计分录如下：

借:待处理财产损溢——待处理流动资产损溢　4 520
　贷:原材料——丙材料　4 000
　　应交税费——应交增值税(进项税额转出)　520

审批后,根据不同情况进行账务处理:

由责任人赔偿的部分,会计分录如下:

借:其他应收款——张×　1 000
　贷:待处理财产损溢——待处理流动资产损溢　1 000

毁损丙材料残值入库,会计分录如下:

借:原材料——丙材料　200
　贷:待处理财产损溢——待处理流动资产损溢　200

扣除赔偿和残值后的毁损数,记入"管理费用"账户,会计分录如下:

借:管理费用　3 320
　贷:待处理财产损溢——待处理流动资产损溢　3 320

2. 固定资产清查结果的处理

固定资产盘盈时,作为前期差错处理,经核实批准后,直接通过"以前年度损益调整"账户处理;固定资产盘亏时,在批准前应先通过"待处理财产损溢"账户进行核算,批准以后再根据盘亏的各种原因,对"待处理财产损溢"分别进行结转处理。

(1)属于过失人造成的,应由过失人负责赔偿;属于保险责任范围的,应向保险公司索赔,在会计上做其他应收款处理。

(2)盘亏固定资产确实无法查明原因的,报经主管领导批准后核销,按净值记入"营业外支出"账户。

盘亏的固定资产,应办理注销手续,并将"固定资产卡片"从原来的归类中抽出,另行保管,同时还应在"固定资产登记簿"上做相应的记录。

[例7—9] 安宇公司在财产清查过程中,发现账外全新机器设备一台,其重置价值为50 000元。

根据"实存账存对比表"编制记账凭证,调整账面记录。会计分录如下:

借:固定资产　50 000
　贷:以前年度损益调整　50 000

[例7—10] 安宇公司在财产清查过程中,发现盘亏机器设备一台,其原值为35 000元,已提折旧5 000元。

审批前,先根据"实存账存对比表"编制记账凭证,调整账面记录。会计分录如下:

借:待处理财产损溢——待处理固定资产损溢　30 000
　　累计折旧　5 000
　贷:固定资产　35 000

审批后,将盘亏的机器设备的净值计入营业外支出。会计分录如下:

借：营业外支出　　30 000

　贷：待处理财产损溢——待处理固定资产损溢　　30 000

（三）往来款项清查结果的账务处理

往来款项的清查重点是应收、应付款项。在财产清查过程中发现的确实无法收回的应收账款以及由于债权单位撤销或不存在等原因造成的确实无法支付的应付账款，不通过“待处理财产损溢”账户核算，而是在报经批准后直接转销。

[例 7—11] 安宇公司在财产清查过程中，查明应收账款 3 200 元，因对方单位撤销，确实无法收回，报经批准后核销。

根据“往来款项清查表”编制记账凭证，调整账面记录。会计分录如下：

借：坏账准备　　3 200

　贷：应收账款——××单位　　3 200

“坏账准备”账户是“应收账款”账户的备抵账户。企业出于会计信息谨慎性的考虑，对应收账款可能发生的坏账计提坏账准备。在期末计提坏账准备时，编制的会计分录为：借记“资产减值损失”账户，贷记“坏账准备”账户。等实际发生坏账时，再冲减坏账准备。

[例 7—12] 安宇公司在财产清查过程中，查明应付账款 1 620 元，确实无法支付，报经批准后核销。

根据“往来款项清查表”编制记账凭证，调整账面记录。会计分录如下：

借：应付账款——××单位　　1 620

　贷：营业外收入　　1 620

复习思考题

1. 什么是财产清查？造成账实不符的原因通常有哪些？
2. 银行存款采用什么方法进行清查？什么是未达账项？未达账项有哪些基本类型？
3. 财产清查的方法有哪些？
4. 存货盘存制度有哪几种？各有什么优缺点？
5. 阐述“待处理账户损溢”账户的具体应用。
6. 简述发出存货的计价方法。

自测题

一、单项选择题

1. 对于大量、成堆、难以清点的财产物资，应采用的清查方法是（　　）。

　A. 技术推算法　　B. 发函询证法　　C. 实地盘点法　　D. 抽样盘点法

2. 永续盘存制的优点是（　　）。

　A. 有利于加强存货的日常管理

B. 简化了存货的日常核算工作

C. 在品种规格多的企业,存货明细核算的工作量小

D. 省去了记录存货发出的经济业务

3. “实存账存对比表”是调整账面记录的(　　)。

A. 原始凭证　B. 记账凭证　C. 转账凭证　D. 累计凭证

4. 采用实地盘存制,平时账簿记录中不能反映的是(　　)。

A. 财产物资的盘盈数额　B. 财产物资的减少数额

C. 财产物资的购进业务　D. 财产物资的增加和减少数额

5. 对于现金的清查,应将其结果及时填列(　　)。

A. 盘存单　B. 实存账存对比表　C. 对账单　D. 现金盘点报告表

6. 由于管理不善、收发计量不准确等而产生的定额内损耗,造成的流动资产损失,应转作(　　)。

A. 管理费用　B. 生产成本　C. 营业外支出　D. 其他应收款

7. 若期末企业银行存款日记账余额是 40 000 元,银行送来的对账单是 42 425 元,经对未达账项调节后的余额为 43 925 元,则企业在银行的实有存款是(　　)元。

A. 40 000　B. 43 925　C. 42 425　D. 3 925

8. “待处理财产损溢”账户的期末余额(　　)。

A. 可能在借方,也可能在贷方　B. 一般无余额

C. 一定在借方　D. 一定在贷方

9. 现金清查的方法是(　　)。

A. 技术推算法　B. 实地盘点法　C. 询证核对法　D. 抽样盘点法

10. 一般而言,单位撤销、合并时,要进行(　　)。

A. 定期清查　B. 全面清查　C. 局部清查　D. 实地清查

11. 对财产物资的收发都有严密的手续,且在账簿中有连续的记载便于确定结存的制度是(　　)。

A. 实地盘存制　B. 永续盘存制　C. 权责发生制　D. 收付实现制

12. 对债权债务的清查应采用的方法是(　　)。

A. 询证核对法　B. 实地盘点法　C. 技术推算法　D. 抽样盘点法

13. 固定资产盘盈的账务处理中可能涉及的科目有(　　)。

A. 其他业务收入　B. 营业外收入

C. 待处理财产损溢　D. 以前年度损益调整

二、多项选择题

1. 财产清查的盘存制度有(　　)。

A. 权责发生制　B. 永续盘存制　C. 实地盘存制　D. 收付实现制

2. 财产清查按照对象和范围,可分为(　　)。

A. 定期清查　　B. 不定期清查　　C. 全面清查　　D. 局部清查

3. 以下项目中,应采用函证核对法的是(　　)。

A. 原材料　　B. 银行存款　　C. 应收账款　　D. 应付账款

4. 使企业银行存款日记账余额小于银行对账单余额的未达账项是(　　)。

A. 银行先收款记账而企业未收款未记账的款项

B. 企业先收款记账而银行未收款未记账的款项

C. 企业先付款记账而银行未付款未记账的款项

D. 银行先付款记账而企业未付款未记账的款项

E. 银行和企业同时收款的款项

5. 定期清查的时间一般是(　　)。

A. 月末　　B. 季末

C. 企业、单位撤销时　　D. 年末

6. 关于全面清查的说法,下列选项中正确的有(　　)。

A. 全面清查是对所有的财产进行全面盘点和核对

B. 对于各种贵重物资,应当每月盘点一次

C. 在清查核资时,为了准确核对资产,需要进行全面清查

D. 对于银行存款、借款,每月应当与银行核对一次

E. 对于库存现金,每日终了应由出纳员清查核对

7. 借记"待处理财产损溢"账户,贷记有关账户,所反映的经济业务可能是(　　)。

A. 发现的盘盈　　B. 发现的盘亏　　C. 批准处理的盘亏或发现的盘盈

D. 批准处理的盘盈或发现的盘亏　　E. 批准处理的盘亏或发现的盘亏

8. 库存现金盘亏的账务处理中可能涉及的科目有(　　)。

A. 库存现金　　B. 管理费用　　C. 其他应收款　　D. 营业外支出

9. 财产清查按照清查的时间可分为(　　)。

A. 全面清查　　B. 局部清查　　C. 定期清查　　D. 不定期清查

10. 造成银行存款账户余额大于银行对账单余额的情况有(　　)。

A. 企业已收,银行未收　　B. 企业已付,银行未付

C. 银行已收,企业未收　　D. 银行已付,企业未付

11. "银行存款余额调节表"是(　　)。

A. 原始凭证　　B. 只起到对账作用

C. 银行存款清查的方法　　D. 调整账面记录的原始凭证

12. 财产清查结果的处理步骤是(　　)。

A. 核准数字,查明原因　　B. 调整凭证,做到账实相符

C. 调整账簿,做到账实相符　　D. 批准后进行账务处理

13. 财产清查中查明的各种财产物资的盘亏,根据不同的原因,报经审批后可能列入的账户有(　　)。

A. 营业外收入　　B. 营业外支出　　C. 其他应收款　　D. 管理费用

14. 发出存货的计价方法有(　　)。

A. 先进先出法　　B. 加权平均法　　C. 后进先出法　　D. 个别计价法

三、判断题

1. 财产清查时,如发现账存数小于实存数,即为盘亏。(　　)
2. 往来款项的清查采用实地盘点法。(　　)
3. 造成账实不符的原因,是工作上的差错。(　　)
4. 年度决算之前要进行全面清查,这属于定期清查。(　　)
5. 固定资产的清查采用实地盘点法。(　　)
6. 核对账目法适用于短期借款的清查。(　　)
7. 对于现金的清查,一般采用实地盘点法。(　　)
8. 财产物资的盘存制度有永续盘存制和实地盘存制。(　　)
9. 会计部门要在财产清查之前将所有的经济业务登记入账并结出余额,做到账账相符、账证相符,为财产清查提供可靠的依据。(　　)
10. 对在银行存款清查时出现的未达账项,可编制银行存款余额调节表来调整,该表是调节账面余额的原始凭证。(　　)

业务处理题

一、晋华公司202×年7月30日的银行存款日记账账面余额为582 700元,银行对账单上企业存款余额为575 700元,经逐笔核对,发现有以下未达账项:

(1)7月26日,企业送存购货单位签发的转账支票14 000元,企业已登账,银行尚未登记入账。

(2)7月27日,企业开出转账支票2 000元,持票人尚未到银行办理转账,银行尚未登账。

(3)7月28日,企业委托银行代收款项5 500元,银行已收款入账,但企业未接到银行的收款通知,因而未登记入账。

(4)7月29日,银行代企业支付水电费500元,企业尚未接到银行的付款通知,故未登记入账。

要求:根据以上有关内容,编制"银行存款余额调节表"。

二、晋华公司企业202×年8月30日进行财产清查,发生下列业务:

(1)发现盘盈A材料320千克,每千克2元。经查明是由于计量错误所造成的,对盘盈的A材料做出报批前和报批后的账务处理。

(2)发现盘亏B材料100吨,每吨200元。经查明,属于定额内合理损耗的共计1 000元;属于由过失责任人赔偿的共计8 000元;其余的属于自然灾害造成的损失,由保险公司赔偿6 000元。对B材料的盘亏进行报批前和报批后的账务处理。

(3)在财产清查中,发现盘盈机器设备一台,目前市场上同类机器的价格为 30 000 元,六成新,对盘盈的固定资产进行账务处理。

(4)在现金清查中发现现金短缺 300 元。经查明,短缺现金属于出纳员责任造成,由其负责赔偿,对盘亏的现金进行报批前和报批后的账务处理。

(5)在财产清查中,发现应收大华公司 12 600 元,确实无法收回,报经批准后直接转销。

(6)在财产清查中,发现应付宏达科技公司 5 160 元,确实无法支付,报经批准后直接转销。

要求:根据以上业务,编制会计分录。

第八章

会计报表

学习目标

本章主要介绍会计报表的作用、种类和编制方法及财务分析的基础知识。通过本章学习，应理解会计报表的含义、分类和作用；掌握资产负债表、利润表的内容和基本结构；重点掌握资产负债表和利润表的编制方法；了解现金流量表、所有者权益变动表以及报表附注的相关知识。

关键概念

会计报表　资产负债表　利润表

第一节　会计报表概述

在企业的日常会计核算过程中，对于各项经济业务，会计人员都要依据会计准则和相关财务制度的有关规定，采用专门方法，应用一定程序，在会计凭证和账簿中进行登记。但由于会计凭证和账簿所反映的资料比较分散，不能综合地对外报告企业的财务信息，不便于会计信息使用者了解企业的财务状况、经营成果和现金流量情况，也不能满足企业内部经营管理的需要。因此，企业应当按照《企业会计准则第 30 号——财务报表列报》的规定，定期对账簿资料加以归纳整理，编制财务报表，以全面、系统、概括地反映企业在一定时期经济活动的情况和结果。

一、会计报表的作用

会计报表也称财务报表，是以企业日常的会计核算资料为主要依据，按照规定的格式、内容和填报要求编制，总括反映企业财务状况、经营成果和现金流量情况的书面报告文件。它是会计核算的最终成果，是会计核算的基本方法。通过编制会计报表，可以将企业分散在账簿记录的会计信息以会计报表的形式向企业股东、债权人等利益相关者集中反映，使利益相关者对企业的经济业务有一个全面的了解，为信息使用者提供决策服务。

具体来说，会计报表的作用主要体现在以下几个方面：

1. 为投资者和债权人的决策提供帮助

投资者和债权人关心企业的偿债能力、盈利能力和营运能力，这些信息都可以通过会计报表了解到。通过会计报表，可以掌握企业的财务状况、经营成果以及现金流量情况，分析企业的经营状况，预测企业的发展前景，确定投资风险程度，从而做出正确的决策。

2. 为企业经营管理人员改善企业内部经营管理提供依据

企业经营管理人员通过会计报表，可以定期总结生产经营活动情况，分析检查财务和成本计划执行情况，发现问题并找出差距，提出应对措施，进一步改善经营管理，不断提高经济效益。

3. 为国家进行宏观经济管理提供信息资料

财政、税务、审计等部门通过会计报表，可以及时检查各单位财政、信贷及结算纪律的遵守情况，财务制度、会计法规执行情况，是否及时、足额地缴纳了税费，其发展方向是否符合国家的产业政策等，以便于国家和政府部门加强对经济发展的宏观调控。同时，通过会计报表的逐级汇总和上报，可以为制定和修订各项宏观经济政策、进行国民经济综合平衡等工作提供可靠的依据。

二、会计报表的种类

会计报表属于企业财务报告的一部分。企业财务报告是企业对外提供的反映企业某一特定日期的财务状况和一定会计期间的经营成果和现金流量等会计信息的文件。企业的财务报告包括会计报表及报表附注，还包括其他应当在财务报告中披露的相关信息和资料，其核心内容是会计报表及报表附注。

会计报表可按以下几个标准进行分类：

1. 按反映的经济内容分类

按照会计报表反映的内容，可分为静态报表和动态报表。

静态会计报表是综合反映企业某一特定日期的资产、负债及所有者权益的财务状况的报表。静态报表的数字一般来自有关账簿的期末余额，如资产负债表。动态会计报表是综合反映企业在一定期间内收入、费用和利润的形成状况或现金流入、流出情况的报表。动态报表一般来自账簿的本期发生额，如利润表和现金流量表。

2. 按编制时间分类

按照会计报表的编制时间，可以分为月报、季报、半年报和年报。

月报、季报、半年报是企业月末、季末、半年末编制报送的会计报表，反映企业各期末的财务状况和各期间的经营成果。年报是企业在年末编制报送的会计报表，用来反映企业年末的财务状况以及整年的经营成果和现金流量情况。《证券法》规定，上市公司需要对外披露的财务报告包括第一季度财务报告、半年度财务报告、第三季度财务报告和年度财务报告。

3. 按编报单位分类

按会计报表的编报单位，可分为单位报表和汇总报表。

单位会计报表是企业根据自身的账簿记录进行加工而编制，反映其自身财务状况、经营成果和现金流量情况的会计报表。汇总会计报表是由企业主管部门或上级机关根据所属单位报送的报表，并结合本单位财务报表汇总编制的综合性会计报表。

4. 按包含的会计主体分类

按会计报表包含的会计主体，可分为个别报表和合并报表。

个别报表是反映一个企业自身财务状况、经营成果和现金流量情况的会计报表。合并报表是由母公司编制，综合反映企业集团财务状况、经营成果及现金流量的会计报表，包含多个会计主体。

5. 按报送对象分类

按会计报表的报送对象，可分为内部报表和外部报表。

内部报表是指根据企业内部经营管理需要，自行设计填制，向企业领导和各责任部门提供的会计报表。例如，成本会计报表一般不对外公开，属于内部会计报表。外部报表是指企业根据《企业会计准则》和国家统一的会计制度规定应定期向政府有关部门和企业利益相关者（如投资者、债权人等）报送的会计报表。例如，资产负债表，利润表、现金流量表被规定为定期对外报送的三张主要会计报表。

会计报表的分类见图 8—1。

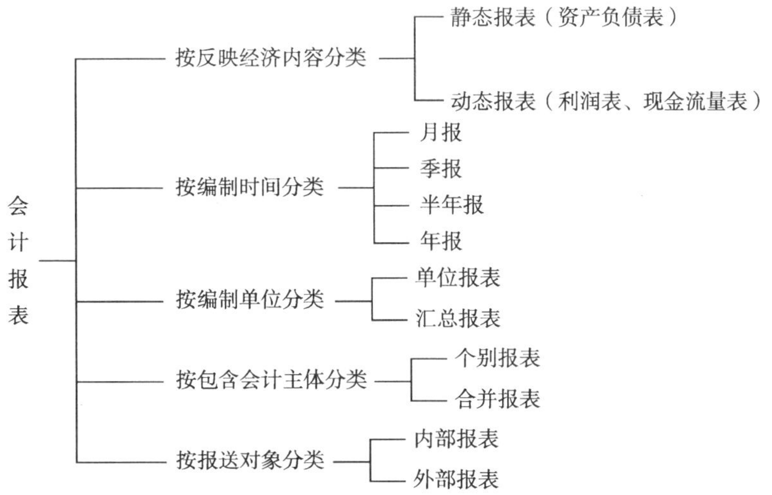

图 8—1 会计报表的分类

三、会计报表的编制要求

会计报表对众多会计信息使用者来说具有重要的作用。为了保证会计报表所提供的信息能及时、准确、完整地反映企业的财务状况、经营成果和现金流量情况，满足信息使用者的需求，企业在编制会计报表时应符合下列基本要求：

1. 数字真实

会计报表的各项指标必须真实可靠，具有可验证性。企业应以持续经营为基础编制会计报表，根据实际发生的交易和事项，按照《企业会计准则》的规定进行确认、计量和记录。要将报告期内所有的经济业务登记入账簿后，再结清各账户的本期发生额和期末余额，不能提前结账或先编报表后结账。编制报表之前，要认真核对各种账簿记录，做到账证、账账、账实相符。

2. 计算准确

会计报表的指标，必须按《企业会计准则》及会计制度规定的计算方法填列，不得随意删减、增设数字。企业应采用一致的会计政策和会计估计，不得轻易变更。会计报表中本期与上期的有关数字必须相互衔接。会计报表编好后要将表中的数字与账簿记录核对相符，认真核查报表之间的钩稽关系，看其是否正确，确保各种报表之间、同一报表各项目之间数字钩稽关系正确无误。

3. 内容完整

会计报表必须按规定的种类逐一编报，不得漏编、漏报；每张报表中的全部项目，包括表首项目、表内项目和补充资料项目，必须填列齐全，以提供完整的数据资料。会计报表项目应该在各个会计期间保持一致，不得随意变更，除非会计准则要求改变或企业经营业务性质发生重大变化。

4. 编报及时

会计报表应按规定的期限和程序，及时编制并报送有关部门。会计报表所提供的会计信息具有较强的时效性，特别是在市场经济条件下，企业面对激烈的市场竞争，需要根据瞬息万变的市场情况及时做出反应，否则就会处于被动地位。只有按规定及时编制和提供会计报表，才能使信息使用者及时掌握企业的财务情况，做出正确决策。

第二节　资产负债表

一、资产负债表的作用

资产负债表是反映企业在某一特定日期财务状况的会计报表，属于静态报表。它是以会计基本等式“资产＝负债＋所有者权益”为理论依据，按照一定的标准和顺序，把企业特定日期的资产、负债、所有者权益各项目予以适当排列，并对各类账簿余额进行概括后编制而成的，旨在为报表使用者提供有关企业财务状况方面的信息。具体来说，资产负债表的作用主要体现在以下几个方面：

(1)通过资产负债表可以帮助企业管理者了解企业某一特定日期所拥有的经济资源及其分布情况，分析企业的生产经营能力。

(2)通过资产负债表有关项目的对比分析,可以帮助债权人了解企业资金来源渠道及其构成情况,了解企业承担的责任和义务,评价企业的偿债能力,判断企业财务风险的高低。

(3)通过资产负债表可以帮助投资者考核企业管理人员是否有效利用现有的经济资源,是否使资产得到保值和增值,并对企业的业绩进行考核评价。

(4)资产负债表与利润表结合,可以为解释、评价、预测企业偿债能力、盈利能力和营运能力提供资料。

二、资产负债表的内容与格式

资产负债表包括表首和正表两个部分。表首包括报表名称、编制单位名称、日期和计量单位等几项内容,编制单位名称在表首左侧。这是我国会计报表采用的格式。

资产负债表的正表部分有两种格式,即报告式和账户式。无论采用账户式还是报告式,资产、负债的具体项目一般都按各项目的流动性由强到弱排列,即流动性强的项目排列在前,流动性弱的项目排列在后。

(一)报告式资产负债表

报告式资产负债表是将资产、负债、所有者权益项目采用从上到下的顺序垂直排列于表格之内,上面为资产、中间为负债、下面为所有者权益。这种格式篇幅过大,不便阅读。报告式资产负债表的一般格式如表 8—1 所示。

表 8—1 **资产负债表**

编制单位: 年 月 日 单位:元

项目	期初余额	期末余额
资产: 流动资产: … 非流动资产: … 资产合计		
负债: 流动负债: … 非流动负债: … 负债合计		
所有者权益(或股东权益): 实收资本(或股本) 资本公积 盈余公积 未分配利润 所有者权益(或股东权益)合计		

(二)账户式资产负债表

账户式资产负债表将报表分为左、右两方,按"资产＝负债＋所有者权益"的原理排列,资产类项目列在左方,负债和所有者权益类项目列在右方,左方资产总额合计等于右方负债和所有者权益总额合计。账户式资产负债表着重反映企业的全部资产及其来源,有利于信息使用者通过左右两方的对比直观地了解企业财务状况。我国《企业会计准则》规定资产负债表必须采用账户式。依据财政部下发的《关于修订印发2019年度一般企业财务报表格式的通知》,资产负债表的基本格式如表8－2所示。

表8－2 **资产负债表** 会企01表

编制单位: 年 月 日 单位:元

资 产	期末余额	上年年末余额	负债和所有者权益(或股东权益)	期末余额	上年年末余额
流动资产:			流动负债:		
货币资金			短期借款		
以公允价值计量且其变动计入当期损益的金融资产			以公允价值计量且其变动计入当期损益的金融负债		
衍生金融资产			衍生金融负债		
应收票据			应付票据		
应收账款			应付账款		
预付款项			预收款项		
其他应收款			应付职工薪酬		
存货			应交税费		
持有待售资产			其他应付款		
一年内到期的非流动资产			持有待售负债		
其他流动资产			一年内到期的非流动负债		
流动资产合计			其他流动负债		
非流动资产:			流动负债合计		
可供出售金融资产			非流动负债:		
持有至到期投资			长期借款		
长期应收款			应付债券		
长期股权投资			其中:优先股		
投资性房地产			永续债		
固定资产			长期应付款		
在建工程			预计负债		
生产性生物资产			递延收益		

续表

资 产	期末余额	上年年末余额	负债和所有者权益（或股东权益）	期末余额	上年年末余额
油气资产			递延所得税负债		
无形资产			其他非流动负债		
开发支出			非流动负债合计		
商誉			负债合计		
长期待摊费用			所有者权益(或股东权益)：		
递延所得税资产			实收资本(或股本)		
其他非流动资产			其他权益工具		
非流动资产合计			其中：优先股		
			永续债		
			资本公积		
			减：库存股		
			其他综合收益		
			专项储备		
			盈余公积		
			未分配利润		
			所有者权益(或股东权益合计)		
资产总计			负债和所有者权益(或股东权益)总计		

三、资产负债表的编制方法

资产负债表应根据资产、负债、所有者权益等账户的期末余额填列。资产负债表中各项目列有“期初余额”和“期末余额”两栏。各会计期末资产负债表的“期初余额”栏各项目的数据根据上年度资产负债表中的“期末余额”填列。“期末余额”是指某一会计期末的数字，即月末、季末、半年末和年末的数字。资产负债表中各项目“期末余额”主要根据会计账簿记录中各类账户的期末余额直接填列或计算分析填列。具体填列方法如下：

(1)直接根据总账科目余额填列。资产负债表中一些项目可以直接根据总分类科目的余额填列，如“以公允价值计量且其变动计入当期损益的金融资产”“短期借款”“ 投资性房地产”“实收资本”等项目，根据“交易性金融资产”“ 短期借款”“ 投资性房地产”“实收资本”各总账科目的期末余额直接填列。

(2)根据若干个总账账户余额计算填列。有些项目需要根据几个总账科目的期末余额计算填列，如 “货币资金”项目，需根据“库存现金”“银行存款”“其他货币资金”三个总账科目的期末余额的合计数填列。

(3)根据若干个明细账户余额分析计算填列,如“预付账款”项目,需要根据“预付账款”和“应付账款”两个科目所属的相关明细科目的期末借方余额计算填列;“预收账款”项目,需要根据“预收账款”和“应收账款”两个科目所属的相关明细科目的期末贷方余额计算填列。

(4)根据账户余额减去其备抵项目后的余额填列,如“无形资产”项目,应根据“无形资产”账户的期末余额,减去“累计摊销”和“无形资产减值准备”账户期末余额后的净额填列。

(5)根据总账和明细账余额分析计算填列,如“长期借款”项目,需要根据“长期借款”总账账户余额扣除“长期借款”账户所属的明细账户中将在一年内到期长期借款后的金额计算填列。

根据《企业会计准则》及财政部相关文件的规定,资产负债表主要项目反映的内容和具体填列方法如下:

1. 资产项目

(1)“货币资金”项目,反映企业会计报告期末货币资金的数额,本项目应根据“库存现金”和“银行存款”“其他货币资金”等科目的期末借方余额合计数填列。

(2)“以公允价值计量且其变动计入当期损益的金融资产”项目,反映企业购入的能随时变现并准备随时变现的股票、债券和基金投资。本项目应根据“交易性金融资产”账户的期末余额填列。

(3)“应收票据”项目,反映资产负债表日以摊余成本计量的、企业因销售商品、提供服务等收到的商业汇票,包括银行承兑汇票和商业承兑汇票。该项目应根据“应收票据”科目的期末余额,减去“坏账准备”科目中相关坏账准备期末余额后的金额填列。

(4)“应收账款”项目,反映资产负债表日以摊余成本计量的、企业因销售商品、提供劳务等经营活动应收取的款项。该项目应根据“应收账款”科目和“预收账款”所属各明细账的期末借方余额,减去“坏账准备”科目中相关坏账准备期末余额后的金额填列。

(5)“预付账款”项目,反映企业预付给供货单位的款项。本项目根据“预付账款”和“应付账款”科目所属各明细科目的期末借方余额合计,减去“坏账准备”科目中有关预付账款计提的坏账准备期末余额后的金额填列。

(6)“其他应收款”项目,应根据“应收利息”“应收股利”和“其他应收款”科目的期末余额合计数,减去“坏账准备”科目中相关坏账准备期末余额后的金额填列。

(7)“存货”项目,反映企业期末库存、在途和加工中的各项存货的价值,包括各种材料、商品、在产品、半成品、发出商品、包装物、低值易耗品和委托代销商品等。本项目应根据“在途物资”(“材料采购”)“原材料”“生产成本”“周转材料”“委托加工物资”“库存商品”等科目的期末余额之和,减去“存货跌价准备”科目期末余额后的金额填列。

(8)“持有待售资产”项目,反映资产负债表日划分为持有待售类别的非流动资产及划分为持有待售类别的处置组中的流动资产和非流动资产的期末账面价值。该项目应根据“持有待售资产”科目的期末余额,减去“持有待售资产减值准备”科目的期末余额后的金额填列。

(9)“一年内到期的非流动资产”项目,反映企业非流动资产项目中在一年内到期的金额,包括一年内到期的持有至到期投资、长期待摊费用和一年内可收回的长期应收款。本项目应根据上述科目分析计算后填列。

(10)“其他流动资产”项目,反映企业除上述流动资产项目外的其他流动资产。本项目应根据有关科目的期末余额填列。

(11)“可供出售金融资产”项目,反映企业持有的可供出售金融资产的净值值。本项目根据“可供出售金融资产”科目期末余额,减去“可供出售金融资产减值准备”科目期末余额后的金额填列。

(12)“持有至到期投资”项目,反映企业持有至到期投资的摊余价值。本项目根据“持有至到期投资”科目期末余额减去一年内到期的投资部分和“持有至到期投资减值准备”科目期末余额后的金额填列。

(13)“长期应收款”项目,反映企业应收期限在1年以上的款项。本项目根据“长期应收款”期末余额,减去 “坏账准备”科目中按长期应收款计提的坏账损失后的金额填列。

(14)“长期股权投资”项目,反映企业不准备在1年内(含1年)变现的各种股权性质的可收回金额。本项目应根据“长期股权投资”科目的期末余额减去“长期股权投资减值准备”科目期末余额后的金额填列。

(15)“投资性房地产”项目,反映企业拥有的用于出租的建筑物和土地使用权的金额。本项目根据“投资性房地产”科目期末余额额填列。

(16) “固定资产”项目,反映资产负债表日企业固定资产的期末账面价值和企业尚未清理完毕的固定资产清理净损益。该项目应根据“固定资产”科目的期末余额,减去“累计折旧”和“固定资产减值准备”科目的期末余额后的金额,以及“固定资产清理”科目的期末余额填列。

(17)“在建工程”项目,反映资产负债表日企业尚未达到预定可使用状态的在建工程的期末账面价值和企业为在建工程准备的各种物资的期末账面价值。该项目应根据“在建工程”科目的期末余额,减去“在建工程减值准备”科目的期末余额后的金额,以及“工程物资”科目的期末余额,减去“工程物资减值准备”科目的期末余额后的金额填列。

(18)“无形资产”项目,反映企业持有的各项无形资产的净值。本项目应根据“无形资产”科目期末余额减去“累计摊销”“无形资产减值准备”科目期末余额后的金额填列。

(19)“开发支出”项目,反映企业自行开发无形资产过程中发生的、尚未形成无形资产的价值。本项目根据“开发支出”科目的期末余额填列。

(20)“长期待摊费用”项目,反映企业尚未摊销的摊销期在1年以上的各种费用,如固定资产大修理支出等。本项目应根据“长期待摊费用”科目期末余额减去将于1年内(含1年)摊销后的金额填列。

(21)“商誉”项目,反映企业合并商誉的价值。本项目根据“商誉”科目期末余额填列。

(22)“递延所得税资产”项目,反映企业可抵扣暂时性差异形成的递延所得税资产。本项目根据“递延所得税资产”期末余额填列。

(23)“其他非流动资产”项目,反映企业除上述非流动资产以外的其他长期资产。本项目应根据有关科目的期末余额填列。

2. 负债项目

(1)“短期借款”项目，反映企业借入尚未归还的1年期以下(含1年)的借款。本项目应根据“短期借款”科目的期末余额填列。

(2)“以公允价值计量且其变动计入当期损益的金融负债”项目，反映企业以公允价值计量且其变动计入当期损益的为交易目的持有的金融负债。本项目根据“交易性金融负债”科目期末余额填列。

(3)“应付票据”项目，反映资产负债表日以摊余成本计量的、企业因购买材料、商品和接受服务等开出、承兑的商业汇票，包括银行承兑汇票和商业承兑汇票。该项目应根据“应付票据”科目的期末余额填列。

(4)“应付账款”项目，反映资产负债表日以摊余成本计量的、企业因购买材料、商品和接受服务等经营活动应支付的款项。该项目应根据“应付账款”和“预付账款”科目所属的相关明细科目的期末贷方余额合计数填列。

(5)“预收账款”项目，反映企业预收购货单位的账款。本项目应根据“预收账款”和“应收账款”科目所属各明细科目的期末贷方余额合计填列。

(6)“应付职工薪酬”项目，反映企业应付未付的工资和社会保险费等职工薪酬。本项目应根据“应付职工薪酬”科目期末贷方余额填列，如“应付职工薪酬”科目期末为借方余额，以“—”号填列。

(7)“应交税费”项目，反映企业期末未交、多交或未抵扣的各种税金和其他费用。本项目应根据“应交税费”科目的期末贷方余额填列，如“应交税费”科目期末为借方余额，以“—”号填列。

(8)“其他应付款”项目，应根据“应付利息”“应付股利”和“其他应付款”科目的期末余额合计数填列。

(9)“持有待售负债”项目，反映资产负债表日处置组中与划分为持有待售类别的资产直接相关的负债的期末账面价值。该项目应根据“持有待售负债”科目的期末余额填列。

(10)“一年内到期的非流动负债”项目，反映企业各种非流动负债在一年之内到期的金额，包括一年内到期的长期借款、长期应付款和应付债券。本项目应根据上述科目分析计算后填列。

(11)“其他流动负债”项目，反映企业除上述流动负债以外的其他流动负债。本项目应根据有关科目的期末余额填列。

(12)“长期借款”项目，反映企业借入尚未归还的1年期以上(不含1年)的各种借款的本息。本项目应根据“长期借款”科目的期末余额减去一年内到期部分的金额填列。

(13)“应付债券”项目，反映企业尚未归还的长期债券摊余价值。本项目根据“应付债券”科目期末余额减去一年内到期部分的金额填列。

(14)“长期应付款”项目，反映资产负债表日企业除长期借款和应付债券以外的其他各种长期应付款项的期末账面价值。该项目应根据“长期应付款”科目的期末余额，减去相关的“未确认融资费用”科目的期末余额后的金额，以及“专项应付款”科目的期末余额填列。

(15)“预计负债”项目，反映企业计提的未决诉讼、对外提供担保、产品质量保证等各种预计负债。本项目根据“预计负债”科目期末余额填列。

(16)“递延所得税负债”项目，反映企业根据应纳税暂时性差异确认的递延所得税负债。本项目根据“递延所得税负债”科目期末余额填列。

(17)“其他非流动负债”项目，反映企业除以上非流动负债项目以外的其他长期负债。本项目应根据有关科目的期末余额填列。

3. 所有者权益项目

(1)“实收资本(或股本)”项目，反映企业各投资者实际投入的资本总额。本项目应根据“实收资本(或股本)”科目的期末余额填列。

(2)“资本公积”项目，反映企业资本公积的期末余额。本项目根据“资本公积”科目的期末余额填列，其中“库存股”按“库存股”科目余额填列。

(3)“专项储备”项目，反映高危行业企业按国家规定提取的安全生产费的期末账面价值。该项目应根据“专项储备”科目的期末余额填列。

(4)“盈余公积”项目，反映企业盈余公积的期末余额。本项目应根据“盈余公积”科目的期末余额填列。

(5)“未分配利润”项目，反映企业尚未分配的利润。本项目应根据“本年利润”科目和“利润分配”科目的期末余额计算填列，如为弥补亏损，在本项目内以“—”号填列。

[例 8—1] 安宇公司 202×年 12 月 31 日有关账户余额如表 8—3 和表 8—4 所示。根据各账户余额编制资产负债表，如表 8—5 所示。

表 8—3 **总账账户余额表** 单位：元

会计科目	借方余额	贷方余额	会计科目	借方余额	贷方余额
库存现金	20 000		短期借款		200 000
银行存款	200 000		应付账款		240 000
应收账款	200 000		预收账款		100 000
坏账准备		10 000	其他应付款		20 000
预付账款	80 000		应付职工薪酬		100 000
其他应收款	30 000		应交税费		156 000
原材料	300 000		应付利息		50 000
生产成本	281 000		长期借款		250 000
库存商品	205 000		实收资本		800 000
固定资产	660 000		资本公积		70 000
累计折旧		120 000	盈余公积		40 000
在建工程	250 000		利润分配		70 000
合 计	2 226 000	130 000	合 计		2 096 000

表 8—4　　　　明细账账户余额表　　　　单位:元

会计科目		借方余额	贷方余额
总　账	明细账		
应收账款	甲公司	350 000	
	乙公司		150 000
预收账款	丙公司		150 000
	丁公司	50 000	
预付账款	A 公司	140 000	
	B 公司		60 000
应付账款	C 公司		280 000
	D 公司	40 000	

表 8—5　　　　资产负债表　　　　会企 01 表

编制单位:安宇公司　　　　202×年 12 月 31 日　　　　单位:元

资　产	期末余额	上年年末余额	负债和所有者权益	期末余额	上年年末余额
流动资产:			流动负债:		
货币资金	220 000	150 000	短期借款	200 000	180 000
以公允价值计量且其变动计入当期损益的金融资产			以公允价值计量且其变动计入当期损益的金融负债		
衍生金融资产			衍生金融负债		
应收票据			应付票据		
应收账款	390 000	350 000	应付账款	340 000	330 000
预付款项	180 000	160 000	预收款项	300 000	250 000
其他应收款	30 000	40 000	应付职工薪酬	100 000	100 000
存货	786 000	856 000	应交税费	156 000	140 000
持有待售资产			其他应付款	70 000	100 000
一年内到期的非流动资产			持有待售负债		
其他流动资产			一年内到期的非流动负债		
流动资产合计	1 606 000	1 556 000	其他流动负债		
非流动资产:			流动负债合计	1 166 000	1 100 000
可供出售金融资产			非流动负债:		
持有至到期投资			长期借款	250 000	200 000
长期应收款			应付债券		
长期股权投资			其中:优先股		
投资性房地产			永续债		

续表

资　产	期末余额	上年年末余额	负债和所有者权益	期末余额	上年年末余额
固定资产	540 000	500 000	长期应付款		
在建工程	250 000	200 000	预计负债		
生产性生物资产			递延收益		
油气资产			递延所得税负债		
无形资产			其他非流动负债		
开发支出			非流动负债合计	250 000	200 000
商誉			负债合计	1 416 000	1 300 000
长期待摊费用			所有者权益（或股东权益）：		
递延所得税资产			实收资本(或股本)	800 000	800 000
其他非流动资产			其他权益工具		
非流动资产合计	790 000	700 000	其中:优先股		
			永续债		
			资本公积	70 000	70 000
			减:库存股		
			其他综合收益		
			专项储备		
			盈余公积	40 000	30 000
			未分配利润	70 000	5 600
			所有者权益(或股东权益合计)	980 000	956 000
资产总计	2 396 000	2 256 000	负债和所有者权益(或股东权益)总计	2 396 000	2 256 000

第三节　利润表

一、利润表的作用

利润表又称损益表，是反映企业在一定会计期间经营成果的会计报表，属于动态报表。利润表列示出一定期间的收入、费用和利润，综合体现了企业利润的形成过程。报表使用者通过利润表可以了解企业的获利能力和经营业绩，分析利润增减变动的原因，预测未来获利趋势，判断企业投资的报酬和风险。具体来说，利润表的作用主要体现在以下几个方面：

1. 为企业管理者的决策提供依据

利润表能够综合反映企业营业收入、营业成本以及期间费用等，披露利润组成的各大要素，通过比较分析利润的增减变化，可以在价格、品种、成本、费用以及其他方面发现问题，明确工作重点，以便做出正确的决策。

2. 为投资者和债权人的决策提供依据

通过利润表可以计算投资报酬率以及资金利用率等相对值指标，并通过前后两个时期以及同一时期不同行业或企业同类指标的比较分析，了解该企业的获利水平、利润增长变化趋势，为投资者和债权人的决策提供依据。

3. 为企业内部绩效考核提供重要依据

企业一定时期的利润总额集中地反映了各部门工作的结果，它既是制定各部门工作计划的参考，又是考核各部门计划执行结果的重要依据。

二、利润表的内容与格式

利润表包括表首和正表两个部分。表首包括报表名称、编制单位名称、日期和计量单位等几项内容，正表部分有单步式和多步式两种。

（一）单步式利润表

单步式利润表是将所有收入和所有费用分别相加，再将两个加总数相减得出净利润。这种利润表只有一个收入和费用相减的步骤，故称单步式利润表。单步式利润表是将“收入－费用＝利润”这一基本会计等式予以表格化。单步式利润表比较直观、简单，易于编制，但它没能反映出各类收入与费用的配比关系，无法揭示出各构成要素之间的内在联系，不便于会计报表使用者进行分析，也不利于同行业之间的报表比较。单步式利润表如表 8－6 所示。

表 8－6　　利润表(单步式)

编制单位：　　年　月　　单位：元

项　目	本月数	本年累计数
一、收入		
营业收入		
公允价值变动损益		
投资收益		
营业外收入		
收入合计		
二、费用		
营业成本		
税金及附加		
销售费用		
管理费用		
财务费用		
营业外支出		
所得税费用		
费用合计		
三、净利润		

(二)多步式利润表

多步式利润表通过对当期的收入、费用项目按性质加以归类以体现利润的形成过程，按营业利润、利润总额、净利润分步计算当期利润。多步式利润表便于报表使用者进行盈利分析，能够满足信息使用者对企业财务信息的需求。

我国《企业会计准则》规定企业采用多步式利润表，可以分多个步骤编制利润表：

第一步：计算营业利润。以营业收入为基础，减去营业成本、税金及附加、销售费用、管理费用、研发费用、财务费用，加上其他收益、投资收益(减去投资损失)、公允价值变动收益(减去公允价值变动损失)、资产减值损失和资产处置收益(减去资产处置损失)，计算营业利润。其公式是：

营业利润＝营业收入－营业成本－税金及附加－销售费用－管理费用－研发费用－财务费用＋其他收益±投资收益±公允价值变动收益±资产减值损失±资产处置收益

第二步：计算利润总额。以营业利润为基础，加上营业外收入，减去营业外支出，计算出利润总额。其公式是：

利润总额＝营业利润＋营业外收入－营业外支出

第三步：计算净利润。以利润总额为基础，减去所得税费用，计算出净利润。(或净亏损)。其公式是：

净利润＝利润总额－所得税费用

第四步：其他综合收益，具体分为“以后会计期间不能重分类进损益的其他综合收益”项目和“以后会计期间在满足规定条件时将重分类进损益的其他综合收益”项目两类，并以扣除相关所得税影响后的净额列报。

第五步：综合收益总额。其公式是：

综合收益总额＝净利润＋其他综合收益的税后净额

第六步：每股收益，包括基本每股收益和稀释每股收益两项指标。

财政部 2019 年 5 月 10 日下发的《关于修订印发 2019 年度一般企业财务报表格式的通知》中，利润表的基本格式如表 8－7 所示。

表 8－7 **利润表** 会企 02 表

编制单位： 年 月 单位：元

项 目	本期金额	上期金额
一、营业收入		
减：营业成本		
税金及附加		
销售费用		
管理费用		
研发费用		

续表

项 目	本期金额	上期金额
财务费用		
其中:利息费用		
利息收入		
加:其他收益		
投资收益(损失以“—”号填列)		
其中:对联营企业和合营企业的投资收益		
公允价值变动收益(损失以“—”号填列)		
资产减值损失(损失以“—”号填列)		
资产处置收益(损失以“—”号填列)		
二、营业利润(亏损以“—”号填列)		
加:营业外收入		
减:营业外支出		
三、利润总额(亏损总额以“—”号填列)		
减:所得税费用		
四、净利润(净亏损以“—”号填列)		
(一)持续经营净利润(净亏损以“—”号填列)		
(二)终止经营净利润(净亏损以“—”号填列)		
五、其他综合收益的税后净额		
(一)不能重分类进损益的其他综合收益		
1. 重新计量设定受益计划变动额		
2. 权益法下不能转损益的其他综合收益		
(二)将重分类进损益的其他综合收益		
1. 权益法下可转损益的其他综合收益		
2. 可供出售金融资产公允价值变动损益		
3. 持有至到期投资重分类为可供出售金融资产损益		
4. 现金流量套期损益的有效部分		
5. 外币财务报表折算差额		
六、综合收益总额		
七、每股收益		
(一)基本每股收益		
(二)稀释每股收益		

三、利润表的编制方法

利润表列示“本期数”栏和“本年累计数”两栏数据。“本期数”栏填列各项目本月实际发生额，“本年累计数”栏填列各项目自年初至报告期末止的累计实际发生额。季度、半年度和年度报表中列示“本期金额”栏和“上期金额”栏，其中“上期金额”栏应根据上年同期利润表的“本期金额”栏内所列数字填列，“本期金额”栏应当按照各项目本期实际发生额分析填列(“基本每股收益”和“稀释每股收益”项目除外)。具体各项目内容及填列方法如下：

(1)“营业收入”项目，反映企业主要经营业务和其他业务所确认的收入总额。本项目应根据“主营业务收入”和“其他业务收入”科目的发生额之和分析填列。

(2)“营业成本”项目，反映企业主要经营业务和其他业务所发生的成本总额。本项目应根据“主营业务成本”和“其他业务成本”科目发生额之和分析填列。

(3)“税金及附加”项目，反映企业经营业务应负担的消费税、城市建设维护税、资源税、土地增值税和教育费附加等。本项目应根据“税金及附加”科目的发生额分析填列。

(4)“销售费用”项目，反映企业在销售商品过程中发生的包装费、广告费等费用和为销售本企业商品而专设的销售机构的职工薪酬、业务费等经营费用。本项目应根据“销售费用”科目的发生额分析填列。

(5)“管理费用”项目，反映企业为组织和管理生产经营发生的管理费用。本项目应根据“管理费用”科目的发生额分析填列。

(6) “研发费用”项目，反映企业进行研究与开发过程中发生的费用化支出。该项目应根据“管理费用”科目下的“研发费用”明细科目的发生额分析填列。

(7)“财务费用”项目，反映企业筹集生产经营所需资金等发生的筹资费用。本项目应根据“财务费用”科目的发生额分析填列。“其中：利息费用”项目，反映企业为筹集生产经营所需资金等而发生的应予费用化的利息支出。该项目应根据“财务费用”科目的相关明细科目的发生额分析填列。“利息收入”项目，反映企业确认的利息收入。该项目应根据“财务费用”科目的相关明细科目的发生额分析填列。

(8)“其他收益”项目，反映计入其他收益的政府补助等。该项目应根据“其他收益”科目的发生额分析填列。

(9)“投资收益”项目，反映企业以各种方式对外投资所得取得的收益。本项目应根据“投资收益”科目的发生额分析填列，如为投资损失，以“－”号填列。

(10)“公允价值变动损益”项目，反映企业应当计入当期损益的资产或负债公允价值变动的收益。本项目应根据“公允价值的变动损益”科目的发生额分析填列，如为负数，以“－”号填列。

(11)“资产减值损失”项目，反映企业各项资产发生的减值损失。本项目应根据“资产减值损失”科目发生额分析填列。

(12)“资产处置收益”项目，反映企业出售划分为持有待售的非流动资产(金融工具、长期股权投资和投资性房地产除外)或处置组(子公司和业务除外)时确认的处置利得或损失，以及处置未划分为持有待售的固定资产、在建工程、生产性生物资产及无形资产而产生的处置利得或损失。债务重组中因处置非流动资产产生的利得或损失和非货币性资产交换中换出非流动资产产生的利得或损失也包括在本项目内。该项目应根据“资产处置损益”科目的发生额分析填列，如为处置损失，以“—”号填列。

(13)“营业利润”项目，反映企业实现的营业利润，如为损失，以“—”号填列。

(14)“营业外收入”项目，反映企业发生的除营业利润以外的收益，主要包括债务重组利得、与企业日常活动无关的政府补助、盘盈利得、捐赠利得(企业接受股东或股东的子公司直接或间接的捐赠，经济实质属于股东对企业的资本性投入的除外)等。该项目应根据“营业外收入”科目的发生额分析填列。

(15)“营业外支出”项目，反映企业发生的除营业利润以外的支出，主要包括债务重组损失、公益性捐赠支出、非常损失、盘亏损失、非流动资产毁损报废损失等。该项目应根据“营业外支出”科目的发生额分析填列。

(16)“利润总额”项目，反映企业实现的利润。如为亏损，以“—”号填列。

(17)“所得税费用”项目，反映企业应从当期利润总额中扣除的所得税费用。本项目应根据“所得税费用”科目的发生额分析填列。

(18)“净利润”项目，反映企业实现的净利润。如为亏损，以“—”号填列。

(19)“(一)持续经营净利润”和“(二)终止经营净利润”项目，分别反映净利润中与持续经营相关的净利润和与终止经营相关的净利润；如为净亏损，以“—”号填列。该两个项目应按照《企业会计准则第 42 号——持有待售的非流动资产、处置组和终止经营》的相关规定分别列报。

[例 8—2] 安宇公司 202×年末有关损益类账户本年累计发生净额见表 8—8。根据损益类账户发生额编制利润表，见表 8—9。

表 8—8 **损益类账户资料** 单位：元

账　户	本月发生额	
	借　方	贷　方
主营业务收入		290 000
主营业务成本	193 500	
税金及附加	3 720	
其他业务收入		6 600
其他业务成本	3 500	
销售费用	26 000	
管理费用	28 280	
财务费用(其中：利息费用 1 000 元，利息收入 320 元)	7 020	
营业外支出	800	
所得税费用	8 445	

表 8—9　　利润表　　会企 02 表

编制单位:安宇公司　　202×年 12 月　　单位:元

项　目	本期金额	上期金额
一、营业收入	296 600	247 800
减:营业成本	197 000	164 950
税金及附加	3 720	3 140
销售费用	26 000	21 970
管理费用	28 280	23 890
研发费用		
财务费用	7 020	5 930
其中:利息费用	1 000	1 000
利息收入	320	308
加:其他收益		
投资收益(损失以"—"号填列)		
其中:对联营企业和合营企业的投资收益		
公允价值变动收益(损失以"—"号填列)		
资产减值损失(损失以"—"号填列)		
资产处置收益(损失以"—"号填列)		
二、营业利润(亏损以"—"号填列)	34 580	27 920
加:营业外收入		600
减:营业外支出	800	
三、利润总额(亏损总额以"—"号填列)	33 780	28 520
减:所得税费用	8 445	7 130
四、净利润(净亏损以"—"号填列)	25 335	21 390
(一)持续经营净利润(净亏损以"—"号填列)	25 335	21 390
(二)终止经营净利润(净亏损以"—"号填列)		
五、其他综合收益的税后净额(略)		
六、综合收益总额	25 335	21 390
七、每股收益(略)		

第四节　现金流量表

一、现金流量表的作用

现金流量表是反映企业在一定会计期间现金和现金等价物流入和流出的报表。现金流量表中包含三个基本概念:

(1)现金,是指企业库存现金以及可以随时用于支付的存款,包括库存现金、银行存款和其他货币金(如外埠存款、银行汇票存款、银行本票存款)等。不能随时用于支付的不属于现金。

(2)现金等价物,是指企业持有的期限短(从购买日期起三个月内到期)、流动性强、易于转换为确定金额现金、价值变动风险很小的投资,通常指三个月内到期的债券投资等,如国债。企业应当根据具体情况,确定现金等价物的范围,一经确定不得随意变更。

(3)现金流量,是指一定会计期间内企业现金和现金等价物的流入和流出。企业从银行提取现金、用现金购买短期到期的国库券等现金和现金等价物之间的转换不属于现金流量。

编制现金流量表的目的是给报表使用者提供企业在一定会计期间内现金流入和流出的信息,了解企业获取现金的能力,并预测企业未来现金流量。现金流量表的作用主要体现在以下几个方面:

(1)通过现金流量表,有助于评价企业支付能力、偿债能力和周转能力;

(2)通过现金流量表,有助于预测企业未来现金流量;

(3)通过现金流量表,有助于分析企业收益质量及影响现金净流量的因素,掌握企业经营活动、投资活动和筹资活动的现金流量,可以从现金流量的角度了解净利润的质量,为分析和判断企业的财务前景提供信息。

从编制原则上看,现金流量表按照收付实现制编制,将权责发生制下的盈利信息调整为收付实现制下的现金流量信息,便于信息使用者了解企业净利润的质量。

二、现金流量表的内容与格式

现金流量表包括主表和补充资料两部分。主表由表首和正表构成。表首包括报表名称、编制单位名称、时间和计量单位等几个部分;正表部分反映了现金流量表的各个项目内容,具体内容见表8-10。除主表反映的信息外,企业还应在补充资料中披露将净利润调节为经营活动现金流量、不涉及现金收支的重大投资和筹资活动、现金及现金等价物净变动情况等信息。

根据企业业务活动的性质和现金流量的来源,现金流量表的正表部分在结构上将企业一定期间产生的现金流量分为三类:

1. 经营活动产生的现金流量

经营活动是指企业投资活动和筹资活动以外所有的交易和事项。经营活动产生的现金流量主要包括销售商品或提供劳务、购买商品、接受劳务、支付工资和缴纳税款等流入和流出的现金和现金等价物。

2. 投资活动产生的现金流量

投资活动是指企业长期资产的构建和不包括在现金等价物范围内的投资及其处置活动。投资活动产生的现金流量主要包括购建固定资产、处置子公司及其他营业单位等流入和流出的现金和现金等价物。

3. 筹资活动产生的现金流量

筹资活动是指导致企业资本和债务规模及构成发生变化的活动。筹资活动产生的现金流量主要包括吸收投资、发行股票、分配利润、发行债券、偿还债务等流入和流出的现金和现金等价物。通常情况下，应付账款、应付票据等同属于经营活动，不属于筹资活动。

现金流量表在划分经营活动、投资活动和筹资活动的基础上，根据公式“现金流量净额=现金流入-现金流出”所包含的经济内容和数量关系编制而成。三类活动引起企业现金流入和流出，然后根据重要性原则将性质相同的现金流量进行归类列示。需要注意的是，对于企业日常活动之外的、不经常发生的特殊项目，如自然灾害损失、保险赔偿、捐赠等，应当根据其性质，分别归并到经营活动、投资活动和筹资活动现金流量类别中单独列报。

表 8-10　　现金流量表

编制单位：　　　　年　月　　　　单位：元

项　目	本期金额	上期金额
一、经营活动产生的现金流		
销售商品、提供劳务收到的现金		
收到的税费返还		
收到其他与经营活动有关的现金		
经营活动现金流入小计		
购买商品、接受劳务支付的现金		
支付给职工以及为职工支付的现金		
支付的各项税费		
支付的其他与经营活动有关的现金		
经营活动现金流出小计		
经营活动产生的现金流量净额		
二、投资活动产生的现金流量		
收回投资收到的现金		
取得投资收益收到的现金		
处置固定资产、无形资产和其他长期资产收回的现金净额		
处置子公司及其他经营单位收到的现金净额		
收到其他与投资活动有关的现金		
投资活动现金流入小计		
购建固定资产、无形资产和其他长期资产支付的现金		
投资支付的现金		
取得子公司及其他经营单位支付的现金净额		
支付其他与投资活动有关的现金		
投资活动现金流出小计		
投资活动产生的现金流量净额		
三、筹资活动产生的现金流量		
吸收投资收到的现金		
取得借款收到的现金		
收到其他与筹资活动有关的现金		
筹资活动现金流入小计		

续表

项　目	本期金额	上期金额
偿还债务支付的现金		
分配股利、利润和偿付利息支付的现金		
支付其他与筹资活动有关的现金		
筹资活动现金流出小计		
筹资活动产生的现金流量净额		
四、汇率变动对现金及现金等价物的影响		
五、现金及现金等价物的净增加额		
加:期初现金及现金等价物余额		
六、期末现金及现金等价物余额		

第五节　所有者权益变动表

一、所有者权益变动表的定义

所有者权益变动表，在股份公司称为股东权益变动表，是反映企业年末所有者权益增减变动情况的报表。通过该表可以了解企业某一会计年度所有者权益各项目的增加、减少及余额的情况，分析其变动原因及预测未来的变动趋势。

《企业会计准则第 30 号——财务报表列报》规定，所有者权益变动表至少应当单独列示下列信息项目：

(1)净利润；

(2)直接计入所有者权益的利得和损失项目及其总额；

(3)会计政策变更和差错更正的累积影响金额；

(4)所有者投入资本和向所有者分配利润等；

(5)按照规定提取盈余公积；

(6)实收资本(或股本)、资本公积、盈余公积、未分配利润的期初和期末余额及其调节情况。

二、所有者权益变动表的内容与格式

所有者权益变动表包括表首和正表两部分。为了清楚地表明构成所有者权益的各组成部分当期的增减变动情况，所有权益变动表应当以矩阵的形式列示：一方面，列示导致所有者权益变动的交易或事项；另一方面，按照所有者权益各组成部分(包括实收资本、资本公积、盈余公积、未分配利润和库存股)及其总额列示交易或事项对所有者权益的影响。此外，所有者权益变动表还将项目分为“本年金额”和“上年金额”两栏分别填列。所有者权益变动表的具体表格格式见表 8－11。

表 8－11

所有者权益变动表

会企 04 表

编制单位：　　　　　　　　________年度　　　　　　　　单位：元

项目	本年金额										上期金额									
	实收资本（或股本）	其他权益工具			资本公积	减：库存股	其他综合收益	盈余公积	未分配利润	所有者权益合计	实收资本（或股本）	其他权益工具			资本公积	减：库存股	其他综合收益	盈余公积	未分配利润	所有者权益合计
		优先股	永续债	其他								优先股	永续债	其他						
一、上年年末余额																				
加：会计政策变更																				
前期差错更正																				
其他																				
二、本年年初余额																				
三、本年增减变动金额（减少以“－”号填列）																				
（一）综合收益总额																				
（二）所有者投入和减少资本																				
1. 所有者投入的普通股																				
2. 其他权益工具持有者投入资本																				
3. 股份支付计入所有者权益的金额																				
4. 其他																				
（三）利润分配																				
1. 提取盈余公积																				
2. 对所有者（或股东）的分配																				
3. 其他																				
（四）所有者权益内部结转																				
1. 资本公积转增资本（或股本）																				
2. 盈余公积转增资本（或股本）																				
3. 盈余公积弥补亏损																				
4. 设定受益计划变动额结转留存收益																				
5. 其他																				
四、本年年末余额																				

第六节 会计报表附注

一、会计报表附注的定义

会计报表附注是对在资产负债表、利润表、所有者权益变动表和现金流量表等报表中列示项目的文字描述或明细资料，以及对未能在这些报表中列示项目的说明等。

会计报表附注是会计报表不可或缺的组成部分，是为便于报表使用者理解会计报表的内容而对会计报表的编制基础、编制依据、编制方法及主要项目等做的解释。它是对报表正文信息的补充说明，提供与会计报表反映的信息相关的其他财务信息。会计报表附注与资产负债表、利润表、现金流量表、所有者权益变动表具有同等的重要性，是会计报表的重要组成部分。编制和披露会计报表附注，是改善会计报表的一种重要手段，是充分披露原则的体现。

二、会计报表附注的内容

按照《企业会计准则第 30 号——财务报告列报》的规定，会计报表附注一般应当按照下列顺序披露：

(1)财务报表编制基础；

(2)遵循企业会计准则的声明；

(3)重要会计政策的说明，包括财务报表项目的计量基础和会计政策的确定依据等；

(4)重要会计估计的说明，包括下一会计期间很可能导致资产、负债账面价值重大调整的会计估计的确定依据等；

(5)会计政策和会计估计变更以及差错更正的说明；

(6)对已在资产负债表、利润表、现金流量表和所有者权益变动表中列示的重要项目的进一步说明，包括税后利润的金额及其构成情况等；

(7)或有和承诺事项、资产负债表日后非调整事项、关联方关系及其交易等需要说明的事项。

会计报表附注应当按照一定的结构进行系统合理的排列和分类，顺序地披露信息。由于附注的内容繁多，因此更应按逻辑顺序排列，分类披露，条理清晰，具有一定的组织结构，以便报表使用者理解和掌握，也更好地实现会计报表的可比性。附注相关信息应当与资产负债表、利润表、现金流量表和所有者权益变动表等报表列示的项目相互参照，以有助于报表使用者联系相应的信息，从整体上更好地理解会计报表。

第七节 会计报表分析

一、会计报表分析的意义

会计报表分析是以企业会计报表信息为主要依据，运用一系列专门的方法和技术，对企业过去和目前的偿债能力、盈利能力、营运能力等进行分析和评价，以便投资者、债权人、管理当局以及其他会计报表使用者做出正确的经济决策。会计报表是通过一系列的数据，全面、概括地反映企业的财务状况和经营成果。这些数据还不能直接为决策服务，需要报表使用者运用各种专门的分析方法，对数据资料进一步加工、整理、分析和研究，从中取得对决策有用的信息。这一过程就是会计报表分析。会计报表分析的具体意义主要表现在以下几个方面：

1. 可以判断企业的财务实力

通过对资产负债表和利润表有关资料进行分析，计算相关指标，可以了解企业的资产结构和负债水平是否合理，从而判断企业的偿债能力、营运能力及盈利能力等财务实力，揭示企业在财务状况方面可能存在的问题。

2. 可以评价和考核企业的经营业绩，揭示财务活动存在的问题

通过指标的计算、分析和比较，能够评价和考核企业的盈利能力和资金周转状况，揭示其经营管理的各个方面和各个环节问题，找出差距，得出分析结论。

3. 可以挖掘企业潜力，寻求提高企业经营管理水平和经济效益的途径

企业进行财务分析的目的不仅仅是发现问题，更重要的是分析问题和解决问题。通过财务分析，保持和进一步发挥生产经营管理中成功的经验，对存在的问题提出解决策略和措施，以达到扬长避短、提高经营管理水平和经济效益的目的。

4. 可以评价企业的发展趋势

通过各种财务分析，可以判断企业的发展趋势，预测其生产经营的前景及偿债能力，从而为企业领导层进行生产经营决策、投资者进行投资决策和债权人进行信贷决策提供重要的依据，避免因决策失误带来重大的损失。

二、会计报表分析的基本方法

在会计实务中，对会计报表的分析方法主要有比较分析法、比率分析法、因素分析法等。

(一)比较分析法

比较分析法是指将同一企业的不同时期，或同一时期的不同企业的有相同性质或类别的指标进行对比，计算出指标变动的绝对数或相对数，进而确定差异并分析原因的一种方法。其中的绝对数指标有产品销售收入、利润总额等；相对数指标有销售毛利率、资产周转率等。根据比较对象不同，比较分析法可以分为趋势分析法、横向比较法的和预算差异分析法。趋势分析法的比较对象是企业历年的财务数据；横向比较法的比较对象是同类企业的财务数据；预算

差异分析法的比较对象是企业实际财务数据与预算数据。

（二）比率分析法

比率分析法是指在同一会计报表的不同项目之间，或在不同会计报表的有关项目之间进行比较，计算出财务比率，反映各项目之间的相互关系，据以评价企业的财务状况和经营成果的方法。

（三）因素分析法

因素分析法是通过分析影响对象的主要因素，揭示经济指标变化的主要原因，进而测定各个因素对经济指标变动的影响程度的分析方法。

三、财务比率分析

财务比率分析也称为财务指标分析，通过分析财务报表数据的相对关系可以揭示企业经营管理的各方面问题，是主要的财务分析方法。财务报表分析的基本内容包括偿债能力分析、营运能力分析、盈利能力分析、发展能力分析和现金流量分析。本部分仅介绍偿债能力分析、营运能力分析和盈利能力分析。

（一）偿债能力分析

企业偿债能力分析是分析企业偿还到期债务（包括本金和利息）的能力，包括短期偿债能力分析和长期偿债能力分析。短期偿债能力是指用流动资产偿还流动负债的能力，是衡量企业当前财务能力特别是流动资产变现能力的重要指标。长期偿债能力是指企业对所有负债的清偿能力，它取决于企业总资产水平，受企业资本结构的影响。反映企业短期偿债能力的指标主要有流动比率和速动比率等，反映企业长期偿债能力的指标主要有资产负债率、产权比率等。

1. 流动比率

流动比率是流动资产与流动负债之比，即资产负债表中的流动资产合计数除以流动负债合计数，表明每1元流动负债有多少流动资产作为保障。其计算公式是：

$$\text{流动比率}=\frac{\text{流动资产}}{\text{流动负债}}$$

一般而言，流动比率越大，其偿债能力就越强，对债权人也越有保障。一般认为，生产企业合理的最低的流动比率是2。但是，流动比率过高，可能是企业对资金未能有效运用，也可能是存货积压太多，这并不是健康的财务状况。

2. 速动比率

速动比率是企业速动资产与流动负债之比，表明每1元流动负债有多少速动资产作为偿债保障。其计算公式是：

$$\text{速动比率}=\frac{\text{速动资产}}{\text{流动负债}}$$

构成流动资产的各项资产的流动性差别很大，其中货币资金、交易性金融资产和各种应收款项可以在较短时间内变现，称为速动资产；存货、预付款项、一年内到期的非流动资产和其他流动资产等，属于非速动资产。速动资产是在流动资产总额基础上剔除了存货等变现能力较差的非速动资产，因此能更准确、可靠地评价企业资产的流动性及偿还短期债务的能力。

在一般情况下，速动比率越大，短期偿债能力越强。通常认为存货占流动资产的一半左右，因此剔除存货影响的速动比率至少是1。速动比率过低，企业面临偿债风险；但速动比率过高，会因占用现金及应收账款过多而增加企业的机会成本，也说明企业投资过于保守，从而失去一些有利的投资和获利机会。

3. 资产负债率

资产负债率是企业负债总额与资产总额之比，即资产负债表中的负债总额除以资产总额，用于衡量企业负债水平的高低。其计算公式是：

$$\text{资产负债率}=\frac{\text{负债总额}}{\text{资产总额}}\times 100\%$$

资产负债率反映总资产中有多大比例是通过负债取得的，可以衡量企业清算时资产对债权人权益的保障程度。当资产负债率高于50%时，表明企业资产来源主要依靠的是负债，财务风险较大。当资产负债率低于50%时，表明企业资产的主要来源是所有者权益，财务比较稳健。这一比率越低，表明企业资产对负债的保障能力越高，企业的长期偿债能力越强。

4. 产权比率

产权比率，是负债总额与所有者权益总额之比，即资产负债表中的负债总额除以所有者权益总额，它反映投资者对债权人的保障程度。其计算公式是：

$$\text{产权比率}=\frac{\text{负债总额}}{\text{所有者权益总额}}\times 100\%$$

产权比率反映由债务人提供的资本与所有者提供的资本的相对关系，是企业清算时对债权人利益的保障程度。一般来说，这一比率越低，表明企业长期偿债能力越强，债权人权益保障程度越高。产权比率还可以反映企业的资本结构状况：高产权比率是高财务风险的资本结构；低产权比率是低财务风险的资本结构。产权比率是否适度主要取决于企业的经营管理水平和筹资决策。

（二）营运能力分析

营运能力是企业控制各种资产的管理效率，它反映资产运用、循环的效率高低。一般而言，资金周转速度越快，说明企业的资金管理水平越高，资金利用效率越高。反映企业营运能力的指标主要有存货周转率、应收账款周转率、总资产周转率。

1. 应收账款周转率

应收账款周转率是指企业在一定时期的销售收入净额与应收账款平均余额之比，即利润表的营业收入额除以资产负债表中应收账款的平均余额，表明一定时期内应收账款平均收回的次数。用时间表示应收账款周转速度的指标称为应收账款周转天数。两个计算公式是：

$$\text{应收账款周转率(次数)}=\frac{\text{销售收入净额}}{\text{应收账款平均余额}}=\frac{\text{销售收入净额}}{\text{(期初应收账款+期末应收账款)}\div 2}$$

$$\text{应收账款周转率(天数)}=\frac{\text{计算期天数}}{\text{应收账款周转次数}}$$

其中：计算期天数全年一般按 360 天计算，全季按 90 天计算，全月按 30 天计算。

一般来说，应收账款周转次数多，其周转天数也就越短，说明企业组织收回应收账款的速度快，发生坏账损失的风险小，资产流动性好；反之，应收账款周转次数少，说明企业组织收回应收账款的速度慢，坏账损失风险大，资产流动性差。企业应根据实际情况，综合考虑合理的信用政策和加快应收账款周转率，统筹安排赊销政策。

2. 存货周转率

存货周转率是指企业一定时期的销售成本与存货平均余额之比，即利润表的营业成本除以资产负债表的存货平均余额，反映存货的周转速度。用时间表示的存货周转率称为存货周转天数。两个计算公式是：

$$存货周转率(次数)=\frac{销售成本}{存货平均余额}=\frac{销售成本}{(期初存货+期末存货)\div 2}$$

$$存货周转天数=\frac{计算期天数}{存货周转次数}$$

存货周转率是从存货变现速度的角度来评价企业的销售能力及存货适量程度的。存货周转速度越快，存货占用水平越低，说明企业销售能力就越强；反之，存货周转速度慢，说明企业销售能力弱，营运资金被占用的量大。由于存货计价方法对存货周转率影响较大，因此在使用和计算存货周转率时，应注意存货计价方法的口径是否一致。

3. 总资产周转率

总资产周转率是指企业一定时期的销售收入净额与总资产平均余额之比，即利润表的营业收入除以资产负债表的总资产平均额，反映总资产营运能力。总资产周转率是衡量企业资产整体使用效率的，其计算公式为：

$$总资产周转率=\frac{销售收入净额}{总资产平均余额}=\frac{销售收入净额}{(期初总资产+期末总资产)\div 2}$$

（三）盈利能力分析

盈利能力是企业通过经营活动赚取利润的能力。企业盈利能力的高低直接关系到投资者的投资收益水平，关系到债权人债权保障程度的大小，关系到经营者的经营业绩和职工的收入。反映企业盈利能力的指标主要有销售毛利率、销售净利率、净资产收益率等。

1. 销售毛利率

销售毛利率是销售毛利与销售收入之比，反映产品每销售百元所包含的毛利润是多少，即销售收入扣除销售成本后还有多少剩余可用于本期的费用和形成利润。其计算公式是：

$$销售毛利率=\frac{销售毛利}{销售收入}\times 100\%$$

销售毛利率越大，表明产品的盈利能力越强。将销售毛利率与行业水平进行比较，可以反映企业产品的市场竞争能力。毛利率高的产品意味着产品的竞争优势更强，反之则缺乏竞争优势。

2. 销售净利率

销售净利率是指企业净利润与销售收入之比，反映每百元销售收入最终赚取了多少利润，用于反映产品最终的盈利能力。销售净利率越高，说明企业获取净利能力越强。其计算公式是：

$$\text{销售净利率}=\frac{\text{净利润}}{\text{销售收入}}\times 100\%$$

3. 净资产收益率

净资产收益率又叫权益净利率或权益报酬率，是净利润与平均所有者权益余额（平均净资产余额）之比，反映每百元所有者权益（净资产）赚取的净利润，反映所有者权益（净资产）的盈利能力。该指标是企业盈利能力指标的核心，更是投资者关注的重点。其计算公式为：

$$\text{净资产收益率}=\frac{\text{净利润}}{\text{平均所有者权益总额}}$$

$$=\frac{\text{净利润}}{(\text{期初所有者权益总额}+\text{期末所有者权益总额})\div 2}\times 100\%$$

一般来讲，净资产收益率越高，股东和债权人的利益保障程度越高。如果企业的净资产收益率在一段时期内持续增长，说明资本盈利能力稳定上升。但净资产收益率不是一个越高越好的概念，分析时还要注意企业的财务风险。

除上述财务比率外，上市公司常用的财务比率指标还包括每股收益和市盈率。

（1）每股收益，反映每股股份能够获得净利润的能力，是综合反映企业盈利能力的重要指标。其计算公式为：

$$\text{每股收益}=\frac{\text{归属于普通股股东的净利润}}{\text{发行在外的普通股股数}}$$

在理论上，每股收益反映了投资者可望获得的最高股利收益，是衡量股票投资价值的重要指标。每股收益越高，表明投资价值越大；否则，反之。对投资者来说，每股收益是一个综合性的盈利概念，每股收益可以视为企业能否成功地达到其利润目标的标志，也可以看成一家企业管理效率、盈利能力和股利来源的标志。由于每股收益这个指标在不同行业、不同规模的上市公司之间具有可比性，因而在各上市公司之间的业绩比较中被广泛应用。

（2）市盈率，是股票每股市价与每股收益之比，反映普通股股东为获取 1 元净利润所愿意支付的股票价格。其计算公式为：

$$\text{市盈率}=\frac{\text{每股股价}}{\text{每股收益}}$$

市盈率是股票市场上反映股票投资价值的重要指标。该比率的高低反映了市场上投资者对股票投资收益和投资风险的预期。一方面，市盈率越高，意味着投资者对股票的收益预期越看好，投资价值越大；反之，投资者对该股票评价越低。另一方面，市盈率越高，也说明获得一定的预期利润投资者需要支付更高的价格，因此投资于该股票的风险也越大；市盈率越低，说明投资于该股票的风险越小。

复习思考题

1. 会计报表有什么作用？会计报表编制的基本要求有哪些？

2. 什么是资产负债表？其编制依据是什么？有何作用？
3. 什么是利润表？其编制依据是什么？有何作用？
4. 什么是现金流量表？包括哪些内容？
5. 什么是所有者权益变动表？包括哪些内容？
6. 会计报表附注要求披露的内容有哪些？

自测题

一、单项选择题

1. 依照我国会计准则的要求，资产负债表采用的格式为（　　）。

A. 单步式　　B. 多步式　　C. 账户式　　D. 报告式

2. 依照我国会计准则的要求，利润表所采用的格式为（　　）。

A. 单步式　　B. 多步式　　C. 账户式　　D. 报告式

3. 资产负债表是反映企业（　　）财务状况的会计报表。

A. 某一特定日期　　B. 一定时期内　　C. 某一年份内　　D. 某一月份内

4. 在下列各个会计报表中，属于反映企业对外的静态报表的是（　　）。

A. 利润表　　B. 成本报表
C. 现金流量表　　D. 资产负债表

5. 所有者权益变动表是（　　）。

A. 利润表的附表　　B. 资产负债表的附表
C. 现金流量表的附表　　D. 会计报表的主表

6. 下列各项中，属于资产负债表中的“流动资产”项目的是（　　）。

A. 预付账款　　B. 固定资产　　C. 无形资产　　D. 在建工程

7. “应收账款”科目所属明细科目如有贷方余额，应在资产负债表（　　）项目中反映。

A. “预付账款”　　B. “预收账款”　　C. “应收账款”　　D. “应付账款”

8. 编制会计报表时，以“资产＝负债＋所有者权益”这一会计等式作为编制依据的会计报表是（　　）。

A. 利润表　　B. 所有者权益变动表
C. 现金流量表　　D. 资产负债表

9. 以“收入－费用＝利润”这一会计等式作为编制依据的会计报表是（　　）。

A. 利润表　　B. 所有者权益变动表
C. 现金流量表　　D. 资产负债表

10. 某企业“应付账款”明细账期末余额如下：W 企业贷方余额为 200 000 元，Y 企业借方余额为 180 000 元，Z 企业贷方余额为 300 000 元。假如该企业“预付账款”明细账均为借方余额，则根据以上数据计算的反映在资产负债表中“应付账款”项目的数额为（　　）元。

A. 680 000　　B. 320 000　　C. 500 000　　D. 80 000

二、多项选择题

1. 按包含的会计主体分类,会计报表可分为(　　)。

A. 单位会计报表　　B. 汇总会计报表

C. 个别会计报表　　D. 合并会计报表

2. 在利润表中,应列入"税金及附加"项目中的税金有(　　)。

A. 增值税　　B. 消费税　　C. 城市维护建设税D. 教育费附加

3. 利润表提供的信息包括(　　)。

A. 营业收入　　B. 营业成本

C. 资产减值损失　　D. 利润或亏损总额

4. 企业的下列报表中,属于对外的会计报表的有(　　)。

A. 资产负债表　　B. 利润表

C. 所有者权益变动表　　D. 现金流量表

5. 下列各项目中,属于资产负债表中的"流动资产"项目的有(　　)。

A. 货币资金　　B. 预付账款　　C. 应收账款　　D. 固定资产

6. 构成营业利润的要素主要包括(　　)。

A. 营业收入　　B. 营业成本　　C. 税金及附加　　D. 管理费用

7. 按照会计报表所反映的经济内容不同,可分为(　　)。

A. 反映财务状况的报表　　B. 反映经营成果的报表

C. 反映费用成本的报表　　D. 个别会计报表

8. 会计报表的使用者包括(　　)。

A. 企业内部管理层　　B. 投资者　　C. 债权人　　D. 政府部门

9. 下列各项中,不属于资产负债表中"非流动资产"项目的有(　　)。

A. 应收账款　　B. 存货　　C. 在建工程　　D. 应收票据

10. 企业在编制会计报表时,应符合下列哪些要求(　　)。

A. 数字真实　　B. 计算准确　　C. 内容完整　　D. 编报及时

三、判断题

1. 资产负债表是反映企业在一定时期内的资产、负债和所有者权益情况的报表。(　　)

2. 企业的会计报告分为年度、半年度、季度和月度会计报表。(　　)

3. 利润表是反映企业月末、季末或年末取得的利润或发生的亏损情况的报表。(　　)

4. 所有者权益变动表是反映企业在一定期间内所有者权益变动情况的会计报表,是资产负债表的附表。(　　)

5. 目前国际上比较普遍的利润表的格式主要有多步式利润表和单步式利润表两种。为简便明晰起见,我国企业采用的是单步式利润表。(　　)

6. 资产负债表的"期末余额"栏各项目主要是根据总账或有关明细账期末贷方余额直接填列的。(　　)

7. 资产负债表中"货币资金"项目反映企业库存现金、银行存款、银行汇票存款和银行本票存款等货币资金的合计数，因此，本项目应根据"库存现金""银行存款"账户的期末余额合计数填列。（　　）

8. 资产负债表中"应收账款"项目，应根据"应收账款"账户所属各明细账户的期末借方余额合计数填列。如果"预付账款"账户所属有关明细账户有借方余额的，也应包括在本项目内。如果"应收账款"账户所属明细账户有贷方余额，应包括在"预付账款"项目内填列。（　　）

9. 利润表中"营业成本"项目，是反映企业销售产品和提供劳务等主要经营业务的各项销售费用和实际成本。（　　）

10. 现金流量表的现金净增加额应与资产负债表中的货币资金期末数相等。（　　）

业务处理题

一、晋华公司未计提过"坏账准备"。月末有关账户余额如表 8—12 所示。

表 8—12　　月末有关账户余额表　　单位：元

会计科目	借方余额	贷方余额	会计科目	借方余额	贷方余额
应收账款	6 500		应付账款		7 400
——A 工厂	3 800		——甲公司		4 200
——B 公司	4 500		——乙工厂		5 300
——C 工厂		1 800	——丙公司	600	
			——丁工厂	1 500	

要求：计算填列"资产负债表"中的"应收账款""应付账款""预收账款"和 "预付账款"项目的金额。

二、东胜公司 202×年 12 月 31 日总分类科目和有关明细分类科目余额见表 8—13。

表 8—13　　202×年 12 月 31 日有关科目明细　　单位：元

总账科目	明细科目	借方余额	贷方余额
库存现金		1 000	
银行存款		15 000	
交易性金融资产		14 000	
应收账款		23 000	
	——甲公司	10 000	
	——乙公司		2 000
	——丙公司	15 000	
预付账款		6 700	
	——丁单位	7 000	
	——子单位		300

续表

总账科目	明细科目	借方余额	贷方余额
其他应收款		5 000	
	——行政科	4 000	
	——李强	2 000	
	——销售科		1 000
原材料		27 000	
生产成本		8 000	
库存商品		20 000	
长期股权投资		200 000	
固定资产		400 000	
累计折旧			60 000
短期借款			60 000
应付票据			5 000
应付账款			10 000
	——A 工厂		7 000
	——B 工厂	5 000	
	——C 工厂		8 000
预收账款			3 000
	——D 单位	1 000	
	——E 单位		4 000
其他应付款			6 000
	——工会	2 000	
	——押金		8 000
应付职工薪酬			34 700
应交税费			60 000
应付股利			20 000
应付利息			3 000
长期借款			30 000
实收资本			280 000
盈余公积			22 080
利润分配			125 920

要求:根据上述资料,编制东胜公司 202×年 12 月 31 日的资产负债表。

三、晋安公司 202×年 12 月发生下列经济业务:

(1)销售产品 500 000 元,增值税销项税额为 65 000 元,货款尚未收到。

(2)预收购买单位货款 200 000 元,存入银行。

(3)以银行存款支付广告费 10 000 元。

(4)以银行存款支付本月短期借款利息 5 000 元。

(5)以银行存款支付行政管理部门水电费 40 000 元。

(6)取得罚款收入 2 000 元,存入银行。

(7)结转已售产品生产成本为 250 000 元。

(8)计算出本月城市维护建设税 4 200 元,教育费附加 1 800 元。

(9)按所实现利润总额的 25%,计算并结转所得税。

要求:根据上述资料编制利润表。

第九章

账务处理程序

学习目标

本章主要介绍不同账务处理程序的特点和记账步骤。通过本章学习，使学生了解账务处理程序的种类，理解不同账务处理程序的特点，掌握不同账务处理的记账程序、优缺点和适用范围。

关键概念

账务处理程序　记账凭证账务处理程序　科目汇总表账务处理程序

第一节　账务处理程序概述

一、账务处理程序的概念

记账工作要有条不紊地进行，要确保账簿记录能够产生管理所需要的会计信息，就必须明确规定凭证、账簿和报表之间的关系，把它们有机地组织起来。凭证、账簿、报表相互结合的方式就构成了账务处理程序。

账务处理程序也称会计核算形式，是指会计凭证、会计账簿、会计报表的种类、格式与记账程序相结合的方式，包括会计凭证和账簿的种类、格式，会计凭证与账簿之间的联系方式，根据原始凭证编制记账凭证、登记明细分类账和总分类账、编制会计报表的工作程序和方法等。

二、账务处理程序的内容

账务处理程序的内容一般包括：会计凭证的设置、填制和传递；会计账簿的设置、账页格式以及账簿之间的相互关系；记账程序及其步骤；登记账簿的方法、会计报表的编制等。

三、账务处理程序的意义和要求

正确地确定并运用账务处理程序，是做好会计工作的重要前提，对于提高会计工作的质量和效率，正确、及时地编报会计报表有重要作用。所以，每个会计主体都应该对账务处理程序做出明确的规定。合理、适用的账务处理程序，一般应当符合以下三个要求：

(1)要与本单位经济业务性质、规模大小和经营业务繁简相适应，有利于会计核算的分工协作，有利于落实会计工作的岗位责任制。

(2)要能正确、全面、及时地提供会计核算资料，以满足投资人、债权人运用会计信息实施决策的需要，满足企业内部管理者运用会计管理经济的实际需要。

(3)要在保证会计核算资料正确、及时和完整的前提下，力求简化核算手续，节约人力和物力，提高核算工作的效率。

四、账务处理程序的设计原则

各企业单位的具体情况有所不同，在建立账务处理程序时，必须符合以下几项基本原则：

1. 要贯彻账务处理与经济管理密切配合的原则

会计是管理经济的工具，因此，账务处理必须与经济管理要求密切配合，为经济管理提供必要的会计核算资料。各单位在选择账务处理程序时，要认真考虑本单位在经济管理上的具体要求，并根据这些要求来设计、设置所需要的凭证账簿和报表，以便通过会计核算，能正确、及时地反映单位的经济活动情况，实现会计反映和监督的职能，促进单位改进和提高经济管理工作。

2. 要贯彻按照统一规定和从企业实际出发相结合的原则

为满足国家经济管理和综合平衡工作的需要，保证会计指标在全国范围内口径一致，便于会计资料的汇总和分析利用，国家财政部门制定出了若干种全国统一的账务处理程序。这些统一制定的账务处理程序虽然具有科学性，但只能规定一些原则，提出一些基本要求和基本做法，不可能也不必要规定得十分具体。各单位建立什么样的账务处理程序，首先应考虑全国的统一规定，也要结合本单位的实际情况，做到既不违背统一规定又能切合实际。

3. 要贯彻如实反映情况与合理减少工作量相结合的原则

账务处理程序的建立，一方面要有利于如实地反映经济活动情况，提供必要的总括核算资料和明细核算资料；另一方面，也必须注意减少核算工作量，提高会计人员的工作效率，节约人力物力，在不影响核算质量的前提下力求简化。

总之，各企业、机关和事业单位建立账务处理程序时，既要符合国家统一规定，又要符合本单位的实际情况；既要有利于简化核算工作，又要有利于经济管理。

五、账务处理程序的种类

在会计实践中，不同的会计凭证、会计账簿、记账程序和记账方法以及它们不同的结合方式，就形成不同种类的账务处理程序。各会计主体的经营规模有大有小，经营业务有繁有简，经营管理要求也不尽相同，在账务处理程序上自然不应强求一律。因此，各单位可根据本身的具体情况，按照账务处理程序的设计原则，分别建立各种不同的账务处理程序，以便取得必需的会计核算资料，并简化不必要的会计核算工作。

目前，我国企业经常使用的账务处理程序主要有记账凭证账务处理程序、科目汇总表账务处理程序和汇总记账凭证账务处理程序。

第二节 记账凭证账务处理程序

一、记账凭证账务处理程序的定义

记账凭证账务处理程序是指对发生的经济业务事项，都要根据原始凭证或原始凭证汇总表编制记账凭证，然后直接根据记账凭证逐笔登记总分类账的一种账务处理程序。它是一种最基本的账务处理程序，是其他各种账务处理程序产生和演变的基础。

二、记账凭证账务处理程序下凭证、账簿的设置

在记账凭证账务处理程序下，记账凭证可以采用通用记账凭证，也可采用收款凭证、付款凭证和转账凭证。账簿一般设置库存现金日记账、银行存款日记账、总分类账和明细分类账。库存现金日记账和银行存款日记账采用三栏式，分别作为库存现金、银行存款收付业务的序时记录。总分类账根据规定的一级科目设置，也采用三栏式。明细分类账根据经营管理的需要，分别采用三栏式、数量金额式和多栏式。

三、记账凭证账务处理程序的步骤

(1)根据各种原始凭证或原始凭证汇总表编制记账凭证。

(2)根据收款凭证、付款凭证登记库存现金日记账和银行存款日记账。

(3)根据记账凭证及其所附的原始凭证或原始凭证汇总表登记各种明细账。

(4)根据各种记账凭证逐笔登记总分类账。

(5)将库存现金日记账、银行存款日记账和各种明细分类账的余额与总分类账的余额相核对。

(6)月终，根据总分类账和明细分类账的资料编制会计报表。

记账凭证账务处理程序的基本内容如图 9—1 所示。

四、记账凭证账务处理程序的优缺点及适用范围

记账凭证账务处理程序的优点是简单明了，易于理解，总分类账可以较详细地反映经济业务的发生情况，能反映账户的对应关系。其缺点是登记总分类账的工作量较大。该账务处理程序适用于规模较小、经济业务量较少的单位。

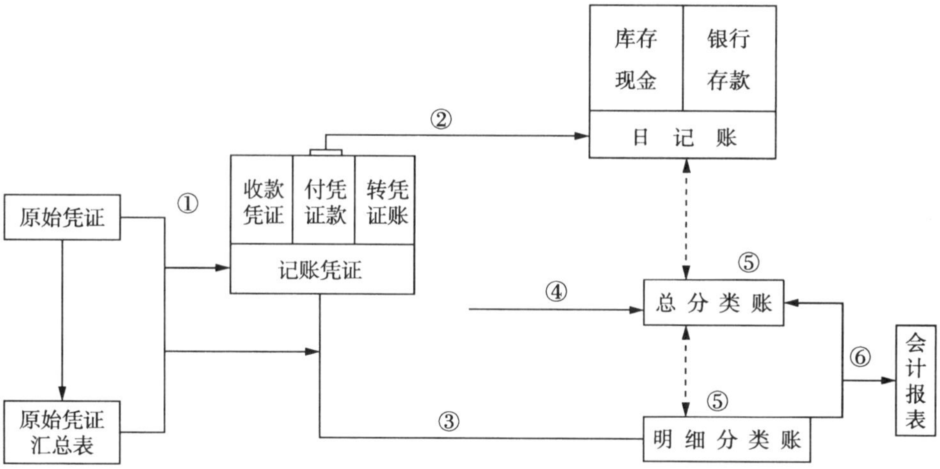

图 9—1 记账凭证账务处理程序

第三节 科目汇总表账务处理程序

一、科目汇总表账务处理程序的定义

科目汇总表账务处理程序又称记账凭证汇总表账务处理程序，是根据记账凭证定期编制科目汇总表，再根据科目汇总表登记总分类账的一种账务处理程序。这种账务处理程序是在记账凭证账务处理程序的基础上进行简化而形成的。

二、科目汇总表账务处理程序下凭证、账簿的设置

采用科目汇总表账务处理程序，除了和记账凭证账务处理程序一样设置通用记账凭证或设置收款凭证、付款凭证和转账凭证外，还需另设“科目汇总表”。

科目汇总表是指根据记账凭证汇总编制、列示有关各总分类账户的本期发生额，据以登记总分类账的一种记账凭证汇总表。它的主要作用是作为记账凭证与总分类账的中间环节，以减少登记总分类账的工作量。

账簿设置和记账凭证账务处理程序相同，即仍须设置库存现金日记账、银行存款日记账以及各种明细分类账和总分类账。总分类账可以采用三栏式账页，也可以采用多栏式账页。

三、科目汇总表的编制方法

在编制科目汇总表时，首先将汇总期内各项经济业务所涉及的会计科目填在科目汇总表的“会计科目”栏内，为了便于登记总分类账，会计科目的顺序按总分类账上会计科目的先后顺序填写；其次根据汇总期内所有记账凭证，按会计科目分别加计借方发生额和贷方发生额，将其汇总数填在各相应会计科目的“借方”和“贷方”栏。按会计科目汇总后，应加总借、贷方发生

额，进行发生额的试算平衡。科目汇总表的编制时间，应根据各企业、单位业务量而定，业务较多的可以每日汇总；业务较少的可以定期汇总，但一般不得超过 10 天。在科目汇总表上，还应注明据以编制的各种记账凭证的起讫字号，以备检查。

科目汇总表格式如表 9—1 所示。

表 9—1　　**科目汇总表**

年　月　日至　日　　　科汇第　号

会计科目	记账凭证起讫号数	本期发生额		总账页数
		借　方	贷　方	
合　计				

四、科目汇总表账务处理程序的步骤

(1)根据各种原始凭证或原始凭证汇总表编制记账凭证。

(2)根据收款凭证和付款凭证登记库存现金日记账和银行存款日记账。

(3)根据记账凭证及其所附的原始凭证和原始凭证汇总表登记各种明细账。

(4)根据各种记账凭证编制科目汇总表。

(5)根据科目汇总表登记总分类账。

(6)将库存现金日记账、银行存款日记账和各种明细分类账的余额与总分类账的余额相核对。

(7)月终，根据总分类账和明细分类账的资料编制会计报表。

以上账务处理程序如图 9—2 所示。

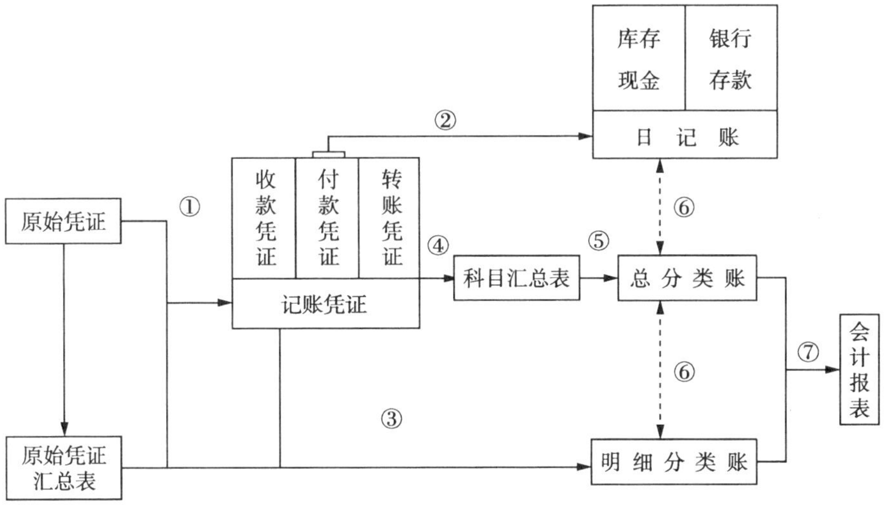

图 9—2　科目汇总表账务处理程序

五、科目汇总表账务处理程序的优缺点及适用范围

由于采取汇总登记总分类账的方式，科目汇总表账务处理程序减轻了登记总分类账的工作量，并可做到试算平衡，简明易懂，方便易学。其缺点是科目汇总表不能反映账户对应关系，不便于查对账目。它适用于经济业务较多的单位。

六、科目汇总表账务处理程序举例

（一）资料

安宇公司 202×年 11 月末的资产负债表如表 9—2 所示。

表 9—2 **资产负债表（简表）**

202×年 11 月 30 日 单位：元

资 产	期末数	负债及所有者权益	期末数
库存现金	2 000	短期借款	20 000
银行存款	20 000	长期借款	60 000
原材料	21 000	实收资本	100 000
生产成本	13 000		
库存商品	24 000		
固定资产原值	139 000		
减：累计折旧	39 000		
固定资产净值	100 000		
合 计	180 000	合 计	180 000

安宇公司 202×年 12 月发生下列经济业务（假设不考虑增值税）：

（1）12 月 1 日，购入甲材料 1 000 千克，单价 7 元，共计 7 000 元，材料已验收入库，贷款以银行存款支付。

（2）12 月 6 日，陈晨出差预借差旅费 500 元，以现金支付。

（3）12 月 10 日，销售 A 产品 300 件，单价 50 元，共计 15 000 元，货款收回，存入银行。

（4）12 月 15 日，生产 A 产品领用甲材料 200 千克，单价 7 元，共计 1 400 元。

（5）12 月 20 日，陈晨出差归来，报销差旅费 450 元，并交回余款 50 元。

（6）12 月 29 日，以银行存款支付本月的保险费 300 元。

（7）12 月 30 日，结转已售产品成本，已知 A 产品单位成本 20 元。

（8）12 月 30 日，将损益类账户结转本年利润账户。

（二）根据以上经济业务采用科目汇总表账务处理程序进行核算

1. 付款凭证、收款凭证、转账凭证见表 9—3 至表 9—12。

表 9—3

付款凭证

贷方科目:银行存款　　202×年 12 月 1 日　　银付字第 1 号

摘　要	借方科目		金　额	记账符号	
	一级科目	明细科目			附件3张
购入甲材料	原材料	甲材料	7 000	√	
合　计			7 000	√	

会计主管:　　记账:　　出纳:　　审核:　　制单:李娟

表 9—4

付款凭证

贷方科目:库存现金　　202×年 12 月 6 日　　现付字第 1 号

摘　要	借方科目		金　额	记账符号	
	一级科目	明细科目			附件1张
陈晨预借差旅费	其他应收款	陈晨	500	√	
合　计			500	√	

会计主管:　　记账:　　出纳:　　审核:　　制单:李娟

表 9—5

收款凭证

借方科目:银行存款　　202×年 12 月 10 日　　银收字第 1 号

摘　要	借方科目		金　额	记账符号	
	一级科目	明细科目			附件2张
销售产品	主营业务收入	A 产品	15 000	√	
合　计			15 000	√	

会计主管:　　记账:　　出纳:　　审核:　　制单:李娟

表 9—6

转账凭证

202×年 12 月 15 日　　转字第 1 号

摘　要	会计科目		借方金额	贷方金额	记账符号	
	一级科目	明细科目				附件2张
生产领用材料	生产成本	A 产品	1 400		√	
	原材料	甲材料		1 400	√	
合　计			1 400	1 400		

会计主管:　　记账:　　出纳:　　审核:　　制单:李娟

表 9—7 **转账凭证**

202×年 12 月 20 日 转字第 2 号

摘　要	会计科目		借方金额	贷方金额	记账符号
	一级科目	明细科目			
报销差旅费	管理费用	其他	450		✓
	其他应收款	陈晨		450	✓
合　计			450	450	

附件 6 张

会计主管： 记账： 出纳： 审核： 制单：李娟

表 9—8 **收款凭证**

借方科目：库存现金 202×年 12 月 20 日 现收字第 1 号

摘　要	贷方科目		金　额	记账符号
	一级科目	明细科目		
陈晨归还现金	其他应收款	陈晨	50	✓
合　计			50	✓

附件 1 张

会计主管： 记账： 出纳： 审核： 制单：李娟

表 9—9 **付款凭证**

贷方科目：库存现金 202×年 12 月 29 日 现付字第 2 号

摘　要	会计科目		金　额	记账符号
	一级科目	明细科目		
支付保险费	管理费用	其他	300	✓
合　计			300	✓

附件 2 张

会计主管： 记账： 出纳： 审核： 制单：李娟

表 9—10 **转账凭证**

202×年 12 月 31 日 转字第 3 号

摘　要	会计科目		借方金额	贷方金额	记账符号
	一级科目	明细科目			
结转已售 A 产品的成本	主营业务成本		6 000		✓
	库存商品	A 商品		6 000	✓
合　计			6 000	6 000	

附件 1 张

会计主管： 记账： 出纳： 审核： 制单：李娟

表 9—11 转账凭证

202×年 12 月 31 日 转字第 4 号

摘 要	会计科目		借方金额	贷方金额	记账符号
	一级科目	明细科目			
结转收入	主营业务收入		15 000		√
	本年利润			15 000	√
合 计			15 000	15 000	

附件 张

会计主管： 记账： 出纳： 审核： 制单：李娟

表 9—12 转账凭证

202×年 12 月 31 日 转字第 5 号

摘 要	会计科目		借方金额	贷方金额	记账符号
	一级科目	明细科目			
结转费用	本年利润		6 750		√
	主营业务成本			6 000	√
	管理费用			750	√
合 计			6 750	6 750	

附件 张

会计主管： 记账： 出纳： 审核： 制单：李娟

2. 根据收款凭证、付款凭证及所附原始凭证登记现金日记账和银行存款日记账，如表 9—13、表 9—14 所示。

表 9—13 库存现金日记账 第 页

202×年		凭 证		摘 要	对方账户	借 方	贷 方	余 额
月	日	字	号					
12	1			月初余额				2 000
12	6	付	2	陈晨预借差旅费	其他应收款		500	1 500
12	20	收	2	陈晨归还现金	其他应收款	50		1 550
12	31			本月合计		50	500	1 550

表 9—14 银行存款日记账 第 页

202×年		凭 证		摘 要	对方账户	借 方	贷 方	余 额
月	日	字	号					
12	1			月初余额				20 000
12	1	付	1	购入原材料	原材料		7 000	13 000
12	10	收	1	销售 A 产品	主营业务收入	15 000		28 000
12	29	付	3	支付保险费	管理费用		300	27 700
12	31			本月合计		15 000	7 300	27 700

3. 根据收款凭证、付款凭证、转账凭证及所附原始凭证登记明细分类账，如表9—15、表9—16所示。

表9—15 其他应收款明细分类账

202×年		凭证		摘要	借方金额	贷方金额	借或贷	余额
月	日	字	号					
12	6	付	2	预借差旅费	500		借	500
12	20	收	2	陈晨归还现金		50	借	450
12	20	转	2	陈晨报销差旅费		450	平	0
12	31			本月合计	500	500	平	0

表9—16 原材料明细分类账

202×年		凭证		摘要	收入			发出			借或贷	结存		
月	日	字	号		数量	单价	金额	数量	单价	金额	借	数量	单价	金额
12	1			期初余额							借	3 000	7	21 000
12	1	付	1	购进	1 000	7	7 000				借	4 000	7	28 000
12	15	转	1	领用				200	7	1 400	借	3 800	7	26 600
12	31			本月合计	1 000	7	7 000	200	7	1 400	借	3 800	7	26 600

4. 根据记账凭证编制科目汇总表，如表9—17所示。

表9—17 科目汇总表

202×年12月1日至31日　　汇字第12号

会计科目	本期发生额		总账页数
	借方	贷方	
库存现金	50	500	
银行存款	15 000	7 300	
其他应收款	500	500	
原材料	7 000	14 000	
库存商品		6 000	
生产成本	1 400		
主营业务收入	15 000	15 000	
主营业务成本	6 000	6 000	
管理费用	750	750	
本年利润	6 750	15 000	
合计	52 450	52 450	

5. 根据科目汇总表登记总分类账，如表9—18至表9—32所示。

表 9—18 总分类账

账户名称:库存现金 第 页

202×年		凭证编号	摘　要	借方金额	贷方金额	借或贷	余　额
月	日						
12	1		期初余额			借	2 000
12	31	科汇 1	1—31 日汇总表	50	500		
12	31		本月合计	50	500	借	1 550

表 9—19 总分类账

账户名称:银行存款 第 页

202×年		凭证编号	摘　要	借方金额	贷方金额	借或贷	余　额
月	日						
12	1		期初余额			借	20 000
12	31	科汇 1	1—31 日汇总表	15 000	7 300		
12	31		本月合计	15 000	7 300	借	27 700

表 9—20 总分类账

账户名称:原材料 第 页

202×年		凭证编号	摘　要	借方金额	贷方金额	借或贷	余　额
月	日						
12	1		期初余额			借	21 000
12	31	科汇 1	1—31 日汇总表	7 000	1 400		
12	31		本月合计	7 000	1 400	借	26 600

表 9—21 总分类账

账户名称:其他应收款 第 页

202×年		凭证编号	摘　要	借方金额	贷方金额	借或贷	余　额
月	日						
12	31	科汇 1	1—31 日汇总表	500	500		
12	31		本月合计	500	500	平	0

表 9—22　　总分类账

账户名称:库存商品　　第　页

202×年		凭证编号	摘　要	借方金额	贷方金额	借或贷	余　额
月	日						
12	1		期初余额			借	24 000
12	31	科汇 1	1—31 日汇总表		6 000		
12	31		本月合计		6 000	借	18 000

表 9—23　　总分类账

账户名称:生产成本　　第　页

202×年		凭证编号	摘　要	借方金额	贷方金额	借或贷	余　额
月	日						
12	1		期初余额			借	13 000
12	31	科汇 1	1—31 日汇总表	1 400			
12	31		本月合计	1 400		借	14 400

表 9—24　　总分类账

账户名称:主营业务收入　　第　页

202×年		凭证编号	摘　要	借方金额	贷方金额	借或贷	余　额
月	日						
12	31	科汇 1	1—31 日汇总表	15 000	15 000		
12	31		本月合计	15 000	15 000	平	0

表 9—25　　总分类账

账户名称:主营业务成本　　第　页

202×年		凭证编号	摘　要	借方金额	贷方金额	借或贷	余　额
月	日						
12	31	科汇 1	1—31 日汇总表	6 000	6 000		
12	31		本月合计	6 000	6 000	平	0

表 9—26 **总分类账**

账户名称:管理费用 第 页

202×年		凭证编号	摘 要	借方金额	贷方金额	借或贷	余 额
月	日						
12	31	科汇 1	1—31 日汇总表	750	750		
12	31		本月合计	750	750	平	0

表 9—27 **总分类账**

账户名称:本年利润 第 页

202×年		凭证编号	摘 要	借方金额	贷方金额	借或贷	余 额
月	日						
12	31	科汇 1	1—31 日汇总表	6 750	15 000		
12	31		本月合计	6 750	15 000	贷	8 250

表 9—28 **总分类账**

账户名称:固定资产 第 页

202×年		凭证编号	摘 要	借方金额	贷方金额	借或贷	余 额
月	日						
12	1		期初余额			借	139 000

表 9—29 **总分类账**

账户名称:累计折旧 第 页

202×年		凭证编号	摘 要	借方金额	贷方金额	借或贷	余 额
月	日						
12	1		期初余额			贷	39 000

表 9—30 **总分类账**

账户名称:短期借款 第 页

202×年		凭证编号	摘 要	借方金额	贷方金额	借或贷	余 额
月	日						
12	1		期初余额			贷	20 000

表 9—31 **总分类账**

账户名称:长期借款 第 页

202×年		凭证编号	摘 要	借方金额	贷方金额	借或贷	余 额
月	日						
12	1		期初余额			贷	60 000

表 9—32 **总分类账**

账户名称:实收资本 第 页

202×年		凭证编号	摘 要	借方金额	贷方金额	借或贷	余 额
月	日						
12	1		期初余额			贷	100 000

6. 日记账与总账核对,明细账与总账核对,以保证账账相符。总分类账的本期发生额及余额如表 9—33 所示。

表 9—33 **总分类账户本期发生额及余额表**

202×年 12 月 31 日

账户名称	期初余额		本期发生额		期末余额	
	借 方	贷 方	借 方	贷 方	借 方	贷 方
库存现金	2 000		50	500	1 550	
银行存款	20 000		15 000	7 300	27 700	
原材料	21 000		7 000	1 400	26 600	
生产成本	13 000		14 000		14 400	
库存商品	24 000			6 000	18 000	
固定资产	139 000				139 000	
累计折旧		39 000				39 000
短期借款		20 000				20 000
长期借款		60 000				60 000
实收资本		100 000				100 000
其他应收款			500	500		
管理费用			750	750		
主营业务成本			6 000	6 000		
主营业务收入			15 000	15 000		
本年利润			6 750	15 000		8 250
合 计	219 000	219 000	52 450	52 450	277 250	227 250

7. 根据总分类账、各明细分类账编制财务报表。此处省略。

第四节 汇总记账凭证账务处理程序

一、汇总记账凭证账务处理程序的定义

汇总记账凭证账务处理程序是根据原始凭证或汇总原始凭证编制记账凭证，定期根据记账凭证分类编制汇总收款凭证、汇总付款凭证和汇总转账凭证，再根据汇总记账凭证登记总分类账的一种账务处理程序。

二、汇总记账凭证账务处理程序下凭证、账簿的设置

在汇总记账凭证账务处理程序下，除仍应设置收款凭证、付款凭证和转账凭证外，还要据以编制汇总收款凭证、汇总付款凭证和汇总转账凭证。此外，仍需设置库存现金日记账、银行存款日记账和一定种类的明细分类账。由于汇总记账凭证反映了账户的对应关系，所以总分类账也采用三栏式。

三、汇总记账凭证的编制方法

汇总收款凭证、汇总付款凭证和汇总转账凭证都是分别根据收款凭证、付款凭证和转账凭证进行汇总编制的，汇总的期限一般不应超过 10 天，每月至少汇总三次，每月编制一张，月终结算出合计数，据以登记总分类账。

(一)汇总收款凭证

汇总收款凭证根据收款凭证分别编制库存现金汇总收款凭证和银行存款汇总收款凭证，并分别与有关贷方科目相对应。汇总收款凭证的格式如表 9—34 所示。

表 9—34 汇总收款凭证

借方科目：银行存款 202×年×月 汇收字第 号

贷方科目	金额				总账页数	
	1—10 日收款凭证第 号至 号	11—20 日收款凭证第 号至 号	21—31 日收款凭证第 号至 号	合计	借方	贷方
实收资本						
其他应收款						
合计						

会计主管： 记账： 审核： 制证：

(二)汇总付款凭证

汇总付款凭证根据付款凭证分别填制库存现金汇总付款凭证和银行存款汇总付款凭证，并分别与有关借方科目相对应。汇总付款凭证的格式如表 9—35 所示。

表 9—35　　汇总付款凭证

贷方科目:库存现金　　202×年×月　　汇付字第　号

借方科目	金额				总账页数	
	1—10 日付款凭证第　号至　号	11—20 日付款凭证第　号至　号	21—31 日付款凭证第　号至　号	合　计	借　方	贷　方
销售费用						
应付职工薪酬						
合　计						

会计主管:　　记账:　　审核:　　制证:

(三)汇总转账凭证

根据转账凭证的每一贷方科目填制汇总转账凭证,将与其相对应的科目填制在汇总转账凭证的“借方科目”栏。为了使填制的汇总转账凭证避免漏汇或重汇,在填制转账凭证时,最好填制一借一贷或多借一贷的记账凭证。汇总转账凭证的格式如表 9—36 所示。

表 9—36　　汇总转账凭证

贷方科目:原材料　　202×年×月　　汇转字第　号

借方科目	金额				总账页数	
	1—10 日转账凭证第　号至　号	11—20 日转账凭证第　号至　号	21—31 日转账凭证第　号至　号	合　计	借　方	贷　方
生产成本						
制造费用						
合　计						

会计主管:　　记账:　　审核:　　制证:

四、汇总记账凭证账务处理程序的步骤

(1)根据原始凭证或原始凭证汇总表填制记账凭证。

(2)根据收款凭证、付款凭证登记库存现金日记账和银行存款日记账。

(3)根据记账凭证及其所附的原始凭证或原始凭证汇总表登记各种明细分类账。

(4)根据各种记账凭证编制各种汇总记账凭证。

(5)根据各种汇总记账凭证登记总分类账。

(6)将库存现金日记账、银行存款日记账和各种明细分类账的余额与总账余额互相核对。

(7)月终,根据总分类账和各种明细分类账的资料编制会计报表,见图 9—3。

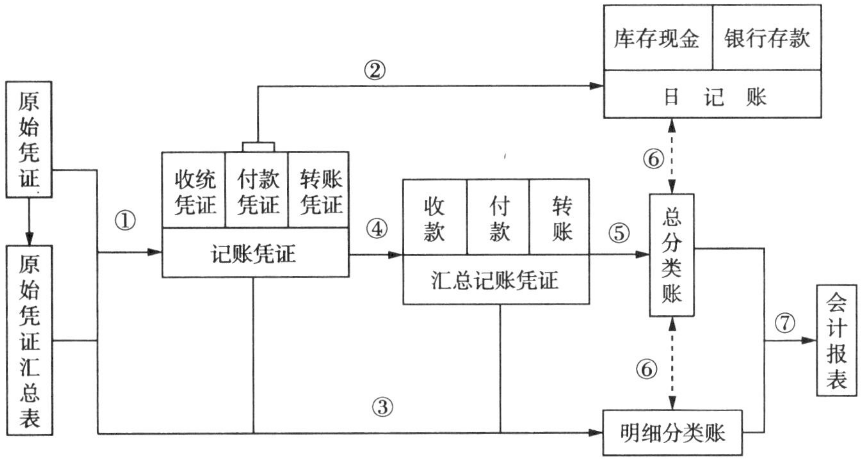

图 9—3 汇总记账凭证账务处理程序

五、汇总记账凭证账务处理程序的优缺点及适用范围

汇总记账凭证账务处理程序的优点是减轻了登记总分类账的工作量,便于了解账户之间的对应关系。其缺点是按每一贷方科目编制汇总转账凭证,不利于会计核算的日常分工,当转账凭证较多时,编制汇总转账凭证的工作量较大。该账务处理程序适用于规模较大、经济业务较多的单位。

复习思考题

1. 什么是记账凭证账务处理程序? 记账凭证账务处理程序的特点是什么?
2. 什么是科目汇总表账务处理程序? 科目汇总表账务处理程序的特点是什么?
3. 什么是汇总记账凭证账务处理程序? 汇总记账凭证账务处理程序的特点是什么?
4. 选择账务处理程序的要求有哪些?
5. 说明各种账务处理程序的核算步骤、优缺点及适用范围。
6. 什么是科目汇总表? 如何编制科目汇总表?

自测题

一、单项选择题

1. 根据记账凭证逐笔登记总账,这种账务处理程序是(　　)。

A. 记账凭证账务处理程序　　B. 科目汇总表账务处理程序

C. 多栏式日记账账务处理程序　　D. 汇总记账凭证账务处理程序

2. 各种账务处理程序的主要区别是(　　)。

A. 总账的格式不同　　B. 登记明细账的依据不同
C. 登记总账的依据和方法不同　　D. 编制会计报表的依据不同

3. 科目汇总表账务处理程序和汇总记账凭证账务处理程序的主要相同点是(　　)。
A. 登记总账的依据不同　　B. 记账凭证汇总的方法相同
C. 记账凭证都需要汇总并且记账步骤相同　D. 汇总凭证格式相同

4. 会计核算中最基本的账务处理程序是(　　)。
A. 记账凭证账务处理程序　　B. 科目汇总表账务处理程序
C. 多栏式日记账账务处理程序　　D. 汇总记账凭证账务处理程序

5. 一般地,科目汇总表账务处理程序适合于(　　)。
A. 业务量较少的单位　　B. 业务量较多的单位
C. 业务涉及金额较大的单位　　D. A和B均正确

6. 汇总记账凭证账务处理程序是根据(　　)登记总账。
A. 科目汇总表　B. 记账凭证　C. 汇总记账凭证　D. 日记账

二、多项选择题

1. 在记账凭证账务处理程序中登记总账的依据是(　　)。
A. 原始凭证　B. 原始凭证汇总表　C. 收款凭证
D. 付款凭证　E. 转账凭证

2. 各种常用的账务处理程序的基本相同点是(　　)。
A. 填制记账凭证的依据相同　　B. 登记总账的依据和方法相同
C. 登记明细账的依据和方法相同　　D. 编制会计报表的依据和方法相同
E. 适用的业务范围和企业规模相同

3. 各种账务处理程序的一般程序均应包括(　　)。
A. 填制原始凭证　B. 编制记账凭证　C. 登记日记账、明细账和总账
D. 进行账簿有关指标核对　E. 编制会计报表

4. 在采用汇总记账凭证账务处理程序的时候,编制记账凭证的要求是(　　)。
A. 收款凭证为一借多贷　　B. 收款凭证为一贷多借
C. 付款凭证为一贷多借　　D. 转账凭证为一贷多借
E. 转账凭证为一借多贷

三、判断题

1. 不同的凭证、账簿组织以及与之相适应的记账程序和方法相结合,构成不同的账务处理程序。(　　)

2. 记账凭证账务处理程序一般适用于规模小、业务复杂、凭证较多的单位。(　　)

3. 汇总记账凭证账务处理程序就是将各种原始凭证汇总后填制记账凭证,据以登记总账的账务处理程序。(　　)

4. 科目汇总表可以减轻登记总账的工作量，而且科目汇总表还可以起到试算平衡的作用，从而保证总账登记的正确性。 （ ）

5. 科目汇总表账务处理程序只适用于经济业务不太复杂的小型企业或单位。 （ ）

6. 记账凭证账务处理程序的主要特点是直接根据各种记账凭证登记总账。 （ ）

业务处理题

练习科目汇总表账务处理程序。

晋华公司202×年12月初各账户余额如下：

账户名称	借方余额	贷方余额
库存现金	1 000	
银行存款	450 000	
应收账款	65 000	
其他应收款	1 800	
原材料	800 000	
库存商品	600 000	
预付账款	1 200	
周转材料	50 000	
固定资产	3 500 000	
累计折旧		980 000
应付账款		86 000
短期借款		20 000
预收账款		4 600
应付职工薪酬		217 400
应交税费		81 000
实收资本		3 400 000
盈余公积		680 000
合　计	5 469 000	5 469 000

晋华公司202×年12月份发生的经济业务事项如下：

(1)12月1日，向B公司购进甲材料20 000千克，单价25元，计500 000元，增值税65 000元，其款项以银行存款支付。

(2)12月3日，向B公司购进甲材料40 000千克，单价25元，计1 000 000元；向C公司购进乙材料50 000千克，单价20元，计1 000 000元；增值税合计260 000元。材料已验收入库，款项尚未支付。

(3)12月10日，签发现金支票，从银行提取现金580 000元，以备发放工资。

(4)12 月 10 日,以现金 580 000 元发放职工工资。

(5)12 月 10 日,生产车间的机器设备发生故障,签发转账支票支付大昌维修公司维修费 5 000 元。

(6)12 月 12 日,向 C 公司销售甲产品 50 台,每台售价 17 788 元,货款合计 889 400 元,销项税额为 115 622 元,货款及增值税款已收回并存入银行。

(7)12 月 12 日,向 C 公司销售甲产品,由本公司负担运杂费 5 000 元,款项以存款支付。

(8)12 月 18 日,从银行借入期限为 5 年的长期借款 100 000 元。

(9)12 月 25 日,接受某公司投资设备一台,原值 400 000 元,设备经评估确认价值为 200 000 元。

(10)12 月 30 日,分配本月应付职工工资 580 000 元。其中,生产工人工资 420 000 元,车间管理人员工资 80 000 元,行政管理人员工资 80 000 元。

(11)12 月 31 日,计提本月固定资产折旧费 30 000 元。其中,生产车间使用的固定资产应提折旧费 22 000 元,行政管理部门使用的固定资产应提折旧费 8 000 元。

(12)12 月 31 日,收到罚款收入 1 000 元,存入银行。

(13)12 月 31 日,向灾区捐款 10 000 元,以存款支付。

要求:

(1)设置三栏式总分类账户并登记期初余额。

(2)根据上述资料填制记账凭证并编制科目汇总表,登记总账。

(3)结算总分类各账的期末余额。

第十章

会计法律制度和会计职业道德

学习目标

本章主要介绍我国目前会计法律制度、会计职业道德的构成及其主要内容。通过本章学习，使学生了解我国目前的会计法律制度的构成、会计工作管理体制以及会计机构、会计人员的法律责任、会计职业道德等基本知识；增强法律意识，严格遵守会计职业道德规范，培养良好的职业素养。

关键概念

会计法律制度　会计职业道德

第一节　会计法律制度

一、会计法律制度的概念和构成

会计法律制度，是指由国家权力机关和行政机关制定的，用于规范各种会计工作的法律、法规、规章和规范性文件的总称，通常简称为会计法规。会计法律制度是调整会计关系的法律规范。会计关系，是会计机构和会计人员在办理会计事务过程中，以及国家在管理会计工作过程中发生的经济关系，即它包括会计事务关系和会计管理关系。为了保证会计工作的有序进行，国家通过制定一系列会计法律制度来调整和规范各种会计关系，包括针对会计工作、会计核算、会计监督、会计人员、会计档案管理等所制定的规范性文件。

我国会计法律制度包括会计法律、会计行政法规、国家统一的会计制度。它是调整会计关系的法律规范。

(一)会计法律

会计法律是指由全国人民代表大会及其常务委员会经过一定的立法程序制定的有关会计工作的法律制度。目前我国有两部会计法律,分别是1985年1月21日第六届全国人民代表大会常务委员会第9次会议通过,1993年12月29日第八届全国人民代表大会常务委员会第5次会议修正,1999年10月31日第九届全国人民代表大会常务委员会第12次会议修订的《中华人民共和国会计法》(以下简称《会计法》),修订后的《会计法》于2000年7月1日开始施行。2017年11月4日,十二届全国人大常委会议表决通过了《关于修改会计法的决定》,于11月5日实施。1993年10月31日第八届全国人民代表大会常务委员会第四次会议通过的《中华人民共和国注册会计师法》(以下简称《注册会计师法》),自1994年1月1日起开始施行。

《会计法》是我国会计工作的基本法,也是我国进行会计工作的基本依据。它在我国会计法规体系中居于最高层次地位。

会计法律,相对于其他会计法律制度而言,具有以下特点:

一是只能由具有国家立法权的全国人民代表大会制定,其他机关无权制定或修改。

二是其所规定的是会计工作中重要的、带有根本性的事项。如《会计法》规定,“各单位必须设置会计账簿,并保证其真实、完整”“任何单位或者个人不得以任何方式授意、指使、强令会计机构、会计人员伪造、变造会计凭证、会计账簿和其他会计资料,提供虚假财务会计报告”等。

三是制定会计行政法规、国家统一的会计制度的依据。

因此,我国《会计法》是会计法律制度中层次最高的法律规范,是会计机构、会计人员开展会计工作,进行会计核算,实施会计监督的基本依据,也是各级有关管理部门进行会计管理和监督的基本依据。

《注册会计师法》的立法目的是:发挥注册会计师在社会经济生活中的鉴证和服务作用,加强对注册会计师的管理,维护社会公共利益和投资者的合法权益,促进社会主义市场经济的健康发展。《注册会计师法》的适用对象是注册会计师、会计师事务所及注册会计师协会。

(二)会计行政法规

会计行政法规,是指由国务院制定发布,或者由国务院有关部门拟订经国务院批准发布的,调整某些会计关系的会计法律规范。其制定依据是《会计法》,其法律效力仅次于《会计法》。如1990年12月31日国务院发布的《总会计师条例》、2000年6月21日国务院发布的《企业财务会计报告条例》等都属于会计行政法规。

《总会计师条例》是对《会计法》中有关规定的细化和补充。它主要规定了单位总会计师的职责、权限、任免奖惩等。

《企业财务会计报告条例》是对《会计法》中有关财务会计报告的规定的细化。它主要规定了企业财务会计报告的构成、编制和对外提供的要求、法律责任等。条例要求企业负责人对本企业财务会计报告的真实性和完整性负责;强调任何组织或者个人不得授意、指使、强令企业编制和对外提供虚假的或者隐瞒重要事实的财务会计报告。条例还对违法、违规行为应承担的法律责任做了明确规定。

（三）国家统一的会计制度

国家统一的会计制度，是指国务院财政部门根据《会计法》制定的关于会计核算、会计监督、会计机构和会计人员以及会计工作管理的制度，包括会计部门规章和会计规范性文件。

会计部门规章，是由财政部制定，并由部门首长签署命令予以公布的制度办法。如 2001 年 2 月 20 日财政部第 10 号令发布的《财政部门实施会计监督办法》，2005 年 1 月 18 日财政部第 24 号令发布的《会计师事务所审批和监督办法》，2005 年 1 月 22 日财政部第 26 号令发布的《会计从业资格管理办法》（2012 年 12 月 5 日修订，于 2013 年 7 月 1 日起施行），2006 年 2 月 15 日财政部第 33 号令发布的《企业会计准则——基本准则》等，均属于会计部门规章。

会计规范性文件是指主管全国会计工作的行政部门，即国务院财政部门制定发布的有关会计的管理办法，如财政部发布的《企业会计准则第 1 号——存货》等 41 项具体准则和应用指南、《小企业会计准则》以及《会计基础工作规范》，财政部与国家档案局联合发布的《会计档案管理办法》等。

（四）会计法律制度的特征

1. 权威性

会计法律制度作为评价会计行为合理、合法的有效标准，必须具有充分的影响力和威望，能够让会计人员信服和承认，而不管这种承认是自发的还是强制的，也不管这种制度是成文的还是惯例性的。通过这种标准，让人明白哪些行为是符合规范的，哪些行为是不符合规范的。权威性可以来自会计规范的制定机关，如国家立法机关和行政机关，也可以来自社会的广泛支持。

2. 统一性

会计法律制度在一定范围之内是统一的，适用的对象不是针对具体和特定的某一单位、某一企业，而是广泛适用于全国范围内的；不是针对某一具体和特定的业务，而是适用于任何会计行为。当然，会计法律制度的适用也有一定的范围限制，如地方性会计法规只能适用于本地区，企业内部的会计管理制度只在本企业具有较强的约束力，前提是这些规范或制度不能与会计法相违背。

3. 相对稳定性

会计法律制度在一定时期、一定客观环境下是相对稳定的，但并不是一成不变的。随着社会政治经济条件的发展变化，一些会计制度可能不再适宜，或变得过时而需要进行修正甚至放弃，而一些新的会计规范逐渐被建立、被接受。因此，会计法律制度的建立和发展是一个动态的演进过程。

二、会计工作管理体制

会计工作管理体制是划分管理会计工作职责权限关系的制度，包括会计工作管理组织形式、管理权限划分、管理机构设置等内容。《会计法》和《注册会计师法》已对我国的会计管理体制做了明确规定，形成了会计行政管理、自律管理和单位会计管理各有侧重、协调发展的会计管理体制。

(一)会计工作的主管部门

《会计法》第七条规定:“国务院财政部门主管全国会计工作,县级以上地方各级人民政府财政部门管理本区域内的会计工作。财政部门按照‘统一领导,分级管理’的原则管理会计工作。”统一领导即国务院财政部门主管全国的会计工作。分级管理即县级以上地方各级人民政府财政部门管理本区域内的会计工作。

《会计法》规定财政部门是会计工作的主管部门,但并不排斥国家其他部门依法对会计进行管理,如国家审计机关、证券监督机构、税务、人民银行、保险监督等部门应当依照有关法律、行政法规规定的职责,对有关单位的会计资料实施监督检查。

(二)会计专业职务和会计专业技术资格

1. 会计专业职务

会计专业职务分为高级会计师、会计师、助理会计师。高级会计师为高级职务,会计师为中级职务,助理会计师为初级职务。

2. 会计专业技术资格

会计专业技术资格分为初级资格、中级资格和高级资格三个级别,分别对应助理会计师、会计师和高级会计师。初级、中级会计资格的取得实行全国统一考试制度:高级会计师资格实行考试与评审相结合制度。

助理会计师的工作职责是负责草拟一般的财务会计制度、规定、办法,解释、解答财务会计法规、制度中的一般规定;分析检查某一方面或某些项目的财务收支和预算的执行情况。助理会计师的任职条件是掌握一般的财务会计基础理论和专业知识,熟悉并能正确执行有关的财经方针、政策和财务会计法规、制度,能担负一个方面或某个重要岗位的财务会计工作,取得硕士学位,或取得第二学士学位或研究生班结业证书,具备履行助理会计师职责的能力;大学本科毕业,在财务会计工作岗位上见习一年期满;大学专科毕业并担任会计员职务二年以上;或中等专业学校毕业并担任会计员职务四年以上。

会计师的工作职责是负责草拟比较重要的财务会计制度、规定、办法;解释、解答财务会计法规、制度中的重要问题;分析检查财务收支和预算的执行情况;培养初级会计人才。会计师的任职条件是较系统地掌握财务会计基础理论和专业知识,掌握并能正确贯彻执行有关的财经方针、政策和财务会计法规、制度,具有一定的财务会计工作经验,能担负一个单位或管理一个地区、一个部门、一个系统某个方面的财务会计工作,取得博士学位,并具有履行会计师职责的能力;取得硕士学位并担任助理会计师职务二年左右;取得第二学士学位或研究生结业证书,并担任助理会计师职务二至三年;大学本科或大学专科毕业并担任助理会计师职务四年以上,掌握一门外语。

高级会计师的工作职责是负责草拟和解释、解答在一个地区、一个部门、一个系统或在全国施行的财务会计法规、制度、办法;组织和指导一个地区或一个部门、一个系统的经济核算和财务会计工作;培养中级以上会计人才。高级会计师的任职条件是较系统地掌握经济、财务会计理论和专业知识,具有较高的政策水平和丰富的财务会计工作经验,能担负一个地区、一个部门或一个系统的财务会计管理工作,取得博士学位,并担任会计师职务二至三年;取得硕士学位、第二学士学位或研究生班结业证书，或大学本科毕业并担任会计师职务五年以上，较熟练地掌握一门外语。

（三）会计工作岗位设置

财政部门发布的《会计基础工作规范》，对会计人员配备、会计岗位设置的原则做了规定，如“会计工作岗位，可以一人一岗、一人多岗或者一岗多人”，为各单位配备会计人员、建立岗位责任制提供了基本依据。《会计法》第三十七条规定：“会计机构内部应当建立稽核制度。出纳人员不得兼任稽核、会计档案保管和收入、支出、费用、债权债务账目的登记工作。”会计工作岗位设置应符合以下制度：

1. 内部稽核制度

内部稽核制度是内部控制制度的重要组成部分。包括以下内容：

(1)审核财务、成本、费用、会计报表的方法等；

(2)审核实际发生的经济业务或财务收支是否符合现行法律、法规、规章制度的规定；

(3)审核会计凭证、会计账簿、财务会计报告和其他会计资料的内容是否真实、完整，计算是否正确，手续是否齐全，是否符合有关法律、法规、规章和制度；

(4)审核各项财产物资的增减变动和结存情况，并与账面记录进行核对，确定账实是否相符。

2. 内部牵制制度

内部牵制制度也称钱账分管制度，也是内部控制制度的重要组成部分。

（四）会计专业技术人员的继续教育

《会计法》第三十八条规定：“会计人员应当具备从事会计工作所需要的专业能力”“担任单位会计机构负责人（会计主管人员）的，应当具备会计师以上专业技术职务资格或者从事会计工作三年以上经历。”为规范会计专业技术人员的继续教育，不断提高会计专业技术人员的素质，保障会计专业技术人员的合法权益，2018 年 5 月 19 日财政部联合人力资源和社会保障部以（财会〔2018〕10 号）印发《会计专业技术人员继续教育规定》的通知（简称《规定》）。该《规定》分总则、管理体制、内容与形式、学分管理、机构管理、考核与评价、附则 7 章 27 条，自 2018 年 7 月 1 日起施行。

《规定》第二条强调，国家机关、企业、事业单位以及社会团体等组织（以下称单位）具有会计专业技术资格的人员，或不具有会计专业技术资格但从事会计工作的人员（以下简称会计专业技术人员）都要按照本规定的要求参加继续教育。

规定第四条强调，会计专业技术人员继续教育工作应当遵循下列基本原则：(1)以人为本，按需施教；(2)突出重点，提高能力；(3)加强指导，创新机制。

《规定》第九条强调，会计专业技术人员继续教育内容包括公需科目和专业科目。公需科目包括专业技术人员应当普遍掌握的法律法规、政策理论、职业道德、技术信息等基本知识，专业科目包括会计专业技术人员从事会计工作应当掌握的财务会计、管理会计、财务管理、内部控制与风险管理、会计信息化、会计职业道德、财税金融、会计法律法规等相关专业知识。

《规定》第十条强调，会计专业技术人员可以自愿选择参加继续教育的形式。会计专业技术人员继续教育的形式有：

(1)参加县级以上地方人民政府财政部门、人力资源社会保障部门，新疆生产建设兵团财政局、人力资源和社会保障局，中共中央直属机关事务管理局，国家机关事务管理局(以下统称继续教育管理部门)组织的会计专业技术人员继续教育培训、高端会计人才培训、全国会计专业技术资格考试等会计相关考试、会计类专业会议等。

(2)参加会计继续教育机构或用人单位组织的会计专业技术人员继续教育培训。

(3)参加国家教育行政主管部门承认的中专以上(含中专，下同)会计类专业学历(学位)教育；承担继续教育管理部门或行业组织(团体)的会计类研究课题，或在有国内统一刊号(CN)的经济、管理类报刊上发表会计类论文。公开出版会计类书籍；参加注册会计师、资产评估师、税务师等继续教育培训。

(4)继续教育管理部门认可的其他形式。

《规定》第十二条强调，会计专业技术人员参加继续教育实行学分制管理，每年参加继续教育取得的学分不少于90学分。其中，专业科目一般不少于总学分的2/3。会计专业技术人员参加继续教育取得的学分，在全国范围内当年度有效，不得结转以后年度。参加本规定第十条规定形式的继续教育，其学分计量标准如下：

(1)参加全国会计专业技术资格考试等会计相关考试，每通过一科考试或被录取的，折算为90学分。

(2)参加会计类专业会议，每天折算为10学分。

(3)参加国家教育行政主管部门承认的中专以上会计类专业学历(学位)教育，通过当年度一门学习课程考试或考核的，折算为90学分。

(4)独立承担继续教育管理部门或行业组织(团体)的会计类研究课题，课题结项的，每项研究课题折算为90学分；与他人合作完成的，每项研究课题的课题主持人折算为90学分，其他参与人每人折算为60学分。

(5)独立在有国内统一刊号(CN)的经济、管理类报刊上发表会计类论文的，每篇论文折算为30学分；与他人合作发表的，每篇论文的第一作者折算为30学分，其他作者每人折算为10学分。

(6)独立公开出版会计类书籍的，每本会计类书籍折算为90学分；与他人合作出版的，每本会计类书籍的第一作者折算为90学分，其他作者每人折算为60学分。

三、会计法律责任

法律责任是法律制度的一个重要组成部分，是保障法律得以遵守与执行的关键所在。法律责任包括：民事责任、行政责任和刑事责任。我国《会计法》中规定的法律责任是行政责任和刑事责任。

(一)行政责任的种类

1. 行政处罚

行政处罚的形式主要有警告、罚款、没收违法所得、没收非法财物、责令停产停业、暂扣或者吊销许可证、暂扣或者吊销执照、行政拘留等。

2. 行政处分

行政处分的形式主要有警告、记过、记大过、降级、降职、撤职、留用察看和开除八种。

行政处分与行政处罚的主要区别是：制裁的原因不同，制裁的对象不同，制裁权的来源和根据不同，制裁的范围和形式不同，行为的属性及效力不同。

（二）刑事责任

刑事责任是指行为人的行为严重违反法律规定，已构成犯罪而承担的法律责任。刑事责任主要包括：

（1）主刑：管制、拘役、有期徒刑、无期徒刑和死刑（只能独立使用不可附加适用）。

（2）附加刑：罚金、剥夺政治权利和没收财产。对于犯罪的外国人，也可以独立或者附加适用驱除出境（可以独立适用又可附加适用）。

（三）违反《会计法》规定应当承担的法律责任

1. 违反会计核算法律规定的行为

（1）不依法设置会计账簿的行为或者未按规定的种类、形式及要求设置会计账簿的行为；

（2）私设会计账簿的行为；

（3）未按照规定填制、取得原始凭证或者填制、取得的原始凭证不符合规定的行为；

（4）以未经审核的会计凭证为依据登记会计账簿，或者登记会计账簿不符合规定的行为；

（5）随意变更会计处理方法的行为；

（6）向不同的会计资料使用者提供的财务会计报告编制依据不一致的行为；

（7）未按照规定使用会计记录文字或者记账本位币的行为；

（8）未按照规定保管会计资料，致使会计资料毁损、灭失的行为；

（9）未按照规定建立并实施单位内部会计监督制度，或者拒绝依法接受监督，或者不如实提供有关会计资料及有关情况的行为；

（10）任用会计人员不符合《会计法》规定的行为。

2. 违反会计法律制度应承担的法律责任

（1）依法追究刑事责任

会计人员有前款所列行为之一，情节严重的五年内不得从事会计工作。构成犯罪的，依法追究刑事责任。伪造、变造会计凭证、会计账簿，编制虚假财务会计报告；指使、强令会计机构、会计人员及其他人员伪造、变造会计凭证、会计账簿，编制虚假财务会计报告或者隐匿、故意销毁依法应当保存的会计凭证、会计账簿、财务会计报告，单位负责人对依法履行职责、抵制违反本法规定行为的会计人员以降级、撤职、调离工作岗位、解聘或者开除等方式实行打击报复，构成犯罪的，依法追究刑事责任，其中的会计人员五年内不得从事会计工作。

（2）罚款

企业及相关人员有上述违法行为，尚不构成犯罪的，由县级以上人民政府财政部门予以通报，并视情节轻重对单位并处 5 000 元以上 100 000 元以下或处 5 000 元以上 50 000 元以下的罚款。

(3)给予行政处分

属于国家工作人员有以上违法行为的,由其所在单位或者有关部门依法给予警告、记过、记大过、降级、撤职、留用察看和开除等行政处分。

第二节　会计职业道德

会计行业作为市场经济活动的一个重要领域,主要为社会提供会计信息或鉴证服务,其服务质量的好坏直接影响着经营者、投资者和社会公众的利益,进而影响着整个社会的经济秩序。会计工作者在提供信息或鉴证服务的过程中,除了必须将本职工作置于法律、法规的约束和规范之下外,还必须具备与其职能相适应的职业道德水准。市场经济越发展,对会计工作的职业道德水准要求越高。正确认识和分析我国会计职业道德现状,建立健全会计职业道德规范体系,广泛开展会计职业道德宣传教育,全面提高会计职业素养和执业质量,是新时期以德治国、建立和谐社会和会计工作发展的需要。

一、会计职业道德的含义

道德是一定社会调节人际关系的行为规范的总和。职业道德是指人们在职业生活中应遵循的基本道德,即一般社会道德在职业生活中的具体体现,是职业品德、职业纪律、专业胜任能力以及职业责任等的总称,属于自律范畴,它通过公约、守则等对职业生活中的某些方面加以规范。职业道德既是本行业人员在职业活动中的行为规范,又是行业对社会所负的道德责任和义务。

社会的经济发展水平决定着人们的行为方式、生产方式和消费方式,也影响着人们的职业道德观念。社会生产力的不断发展丰富了会计职业活动的内容,使会计职业关系日趋复杂。人们对会计职业行为的要求也不断更新,从而推动会计职业道德不断发展和完善。

国外一些经济发达国家和国际组织先后对会计职业道德提出了明确的要求,如 1980 年 7 月国际会计师联合会职业道德委员会拟定并经国际会计师联合会理事会批准,公布了《国际会计职业道德准则》,规定了正直、客观、独立、保密、技术标准、业务能力、道德自律七个方面的职业道德内容。

会计职业道德规范来源不同,其约束机制也必然有所差别。职业主义特色较浓的国家,职业道德准则的制定和颁布机构就是会计职业团体,其制约能力很大程度上也来源于职业团体,属于行业自律型。这样的制约机制在问题的处理过程中灵活、独立性强,很少受其他组织的影响,便于适应不同的情况,但在约束力、惩治力方面略显不足。而法律控制特色较浓的国家,职业道德起源于法律规定,其制约力也会在很大程度上依靠法律,属于政府管理型。这样的制约机构惩罚力度大,约束力比较强,只是不利于职业团体发挥其职能和作用。我国的《会计法》《会计基础工作规范》,中国注册会计师协会颁布的《中国注册会计师职业道德基本准则》《中国注册会计师职业道德规范指导意见》等,都对会计职业道德提出了若干明确要求。

二、会计职业道德的基本内容

会计职业道德规范是指在一定的社会经济条件下，对会计职业行为及职业活动的系统要求或明文规定。它是社会道德体系的一个重要组成部分，是职业道德在会计职业行为和会计职业活动中的具体体现。尽管不同的国家因经济发展程度不同，社会制度和经济体制各异，其会计职业道德有一定的差异，但也有许多共同点，只是实施和管理方式不同而已。根据我国会计工作和会计人员的实际情况，结合国际上对会计职业道德的一般要求，我国会计人员职业道德的内容可以概括为爱岗敬业、诚实守信、廉洁自律、客观公正、坚持准则、提高技能、参与管理和强化服务。

（一）爱岗敬业

爱岗敬业包含“爱岗”和“敬业”两方面的要求。爱岗就是热爱自己的工作岗位，热爱本职工作。爱岗是对人们工作态度的一种普遍要求。热爱本职工作，就是职业工作者以正确的态度对待各种职业劳动，努力培养热爱自己所从事的工作的幸福感、荣誉感。一个人一旦爱上自己的职业，他（她）的身心就会融合在职业工作中，就能在平凡的岗位上做出不平凡的事业。

所谓敬业，就是用一种严肃的态度对待自己的工作，勤勤恳恳、兢兢业业、忠于职守、尽职尽责。如果一个从业人员不能尽职尽责，忠于职守，就会影响整个企业或单位的工作进程，严重的还会给企业和国家带来损失，甚至还会在国际上造成不良影响。会计职业道德中的敬业，要求从事会计职业的人员充分认识到会计工作在国民经济中的地位和作用，以从事会计工作为荣，尊重会计工作，具有献身于会计工作的决心。

爱岗与敬业的精神是相通的，是相互联系在一起的。爱岗是敬业的基础，敬业是爱岗的具体表现。不爱岗就很难做到敬业，不敬业也很难说是真正地爱岗。爱岗敬业是会计人员干好本职工作的基础和条件，是其应具备的基本道德素质。爱岗敬业需要有具体的行动来体现，即要有安心会计工作、献身会计事业的工作热情，严肃认真的工作态度，勤学苦练的钻研精神，忠于职守的工作作风。爱岗敬业要求会计人员热爱会计工作，安心本职岗位，忠于职守，尽心尽力，尽职尽责。

（二）诚实守信

诚实守信就是忠诚老实，信守诺言，是为人处世的一种美德。所谓诚实，就是忠诚老实，不讲假话。诚实的人能忠实于事物的本来面目，不歪曲，不篡改事实，同时也不隐瞒自己的真实思想，光明磊落，言语真切，处事实在。诚实的人反对投机取巧，趋炎附势，吹拍奉迎，见风使舵，争功诿过，弄虚作假，口是心非。所谓守信，就是信守诺言，说话算数，讲信誉，重信用，履行自己应承担的义务。

诚实和守信两者意思是相通的，是互相联系在一起的。诚实是守信的基础，守信是诚实的具体表现。不诚实很难做到守信，不守信也很难说是真正的诚实。诚实侧重于对客观事实的反映是真实的，对自己内心的思想、情感的表达是真实的。守信侧重于对自己应承担、履行的责任和义务的忠实，毫无保留地实践自己的诺言。

市场经济越发达，职业越社会化，道德信誉就越重要。市场经济是“信用经济”“契约经济”，注重的是“诚实守信”。可以说，信用是维护市场经济步入良性发展轨道的前提和基础，是市场经济社会赖以生存的基石。

诚实守信的基本要求是：

首先，做老实人，说老实话，办老实事，不弄虚作假。做老实人，要求会计人员言行一致，表里如一，光明正大。说老实话，要求会计人员说话诚实，如实反映和披露单位经济业务事项。办老实事，要求会计人员工作踏踏实实，不弄虚作假，不欺上瞒下。

其次，执业谨慎，信誉至上。诚实守信，要求注册会计师在执业中始终保持应有的谨慎态度，维护职业信誉及客户和社会公众的合法权益。

最后，保密守信，不为利益所诱惑。在市场经济中，秘密可以带来经济利益，而会计人员因职业特点经常接触到单位和客户的一些秘密。因而，会计人员应依法保守单位秘密，这也是诚实守信的具体体现。

（三）廉洁自律

廉洁自律是中华民族的一种传统美德，也是会计职业道德规范的重要内容之一。在会计职业中，廉洁要求会计从业人员公私分明、不贪不占、遵纪守法，经得起金钱、权力、美色的考验，不贪污挪用、不监守自盗。保持廉洁主要靠会计人员的觉悟、良知和道德水准，而不是受制于外在的力量。

所谓自律是指会计人员按照一定的具体标准作为具体行为或言行的参照物，进行自我约束、自我控制，使具体的行为或言论达到至善至美的过程。自律包括两层意思：一是会计行业自律，是会计职业组织对整个会计职业的会计行为进行自我约束、自我控制的过程。二是会计从业人员的自我约束。会计从业人员的自我约束是靠其科学的价值观和正确的人生观来实现的。每个会计从业人员的自律性强，则整个会计行业的自律性也强。

廉洁自律的基本要求可以概述如下：

第一，公私分明，不贪不占；

第二，遵纪守法，抵制行业不正之风；

第三，重视会计职业声望。

（四）客观公正

客观是指按事物的本来面目去反映，不掺杂个人的主观意愿，也不为他人意见所左右，既不夸大，也不缩小。公正就是公平正直，没有偏失，但不是中庸。在会计职业中，客观公正是会计人员必须具备的行为品德，是会计职业道德规范的灵魂。客观要求会计人员在处理经济业务时必须以实际发生的交易或事项为依据，如实反映企业的财务状况、经营成果和现金流量情况；公正要求会计准则不偏不倚、一视同仁；会计人员在履行会计职能时，摒弃单位、个人私利，不偏不倚地对待有关利益各方。客观公正，不只是一种工作态度，更是会计人员追求的一种境界。

客观公正的基本要求是：

首先，端正态度。做好会计工作，不仅要有过硬的技术和本领，也同样需要有实事求是的精神和客观公正的态度。

其次，依法办事。当会计人员有了端正的态度和知识技能基础之后，他们在工作过程中必须遵守各种法律、法规、准则和制度，依照法律规定进行核算，并做出客观的会计职业判断。

最后，实事求是，不偏不倚，保持独立：一是要求保持会计人员从业的独立性，独立性有实质上的独立性和形式上的独立性；二是要求会计人员保持客观公正的从业心态。

（五）坚持准则

坚持准则，要求会计人员在处理业务过程中，严格按照会计法律制度办事，不为主观或他人意志左右。这里的“准则”不仅指会计准则，而且包括会计法律、会计行政法规、国家统一的会计制度以及与会计工作相关的法律制度。会计人员应当熟悉和掌握准则的具体内容，并在会计核算中认真执行，对经济业务事项进行确认、计量、记录和报告的全过程应符合会计准则的要求，为政府、企业、单位和其他相关当事人提供真实、完整的会计信息。

坚持准则的基本要求是：

首先，熟悉准则。会计工作不单纯是进行记账、算账和报账，在记账、算账和报账过程中会时时、事事、处处涉及政策界限、利益关系的处理，需要遵守准则、执行准则、坚持准则。只有熟悉准则，才能按准则办事，才能保证会计信息的真实性和完整性。

其次，坚持准则。在企业的经营活动中，国家利益、集体利益与单位、部门以及个人利益有时会发生冲突。《会计法》规定，单位负责人对本单位会计信息的真实性和完整性负责，也就是说，单位的会计责任主体是单位负责人。会计人员坚持准则，不仅是对法律负责，对国家、社会公众负责，也是对单位负责人负责。

（六）提高技能

会计是一门不断发展变化、专业性很强的学科，它与经济发展有密切的联系。近年来，随着市场经济体制的日益完善和经济全球化进程的加快，需要会计人员提供会计服务的领域越来越广泛，专业化、国际化服务的要求越来越高，会计专业性和技术性日趋复杂，对会计人员所应具备的职业技能要求也越来越高。会计职业技能的内容主要包括：一是会计专业基础知识；二是会计理论、专业操作的创新能力；三是组织协调能力；四是主动更新知识的能力；五是提供会计信息的能力等。提高技能，就是指会计人员通过学习、培训等手段提高职业技能，以达到足够的专业胜任能力。

提高技能的基本要求是：

首先，增强提高专业技能的自觉性和紧迫感。会计人员要适应时代发展的步伐，就要有危机感、紧迫感，要有不断提高专业技能的自觉性。只有具备专业胜任能力，才能适应会计工作以及会计职业道德的要求。

其次，勤学苦练、刻苦钻研，树立终身学习意识。随着社会经济环境的变化，会计理论不断创新，新的会计学科分支不断出现，如跨国公司会计、国际税收会计、金融工具及衍生工具会计、知识产权会计以及会计电算化和网络化的发展，都要求会计人员去不断学习与探索。

（七）参与管理

参与管理，就是为管理者当参谋，为管理活动服务。会计工作或会计人员与管理决策者在管理活动中分别扮演着参谋人员和决策者的角色，承担着不同的职责和义务。会计人员只参与管理过程，并不直接从事管理活动，只是尽职尽责地履行会计职责，间接地从事管理活动或者说参与管理活动。

会计人员要树立参与管理的意识，积极主动地做好参谋。具体来说，应积极主动做好以下几个方面的工作：

第一，在做好本职工作的同时，努力钻研相关业务。做好本职工作，要求会计人员要有扎实的基本功，使自己的知识和技能适应所从事工作的要求，从而做好会计核算的各项基础工作，确保会计信息真实、完整。

第二，全面熟悉本单位经营活动和业务流程，主动提出合理化建议，协助领导进行决策，积极参与管理。会计人员要充分利用掌握的大量会计信息去分析单位的管理，从财务会计的角度渗透到单位的各项管理中，找出经营管理中的问题和薄弱环节，把管理与日常工作相结合，从而使会计的事后反映变为事前的预测分析，真正起到当家理财的作用，成为决策层的参谋助手，为改善单位内部管理、提高经济效益服务。

(八)强化服务

强化服务是现代经济社会对劳动者所从事职业的更高层次的要求，它表现为人们在参与对外工作交往和组织内部协调运作过程中人际关系的融洽程度和与之相对应的工作态度。强化服务要求会计人员树立服务意识，提高服务质量，努力维护和提升会计职业的良好社会形象。

强化服务的基本要求是：

首先，树立服务意识。会计人员要树立服务意识，不论是为经济主体服务，还是为社会公众服务，都要摆正自己的工作位置。

其次，提高服务质量。提高服务质量，并非无原则地满足服务主体的需要，而是在坚持原则、坚持会计准则的基础上尽量满足用户或服务主体的需要。

最后，努力维护和提升会计职业的良好社会形象。会计人员的服务态度直接关系到会计行业的声誉和全行业运作的效率。会计人员服务态度好、质量高，做到讲文明、讲礼貌、讲诚信、讲质量，坚持准则，严格执法，服务周到，就能提高会计职业的信誉，维护和提升会计职业的良好社会形象，增强会计职业的生命力；反之，就会影响会计职业的声誉，甚至影响到全行业的生存和发展。

以上八项，是每一个会计从业者在会计工作中应具备的基本职业道德，会计从业者应在实践中自觉遵循、不断充实和发扬光大。

三、会计职业道德教育与修养

(一)会计职业道德教育的含义

会计职业道德教育是会计职业道德活动的重要形式，是使外在的会计职业道德规范得以转化为会计人员内在品质和行为的有效途径。其基本内涵是根据会计工作的特点，用社会主义道德对会计人员施加影响，使会计职业道德规范和优秀会计职业道德传统深入人心，提高会计人员在会计工作中的道德水平。

(二)会计职业道德教育的内容

(1)会计职业道德观念教育。

(2)会计职业道德规范教育。

(3)会计职业道德警示教育。

(三)会计职业道德教育途径

(1)岗位前职业道德教育:通过会计学历教育进行会计职业道德教育。

(2)岗位职业道德继续教育:通过会计继续教育进行会计职业道德教育。

(四)会计职业道德修养

1. 会计职业道德修养的含义

会计职业道德修养是指会计人员在会计职业活动中,按照会计职业道德的基本要求,在自身道德品质方面进行的自我教育、自我改造、自我锻炼、自我提高,从而达到一定的职业道德境界。职业道德修养的最终目的,在于把职业道德原则和规范逐步地转化为自己的职业道德品质,从而将职业实践中对职业道德的意识情感和信念上升为职业道德习惯,使其贯穿职业活动的始终。

2. 会计职业道德修养的环节

会计职业道德修养的主要环节包括:

(1)形成正确的会计职业道德认知;

(2)培养高尚的会计职业道德情感;

(3)树立坚定的会计职业道德信念;

(4)养成良好的会计职业道德行为。

复习思考题

1. 我国会计法律制度由哪几部分构成?

2. 会计职业道德包括哪些内容?

自测题

一、单项选择题:

1. 下列关于《会计法》的表述中,不正确的是(　　)。

A.《会计法》是会计工作的最高准则

B.《会计法》是会计法律制度中层次最高的法律规范

C.《会计法》是制定其他会计法规的依据

D.《会计法》是国家宪法

2. 下列各项中,属于会计法律的是(　　)。

A.《中华人民共和国会计法》　　B.《总会计师条例》

C.《会计基础工作规范》　　D.《企业会计制度》

3. 下列各项中，属于会计行政法规的是(　　)。

A.《中华人民共和国会计法》　　B.《会计从业资格管理办法》

C.《会计基础工作规范》　　D.《企业财务会计报告条例》

4. 根据《中华人民共和国会计法》的规定，主管全国会计工作的是(　　)。

A. 国务院财政部门　　B. 国务院

C. 审计署　　D. 国家税务总局

5. 制定并发布《会计档案管理办法》的单位是(　　)。

A. 审计署、财政部　　B. 财政部、国家保密局

C. 财政部、国家档案局　　D. 全国人大常委会、国家档案局

6. 中国现代会计学之父潘序伦先生倡导："信以立志，信以守身，信以处事，信以待人，毋忘'立信'，当必有成。"这句话体现的会计职业道德内容是(　　)。

A. 坚持准则　　B. 客观公正　　C. 诚实守信　　D. 廉洁自律

7. (　　)是做人的基本准则，也是职业道德的精髓。

A. 爱岗敬业　　B. 诚实守信　　C. 办事公道　　D. 服务群众

8. "不做假账"，是对会计人员最基本的要求，最能体现这项要求的会计职业道德规范是(　　)。

A. 爱岗敬业　　B. 客观公正　　C. 廉洁自律　　D. 提高技能

9. "常在河边走，就是不湿鞋"，这句话体现的会计职业道德规范内容是(　　)。

A. 参与管理　　B. 廉洁自律　　C. 提高技能　　D. 强化服务

10. 职业道德是同人们(　　)紧密相连的，具有自身职业特征的道德准则、职业行为规范的总和。

A. 道德活动　　B. 职业活动　　C. 经济活动　　D. 政治活动

11. "强化服务"的关键是(　　)。

A. 端正的服务态度　　B. 强烈的服务意识

C. 提高服务质量　　D. 很好的服务效果

12. 对企业会计工作进行国家监督的主体是(　　)。

A. 注册会计师　　B. 审计署

C. 各级人民代表大会　　D. 政府财政部门

二、多项选择题

1.《会计法》的立法宗旨是(　　)。

A. 以立法"规范会计行为"

B. 通过立法"保证会计资料真实、完整"

C. 通过立法"加强经济管理和财务管理、提高经济收益"

D. 通过立法"维护社会主义市场经济秩序"

2. 目前用于规范会计资料的国家统一的会计制度主要有(　　)。

A.《会计基础工作规范》　　B.《会计档案管理办法》

C.《企业会计制度》　　D.《金融企业会计制度》

3. 相对学历教育而言,会计人员继续教育具有的特点为(　　)。

A. 针对性　　B. 周期性　　C. 适应性　　D. 灵活性

4. 会计人员"参与管理"主要体现在(　　)。

A. 记账、算账、报账　　B. 提出合理化建议

C. 为管理者当参谋　　D. 进行事前预测分析

5. 某公司财务部门预测本年度公司将亏损800万元。公司总经理责成总会计师千方百计实现当年的盈利目标,并说"实在不行,可以对会计报表做一些技术处理"。总会计师按照总经理的意图编制了当年的会计报表。请问,总会计师的行为违背了会计职业道德中的会计人员应当(　　)的要求。

A. 爱岗敬业　　B. 诚实守信　　C. 客观公正　　D. 遵守准则

6. 客观公正的基本要求是(　　)。

A. 端正态度　　B. 依法办事

C. 实事求是,不偏不倚　　D. 保持应有的独立性

7. 坚持会计准则的基本要求主要包括(　　)。

A. 宣传准则　　B. 熟悉准则　　C. 坚持准则　　D. 依法监督

8. 单位负责人对本单位会计工作和会计资料的(　　)负责。

A. 真实性　　B. 系统性　　C. 全面性　　D. 完整性

9. 我国会计工作管理体制包括的内容有(　　)。

A. 会计工作由谁管理　　B. 会计制度的制定权限

C. 会计人员的管理　　D. 单位内部的会计工作管理

10. 各单位内部会计监督的职权由(　　)行使。

A. 单位领导人　　B. 会计机构　　C. 会计人员　　D. 财政部门

11. 根据《会计法》的规定,除各级政府财政部门外,(　　)等部门也有权对有关单位的会计资料实行监督检查。

A. 审计部门　　B. 工商部门

C. 中国银行　　D. 证券监督和保险监督部门

三、判断题

1. 财政部门实施会计监督检查的对象是企业的经济活动。　　(　　)

2. 初级、中级、高级会计资格的取得实行全国统一考试制度。　　(　　)

3. 会计工作岗位可以一人一岗、一人多岗或者一岗多人。　　(　　)

4. 只有取得会计从业资格证书的人员,才能从事会计工作;未取得会计从业资格证书的人员,不得从事会计工作。　　(　　)

5. 单位负责人应当保证会计机构、会计人员依法履行职责，不得授意、指使、强令会计机构、会计人员违法办理会计事项。 ( )

6. 当单位利益与社会公共利益发生冲突时，会计人员应首先考虑单位利益，然后考虑社会公众利益。 ( )

7. 会计职业道德规范中的“坚持准则”，不仅指会计准则，而且包括会计法律、法规、国家统一的会计制度以及与会计工作相关的法律制度。 ( )

8. 会计人员陈某认为，会计工作只是记记账、算算账、与单位经营决策关系不大，没有必要要求会计人员“参加管理”。 ( )

9. 会计法律制度指的是全国人大及其常委会制定的《中华人民共和国会计法》。 ( )

业务处理题

案例一

财政部门对乙股份公司进行检查时，发现以下情况：

(1)由监事会决定公司财务负责人的聘任或解聘事宜。

(2)公司对外报送的年度会计报表由总经理和内部审计部门负责人签名并盖章，以体现总经理负责制和审计监督原则。

(3)为了掩盖公司偷税的事实，公司总经理和会计小张提前销毁部分会计凭证、会计账簿及相关会计档案资料。

(4)公司财务人员对其他单位开来的不真实、不合法的原始凭证，只要领导签字的一律入账；对外单位开来的金额记载错误的发票，要求对方在金额处更正，并加盖对方单位的公章后作为入账依据。

要求：根据《会计法》及相关规定，对以上情况逐一进行评点，并说明理由。

案例二

某公司财务部门年末时发现，该年度业务招待费超过规定的开支标准。于是，会计人员按照领导意图，搞来一些假发票，准备将超支的业务招待费列入管理费用的其他项目。

试问：这种做法是否违背会计职业道德？为什么？

案例三

张彬和林立是同一个单位的会计和出纳，多年来同处一室，在工作上互相配合，关系很好。林立的丈夫开办了一家经销电脑配件的公司。最近有一种计算机软件销售前景看好，但因账面资金不足，无法进货。于是林立的丈夫让林立想办法借些款项。林立想到了单位账户上的存款，于是自己填了票面金额为 24 000 元的现金支票一张，在张彬上班离开办公室时，私自将张彬保管的印鉴加盖在现金支票上，从银行提取了现金。一个月后，林立又将 24 000 元现金填现金缴款单存入单位的银行账户。张彬在月末对账时，发现了此事。

试从会计职业道德的角度，分析林立的行为属于何种行为？如果你是张彬，发现了此事后应该如何处理？

参考资料

REFERENCE

[1]《中华人民共和国会计法》,中国民主法制出版社 2017 年版。

[2]中华人民共和国财政部:《企业会计准则(2019 年版)》,立信会计出版社 2019 年版。

[3]财政部会计司:《企业会计准则第 1 号——存货》,2006 年。

[4]财政部会计司:《企业会计准则第 4 号——固定资产》,2006 年。

[5]财政部会计司:《企业会计准则第 9 号——职工薪酬》,2016 年。

[6]财政部会计司:《关于修订印发 2019 年度一般企业财务报表格式的通知》,财会〔2019〕6 号。

[7]财政部会计资格评价中心:2022 年度全国会计专业技术资格考试辅导教材《初级会计实务》,经济科学出版社 2022 年版。

[8]崔智敏、陈爱玲:《基础会计学》(第 7 版),中国人民大学出版社 2021 年版。

[9]陈国辉、迟旭升:《基础会计》(第 7 版),东北财经大学出版社 2021 年版。

[10]李海波、蒋英:《新编会计学原理——基础会计》(第 20 版),立信出版社 2019 年版。